人物叢書

新装版

里見義堯《さとみよしたか》

滝川恒昭

日本歴史学会編集

吉川弘文館

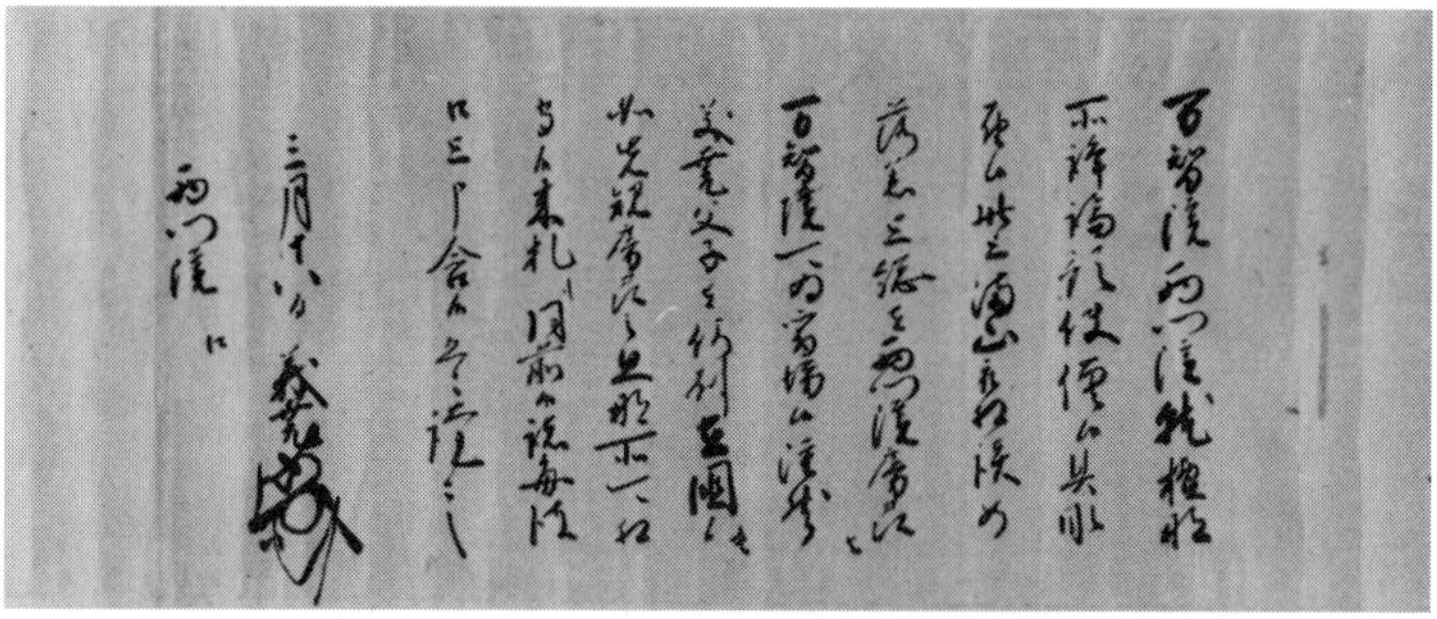

里見義堯書状（西門院文書，西門院蔵）

高野山中の檀那所をめぐる争論に関して出された義堯の書状〈一四七八〉．無年号だが同内容の正木信茂書状〈一〇七六〉との関連性から永禄5年のものと推定され，義堯は翌年2月には出家して「正五」を称しているので〈一〇九三〉，現在のところ「義堯」名の署名（自筆）が確認される終見文書である（本文140頁参照）．

（端裏）「（切封墨引）」

万智院・西門院就檀那
所諍論預使僧候、具承
届候、此上満山被相談如
落着、上総者西門院、房州者
万智院可為宿坊候、雖然、
義堯父子者何州在国候共、
如先規、房州之旦那所可相
守候、来札も同前候、諸毎彼
口上申含候、恐々謹言、

三月十八日　義堯（花押）

西門院江

安房石堂寺多宝塔露盤銘（部分）拓本
（天台宗南総教区研修所提供）

安房石堂寺多宝塔

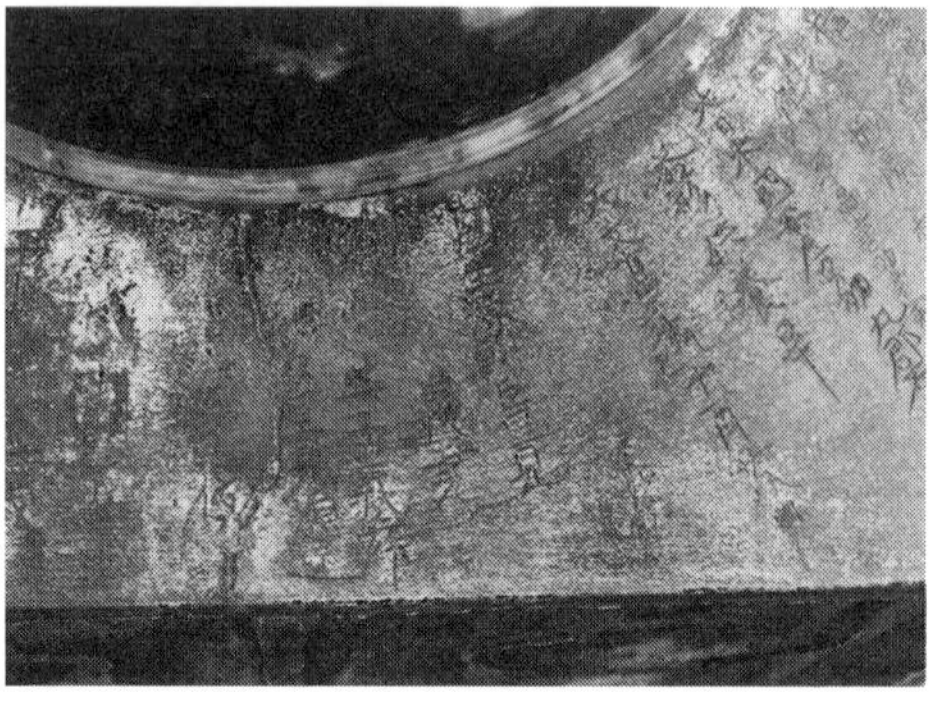

安房石堂寺多宝塔露盤銘（部分）

はしがき

里見義堯《さとみよしたか》は、今の千葉県南部から中央部にあたる安房《あわ》・上総《かずさ》の二ヵ国を基盤に、子息義弘《よしひろ》とともに戦国大名里見氏の最盛期を築いた武将である。世代的には、中国地方の戦国大名毛利元就《もうりもとなり》、大内義隆《おおうちよしたか》などとほぼ同時代の人で、関東で関わりのあった大名では、北条氏康《ほうじょううじやす》より八歳、武田信玄《たけだしんげん》よりは一四歳、上杉謙信《うえすぎけんしん》よりは二三歳年長である。ただ全国的知名度は高い方とはいえず、地元千葉県においてさえ、その実名や居城（久留里《くるり》城）を知っている人は、よほどの歴史好き以外はほとんどいないだろう。

一方、里見氏の存在自体はいまもよく知られている。もちろんそれは江戸時代後期の一大ベストセラーである曲亭馬琴《きょくていばきん》「南総里見八犬伝《なんそうさとみはっけんでん》」（以下「八犬伝」）の影響によるもので、その「八犬伝」は、いまなお歌舞伎・演劇・映画・テレビの題材のみならず、その全体構図や登場人物は姿や形を変えて、アニメ・ゲームといった多様なジャンルのストーリーやキャラクターとして再生産され続けている。そのため、現在、千葉県内の各地では「八犬伝」にからめた「里見氏」の名を観光資源として、イベント・土産物・関係グッズ・施設など、あらゆるものに活用しているほどである。

したがって、いま一般にイメージされる里見氏像といえば、「八犬伝」をベースにしたものに、江戸時代以降の人々の想像や願望で作られた系図・軍記などの物語の要素が加味され、さらに現在のさまざまな事情が積み重ねられて出来上がった、まったく虚構の姿といってよい。その反面、里見義堯の存在はもとより、戦国大名里見氏がさまざまに織りなした正確な歴史はほとんど知られていないのである。

このギャップの解消こそ、『房総里見氏の研究』（一九三三年刊）の大野太平氏や、里見義堯の伝記『南総の豪雄　里見義堯』（一九六八年刊、以下『南総の豪雄』）の川名登氏など、これまで房総里見氏の歴史解明に取り組んできた人たちの大きな課題であった。すなわちそれは、「八犬伝」をはじめとした架空の物語によって刷り込まれた虚像を拭い去り、史実に基づいた里見氏の歴史像を描くことだったのである。

本書も当然、大野・川名氏の路線を継承するなかで、里見義堯の生涯と人物像、さらにその時代を、史料に即して描こうとするものである。だが、そうするためには、「八犬伝」以上に大きな壁がある。戦国大名研究の基本となる、当主や一族・家臣の受・発給文書やそれに類する史料の総数に関していえば、戦国期の里見氏の場合、疑問のあるものや金石文まで含めても三〇〇点に満たず、さらに本書が対象とする義堯が生きた時代に絞ればその半数以下である。しかも義堯の受・発給文書となると二五点程度で、それもほとんどが没個性の公的文書である（佐藤博信・滝川恒昭「房総里見氏文書集」、『戦国遺文　房総編』一～四巻・補遺）。

このことは、例えば里見氏と深い関わりのあった小田原北条氏（以下北条氏）の文書約五〇〇〇点余（『戦国遺文　後北条氏編』一～六巻他）、越後上杉氏（以下上杉氏）の文書約三四〇〇点余（『上越市史　別編1・2』上杉氏文書集一・二、天正十八年まで）とくらべても、その差たるや歴然である。里見氏は近世初頭に滅亡したことで家伝文書がないことに加え、活躍地域や勢力も限られた大名であったことをみれば当然といえば当然だが、それにしてもこの事実は厳然として存在する。

しかも本書の主人公義堯は、もともと里見家の家督を継ぐはずのない家系（里見家当主の弟）の子として生まれただけに、特にその前半生については、確実な史料どころか逸話すら何一つ残っていない。そのうえ義堯が内乱のなかで滅ぼした嫡流（義豊《よしとよ》）の系統にいたっては、房総里見氏初代とされる義実《よしざね》から義豊まで数代あったはずなのに、その関係史料もほとんどといってよいほど残っていないのである。このことは、義堯が政権を確立していく過程で、前政権を否定し自身の立場の正当性を主張するために、意識的に史料を隠滅し改竄した可能性がかなり高いことにも拠ると考えられる。まさに歴史は勝利者のものである、という感が強い。したがって、義堯や戦国大名里見氏の実像を描こうとする場合、里見氏の関係史料から解明できる事実にはおのずから限界があるのである。

だがその一方で、里見氏を取り巻く北条氏・武田氏・上杉氏といった戦国大名や、関東における権威の象徴として重要な位置を占めた関東足利氏については、関係史料の発掘や歴史的位置づけが進み、それに伴って、関東戦国史研究も急速に深化している。そしてそのなかには、わずかではあるが、義堯や里見氏の動向が垣間見られるものも出てきた。さらにまた里見氏を含めた房総の戦国時代に関する史料の掘り起こしと整理も進み（『千葉県の歴史　資料編』中世2～5、『戦国遺文　房総編』一～四巻・補遺）、里見氏と関係の深かった安房妙本寺や関東足利氏・千葉氏らの新たな研究成果も続々生まれつつある。それだけにこれらの成果をすべてあわせることによって、信頼できる史料から裏づけられた義堯やその時代を描く環境もようやく整ってきたのである。したがって、本書の多くの場面ではそれらの成果を最大限活用し、北条氏や上杉氏さらには関東戦国史からみた義堯や里見氏、というような叙述スタイルを取っているところも多い。その点をここでお断りしておきたい。とはいえ、房総里見氏の歴史を綴る上で避けては通れない初代義実の実在・出自を含めた成立の謎については、本書でも解明できていない。この点についての本格的な検討は新たな史料の発見と研究の進展に委ねるしかない。ただ、里見氏の歴史解明においては、房総里見氏の祖とされる人物が、いつ、いかなる事情で房総に登場し、それがどのようにして安房国内で受け容れられたかという点も重要だが、それ以上に、里見氏がどのような過程を経て戦国大名へと成長していったのか、という問題の解明こそがより重要であろう。この点、義堯の伝記を叙述することは、そのまま里見氏の戦国大名への発展過程をなぞることにもなるので、本書ではその重要な課題に取り組んでみたい。

本書が里見義堯の伝記である以上、当然義堯の個性や人物像に迫る必要がある。その点、義堯と親交のあった妙本寺《みょうほんじ》の住僧日我《にちが》が残したいくつかの同時代史料の紹介と研究が飛躍的に進んできたことにより（『千葉県の歴史　資料編』中世3、佐藤博信『中世東国日蓮宗寺院の研究』・『安房妙本寺日我一代記』他）、従来知られていなかった義堯の人物像に多少なりとも迫ることができる環境が整ってきた。またこのことに限っては、伝承等も積極的に利用することで、義堯の多様な側面についても描くこととした。

繰り返しになるが、義堯は本来なら里見家家督にも、ましてや歴史に名を残すようなことはなかったはずの人物である。だが、天文《てんぶん》年間初期に起こった一族内の権力闘争から発展した内乱（天文の内乱）の最終的な勝者となって、歴史の表舞台に登場し、以降この義堯を祖とする系統が里見氏の嫡流となった。それだけに後世の里見氏継承者からも、義堯はまさに特別な存在として後々まで意識されたのである。そのようなことから私は、義堯が滅ぼした嫡流の系統を前期里見氏、義堯以降の里見氏を後期里見氏と分けて考えることを提唱したが（「房総里見氏の歴史過程における『天文の内訌』の位置付け」・「房総里見氏と江戸湾の水上交通」）、本書でもその呼称を用いている。それだけこの事件が、義堯はもちろん、里見氏の歴史上の大きな分岐点になったと評価するからである。

ではこれから里見義堯と彼が活躍したその時代の足跡を辿っていきたい。なお、義堯は後述のごとく永禄五年（一五六二）三月〜翌六年二月の間に出家し、以後は道号「岱叟」・御名「正五」と称するようになる。ただ本書では便宜上それ以降も義堯で通すこととする。

また本書中その典拠となる史料については、いちいち煩雑になるとは思ったが、後々の検証の便をはかるために、主に利用した『戦国遺文　房総編』から採った場合はその所収番号を〈○○〉と表記し、その他の場合はそのつど史料名を明記した。

目次

口絵

挿図

挿　表

第一　義堯の誕生と房総里見氏

一　里見氏の本国安房

義堯《よしたか》や里見氏の歴史を辿るまえに、里見氏が一貫して本国とした安房国《あわのくに》について概観してみよう。

安房国の成り立ち

安房国は房総半島の最南部に位置し、奈良時代に上総《かずさ》国南部から分割されて成立した国である。ただわずか四郡（平群《へぐり》郡〈平北郡・北郡〉・安房郡・朝夷《あさひな》郡・長狭《ながさ》郡）で、しかも山がちで大きな河川もなく、穀倉地帯といえば館山平野と太平洋岸の長狭平野があげられる程度で、陸地の面積も非常に狭い。それでも奈良時代以降、一貫して一国として認められていることは、三方を海で囲まれている地理的条件により、海上交通の要地であるとともに、豊富な海産物に恵まれた地域であったためとされ、しかも半島の先端部に位置することから、西からの文物や文化、それを伝えた人々の受け入れの窓口としても、大きな役割を果たしていたからだとされる（石井進「海から見た安房」）。

安房国の中世

したがってこの地で生活する人々の多くは、古くより海との関わりをもった「海民」とも呼ぶべき人々であり、彼らを統率する主体も同様の性格をもっていた。安房開拓の神話を有する忌部《いんべ》氏を祀る安房神社（安房国一宮）は、東海航路の守護神と考えられるが、その忌部氏には四国阿波の民を率いてこの地に上陸した、という伝説がある。これらのことは、忌部氏も海上交通に長じていた一族だったことを意味していよう。

古代から中世にかけて、社会・経済活動における海（水）上交通の比重が高まるにつれ、安房国はさらに東国における重要な位置を占めるようになっていった。このようなことから鎌倉後期には、北条氏の一族が安房の守護であったことが確実視される。また、相模《さがみ》の三浦氏一族が平安時代末期には房総半島へ進出するなかで、とりわけ和田一族は、早くから鎌倉―六浦《むつら》―房総へと結ぶ交通路を支配していた。

室町期になると、京都の室町幕府は関東統治のために鎌倉に鎌倉府を置き、その鎌倉府の御料所が、安房国内各地に設定された（朝平南郡・北郡岩井不入計半分・長狭郡柴原子郷・安房郡真名倉郷・窪郷・白間戸村・山名山本郷、他）。そして鎌倉府の長官である鎌倉公方《くぼう》を補佐する関東管領上杉氏四家（山内《やまのうち》、扇谷《おうぎがやつ》、犬掛《いぬかけ》、宅間《たくま》）のうちでも、武蔵六浦・神奈川・下総《しもうさ》葛西《かさい》・伊豆七島といった海上交通の要地を押さえて江戸湾（当時の呼称ではないが本書では便宜上江戸湾の呼称で統一する）支配を目指す山内上杉氏が安房に深く浸透した。その点、安房国の軍事的・経済的拠点と目される安房郡白浜を本拠とした木曽氏は、里見義実《よしざね》白浜上陸の伝説にも登場するなど従来里見氏との関係が注目されていたが、むしろ山内上杉氏の家臣だった可能性が指摘され（佐藤博信『江戸湾をめぐる中世』）、のちに山内（越後）上杉氏の京都（在京）雑掌《ざつしょう》を勤めた神余《かなまり》氏も、安房郡神余郷を本貫地とする一族であった。さらに安房国司の受領《ずりょう》名である安房守を山内上杉氏が代々称していることも、山内上杉氏と安房との関係の深さの残滓と考えられ、安房国全体が鎌倉府体制と密接な関係にあったのである（なお、本書でのちに登場する上杉謙信も、山内上杉氏の名跡を継いだため安房を自己の分国として意識している〈永禄九年五月九日付上杉輝虎願文（「上杉家文書」『上越市史別編1』上杉氏文書集一、五一一号）〉）。

ただこのようなことにより、安房を含む関東において鎌倉公方足利氏と山内上杉氏の間で流通の富をめぐる闘争が生まれていた可能性が高く、享徳《きょうとく》三年（一四五四）十二月から文明《ぶんめい》十四年（一四八二）十一月までの、二八年間におよぶ足利氏と上杉氏との権力闘争たる享徳の乱の前提には、このような事態が想定されるともいう（佐藤博信『江戸湾をめぐる中世』）。

一方、江戸湾の海上交通に関わる諸権益は、古来より安房国衙《こくが》が所有する特有な権限として周囲から認知されていた。こののち安房を支配し、安房国刺史《しし》（国守）を自任した里見氏は〈九六二一〜三〉、このような権限を継承し、また行使することで戦国大名として成長していくが（滝川「房総里見氏と江戸湾の水上交通」）、こうした状況を背景に、本書の主人公の里見義堯が登場するのである。

二　義堯の誕生

義堯は、永正《えいしょう》四年（一五〇七）里見実堯《さねたか》の嫡男として生まれた。ただし義堯の生年について具体的に記した史料はない。延宝《えんぽう》八年（一六八〇）成立の「延命寺《えんめいじ》源氏里見系図」（『三芳村史　編纂資料Ⅱ』）をはじめ、ほとんどの系図では、一様に天正《てんしょう》二年（一五七四）に六十三歳で没したと記されているので、それに従えば永正九年生まれということになる。

ところが、義堯と直接親交のあった安房国保田《ほた》（千葉県安房郡鋸南町《あわぐんきょなんまち》保田）妙本寺（以下妙本寺）の住職日我《にちが》が、義堯の死を受け追善のための記した「唯我尊霊百日記《ゆいがそんれいひやくにちき》」＝「日我百日記」（『千葉県の歴史　資料編』中世3）という確かな記録には、天正二年（一五七四）六月一日に享年六十八で没したとあるので、そこから逆算した永正四年生まれとする説が、川名登氏によって提唱されている（『南総の豪雄』）。

この点、本書でも、天文《てんぶん》四年（一五三五）成立の「堯《ぎょう》我《が》問答」（『千葉県の歴史　資料編』中世3）にみえる義堯の年齢や、義堯の所持本を天正七年に再転写したという「妙本寺源家系図」（『千葉県の歴史　資料編』中世3）に記された天文の内乱時の義堯の年齢が、永正四年として整合性がつくことから、川名説に従うこととする。

義堯の生まれたその頃を見わたすと、二年前の永正二年は、慢性的な飢饉が続くこの

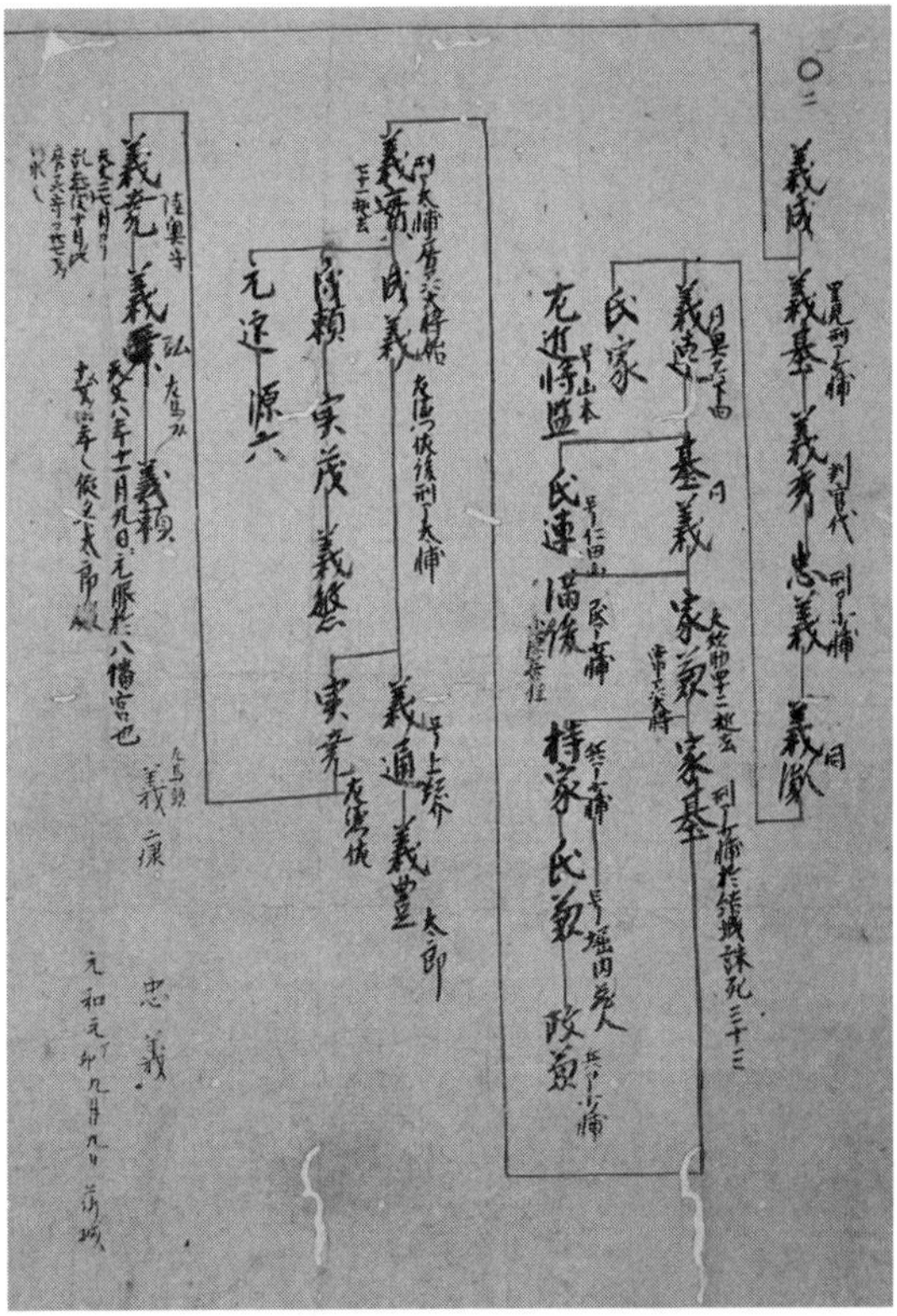

妙本寺源家系図（部分）（妙本寺蔵）

時代でも数十年に一度という全国的大飢饉があり（藤木久志『日本中世気象災害史年表稿』）、房総でも異様な数の死者がでたらしい（「本土寺過去帳」『千葉縣史料中世篇　本土寺過去帳』、黒田基樹『百姓から見た戦国大名』）。また、後に述べる足利政氏《あしかがまさうじ》の書状〈二七四九〉によれば、どうやら里見家内部では「名代《みょうだい》」云々が取り沙汰されるような権力闘争に起因する内乱がしばらく続いていたが、翌永正五年に、伯父里見義通《よしみち》によって領国内の混乱がひとまず収束されたと考えられるときでもあった〈四四〇〉。そのような混沌とした時期に、庶家の子として義堯は生まれたのである。

　義堯の父実堯は、安房国主（房州屋形）里見義通の弟で、左衛門佐（のちに左衛門大夫）を称し、兄義通とともに里見氏による安房国内支配の進展に努めた人物である（「申状見聞《もうしじょうけんもん》私」『富士宗学要集』四、〈六五〇〉）。そして後述のごとく、天文二年（一五三三）七月の政変の際、兄の子（甥）義豊《よしとよ》によって殺害された。その享年は、江戸時代初期には成立したと思われる高野山妙音院旧蔵「里見家過去帳（里見御代々坏帳）」（『戦国遺文　房総編』四巻、以下「高野山妙音院里見家過去帳」）や、「延命寺源氏里見系図」などでは五十歳とされており、それを信ずるとすれば生年は文明十六年（一四八四）で、義堯は父実堯が二十四歳の時の子となる。なお後期里見氏歴代の菩提寺としても知られる延命寺（南房総市）は、実堯の菩提を弔うために義堯によって草創された寺院と伝えられ、そこに開山として招聘されたのが、のちに義堯の師僧としても活躍した吉州梵貞《きつしゆうぼんてい》である。

母については、当時の史料に記載はない。宝暦《ほうれき》十二年（一七六二）成立になる「房総里見誌」（『改訂房総叢書』二）に「久留里（勝《すぐろ》）真勝の女《むすめ》」とあり、江戸時代中期頃成立の「諸系譜」（国立国会図書館蔵）所収里見系図や「別本里見系図」（『群書系図部集』二）では「母三浦正木《まさき》盛氏女」とする。一方「高野山妙音院里見家過去帳」に実堯の御簾中（夫人）としてみえる女性「寂光院殿蘭室妙芳大姉」は一応義堯の母である可能性もあるが、彼女については江戸時代末期編纂された「里見家霊名簿」（国立国会図書館蔵「里見叢書」所収）に「正木氏娘」という注記があるので、この女性が「三浦正木盛氏女」と同一人とも考えられる。ただし正木盛氏はその系譜的位置づけができず、しかもいままみてきた系図類以外史料上に一切所見のない人物である。また明治時代初期成立の『上総国誌稿』には、久留里城下の正源寺《しょうげんじ》は義堯がその母「正源寺殿貞室善公大禅尼」の菩提寺として建立したという所伝を載せているが、正源寺は義堯の父実堯（法名「延命寺殿一翁正源大居士」）の上総における菩提寺ともいわれているので、そのあたりのところははっきりしない。このようなことから、義堯の母については今のところ不明といわざるをえないのである。

弟と妹

弟妹についても、確かなところはわからない。ただ「慈恩院里見・正木系図」（『勝浦市史　資料編　中世』）には、妹として鳥山次郎室・真里谷大炊助室の二名と、僧となった源宗という弟があったことが見える。また実在自体は確認できる那古寺《なごじ》別当熊石丸〈四四〇〉は、同寺の所伝によると実堯の子とされるので、弟ということになろう。さらに江戸時代初頭慶長《けいちょう》期の「里見家分限帳」（川名登編『里見家分限帳集成　増補版』）で里見氏の家臣として確認できる横小路《よここうじ》氏は、自家の家譜「里見家過去帳」（『戦国遺文　房総編』四巻）によると、里見実堯の末子堯重を家祖とするというので、末弟に堯重という人物がいたことになる。一方鴨川市成川《なるかわ》にかつて所在した妙耀寺の開基で慶長五年（一六〇〇）七月二十一日に死んだとされる女性昌源院妙耀日光大姉も実堯の娘、つまり義堯の姉妹だったと伝えられる（「里見家霊名簿」）。

では義堯が生まれた房総里見氏とは、いったいどのような一族だったのであろうか。次からみていこう。

三　里見一族のあゆみ

八幡太郎義家の苗裔

そもそも里見氏は、清和源氏八幡太郎義家《よしいえ》の孫で上野国新田《にった》荘を本拠とする新田義重《よししげ》の子義俊《よしとし》が、西上野碓氷《うすい》郡《ぐん》里見郷（群馬県高崎市）を領し、そこを名字の地としたことに始まる家系とされる（「尊卑分脈《そんぴぶんみゃく》」）。

里見義俊の子里見伊賀守義成《よしなり》は源頼朝の寵臣として活躍したが、その一方で彼は、京都に拠点を持ち、また流通活動にも優れていた人物だったとも考えられている（滝川「美濃里見氏小考」）。

美濃里見氏

義成の四男義直《よしなお》は、承久《じょうきゅう》三年（一二二一）に勃発した承久の乱による勲功により、美濃国円教寺（岐阜県大垣市円興寺）の地頭職《じとうしき》を得て美濃に拠点を移し、以後この系統は美濃国内に広く根を張り発展を遂げた（「尊卑分脈」、以下この系統を美濃里見氏とする）。室町期の畿内では、室町幕臣の御番帳に登場する里見伊賀守や、在京の武士里見伊勢守といった里見名字の人物が多数みられるが、彼らもこの美濃里見氏の一族かもしれない。このようなことから、鎌倉・南北朝・室町期の里見氏で主流となったのは、京・美濃を拠点に畿内一円に発展していた一族だった可能性もある。

関東での広がり

一方、関東の里見氏本流は、義成のあと、義基その子の氏義と続く。この氏義は、鎌倉幕府五代将軍九条（藤原）頼嗣《よりつぐ》に近侍し、晩年には六年間在京し、その子孫も何代かにわたって在京していたとされる（「本朝武家諸姓分脈系図所収里見系図」）。事実、彼が願主となって建長《けんちょう》三年（一二五一）七月、現在の群馬県渋川市赤城町宮田に造立した石造不動明王像の銘文によっても、氏義は京都と個人的に深い繋がりを有していた人物と推測されている（須藤聡「宮田の不動と里見氏」）。

その氏義の弟義秀《よしひで》は、上野国新田荘高林（竹林、群馬県太田市）を領したことで竹林（里見）を称したというが、「尊卑分脈」などによると、ここから始まる系統が房総里見氏に直接繋がるという。

その後、関東の里見一族では、鎌倉幕府崩壊の際、新田義貞の鎌倉攻めに随従した義秀の孫の里見五郎義胤《よしたね》や、大井田・鳥山・田中など早くから越後国内に基盤を築いていた里見一族の活躍が知られる（「太平記」）。ただ彼らの大半は、建武政権が短期間で崩壊した後は南朝方として各地を転戦し、やがて南朝方が衰亡していくなかで没落していったらしい。

それとは別に、美濃里見氏など畿内にあった里見氏は、はやくから足利方（北朝方）に属して行動していたらしい。また嘉慶《かきょう》年間（一三八七〜八九）鎌倉鶴岡八幡宮浜大鳥居を再建するにあたり、鎌倉府の御所御代官を務めている里見兵庫助《ひょうごのすけ》（「鶴岡八幡宮寺社務職次第」『大日本史料』七—一三）や、北関東・奥羽の各地に広がった里見氏もあったが、なかでも室町期に顕著な活躍をみせたのが、常陸国内の各所に痕跡を残す里見氏である。

朝香明神社の棟札

現在の福島県との県境に近い茨城県高萩《たかはぎ》市上手綱《かみてづな》（多賀郡手綱郷）の朝香《あさか》明神社には、関東管領だった上杉禅秀《ぜんしゅう》が鎌倉公方足利持氏《もちうじ》に叛逆した争乱（上杉禅秀の乱）の最中の応《おう》永《えい》二十三年（一四一六）紀年銘を有す棟札《むなふだ》が残されている。その銘文から、当時里見兵庫亮《ひょうごのすけ》基宗《もとむね》という人物が、寺岡但馬守とともに手綱郷の地頭であったことがわかる。ただこの里見基宗は禅秀与党だったことがうかがえるので、禅秀の敗死によって乱が終結した後に没落したらしい。

それとは別に、永享《えいきょう》七年（一四三五）に、常陸国志太利《しだり》柳郷《やなぎごう》（笠間市小原《おばら》）は「里見四郎」という人物が領主だったことが確認できる（「常陸国《ひたちのくに》富裕人注文《ふゆうのじんちゅうもん》」『龍ケ崎市史　中世史料編』）。この一帯は、中世では宍戸荘《ししどのしょう》とされ、そこを名字とする宍戸氏が古くから広く根を下ろしていたところだけに、この里見氏（小原里見氏）も宍戸氏と密接に関わっていたことが想定される。

宍戸荘小原の里見氏

この点「妙本寺源家系図」では、房総里見氏の祖とされる里見義実の祖父家兼やその弟満俊を、「常州大将」「小原居住」などとしていることから、かなり早い段階から房総里見氏はこの小原里見氏と系譜的につながる一族と意識されていたようである（滝川「常陸国の里見氏に関する覚書」）。

そうなると、史料自体にはかなり問題を残すが、昭和初期上総天神山（富津市）の神官椙山林麿《すぎやましげまろ》氏によって書写収集された「椙山家史料」中の文明七年（一四七五）五月の紀年銘を有する「某所棟札銘写」〈二一八〉に、里見義実やその子成義とともに宍戸左京家里という人物がみえることが注目されるが、この史料のもとになった棟札の捜索や、記された銘文の本格的な検討は今後の課題である。

里見刑部少輔の活躍

一方、房総里見氏の直接のルーツを探る上で鍵を握る人物は、鎌倉公方足利持氏の重臣として東国各地で活躍したことが知られる里見刑部少輔《ぎようぶのしよう》（実名不詳）であろう。彼は鎌倉府に出仕し、在倉（鎌倉に居住）していた人物だが、応永三十年（一四二三）頃から持氏の命で常陸方面へ軍事指揮官として派遣され（「満済准后日記」『続群書類従』補遺一）、それ以降は、常陸国内に常駐するようになったらしい（須藤聡「鎌倉府重臣里見刑部少輔の動向」）。

このようなことから、従来常陸国内の高萩や小原の里見氏と、この里見刑部少輔を直接結び付けるような見解もあるが（渡邊世祐『関東中心足利時代之研究』）、そのあたりのところははっきりしない。ただ新たに発見された足利政氏書状〈二七四九〉からも、この里見刑部少輔が、房総里見氏と何らかの系譜的つながりを持っていたと考えるのが自然であろう。そのことについては後述する。

四　房総里見氏の成立と始祖義実

房総里見氏成立の通説

「里見代々記」「里見九代記」（『続群書類従』二十一下）といった江戸時代半ば以降に成立した軍記物類では、房総里見氏の成立やその初代とされる義実を次のように説明している。

すなわち、永享十一年(一四三九)二月、室町幕府と対立した鎌倉公方足利持氏は、幕府から持氏追討の命を受けた関東管領上杉憲実《のりざね》によって滅ぼされたが(永享の乱)、持氏を支持した勢力は、翌年の三月、持氏の遺児安王丸・春王丸を擁して常陸で蜂起し、やがて下総の結城城(茨城県結城市)に入った。このとき房総里見氏の初代とされる里見義実も、父修理亮家基とともに結城城に籠城した。一方、攻城側は上杉軍をはじめ、幕府の命によって参陣した千葉・小山《おやま》・宇都宮をはじめとする関東の大名、さらには関東国人衆やそれ以外の人も加わり、両者による長く激しい攻防戦が展開されたが(結城合戦)、翌嘉《か》吉《きつ》元年(一四四一)四月、結城城はついに落城した。その際、義実は父家基の命によって城を脱出し、房総に落ち延びた。そしてしばらく雌伏の時を過ごした後、持ち前の英雄的な資質を発揮して安房一国を平定し、白浜(南房総市)を拠点とする房総里見氏を成立させた、とするのである。

しかしこのストーリーには多くの矛盾があることが、大野太平氏や川名登氏によって早くから指摘されていた。とはいえそれに代わるべき有力な説が出ないまま近年に至っていたのである。

ところが、一九九四年、稲村城跡《いなむら》(千葉県館山市)の保存運動がはじまったことによって、房総里見氏の歴史に多くの人々の関心が注がれたことで、新たな知見や研究がいくつも生まれ、そのなかから義実の出自についても、従来にない注目すべき新説が登場した。峰岸純夫氏の里見義実美濃出身説である。

里見義実美濃出身説

これは、前述した美濃里見氏歴代の多くが「民部少（大）輔」の官途を称していた事実（「尊卑分脈」）を前提とし、「鎌倉大草紙」に義実が「里見民部少輔《みんぶのしょう》」とみえることから、義実も美濃里見氏出身者の可能性が高いとする。そしてその義実は、十五世紀後半の足利成氏による鎌倉府の再興が進められたなかで、それまで美濃国内で匿われていた成氏の弟とともに関東に下向し、すでに衰退していた関東里見氏の名跡を継いで成氏の近臣となる。その後享徳の乱に際し、成氏の命によって安房へ入部し、房総里見氏の始祖となったのではないか、という説である（峰岸純夫「中世城館跡の調査と保存・活用」）。

実際、この時期の関東の争乱と美濃国との深い関係（新田岩松氏の復活における役割や、享徳の乱における東常縁《とうのつねより》の活躍、房総酒井氏や土岐氏の出自伝承など）は見逃せないものがある。しかも、房総里見氏研究において従来にない広い視野からの考察である点や、その斬新さとも相俟って、現在この説は、多くの支持を得ているのである（市村高男『東国の戦国合戦』・則竹雄一『古河公方と伊勢宗瑞』他）。

ただその後、峰岸説は新たな展開をみせている（峰岸「享徳の乱と里見義実（二）」）。ここで峰岸氏は、義実は関東里見氏嫡流の里見家基（刑部少輔・修理亮）の嫡子で、父が結城合戦で討死した後に美濃に遁れ、土岐氏の配下にあった美濃里見氏のもとで養子として成長した。その後、足利成氏の鎌倉公方復帰を受けて、美濃国から関東に帰還した成氏の弟定尊《じょうそん》に随伴し、そこで関東里見氏の再興を果たした、とするのである。つまりここでは、義実を美濃里見氏出身者とはせず、むしろ従来から唱えられていた通説との折衷案ともいうべきものに軌道修正されたのである。

美濃出身説の問題点

では義実美濃出身説の当否についてだが、峰岸氏の説も変化しているので一括りに評価することは難しい。だが、いずれにせよ義実を美濃里見氏の関係者とする根拠は、義実が「民部少（大）輔」の官途を称していたということである。この点、比較的初期の房総里見氏関係者で、しかも系譜上の位置づけができていない人々のなかに、「民部少（大）輔」の官途を称している人物が何人も確認され、さらに後期里見氏のなかにも散見される（「里見家永正・元亀中書札留抜書」・〈一〇六八～七〇・一〇九七・二〇四五〉）。房総里見氏にとって「民部少（大）輔」という官途が、極めて重要な官途であったことは事実である（佐藤博信「里見義通試論」『中世東国政治史論』）。その意味では、これは義実が「民部少輔」を称していた残滓といえなくもない（あるいはここから、房総里見氏のもとに、何系統もの里見氏が結集していたとすることも想定可能である）。

だが、その一方、義実が「民部少輔」を称していたことについては、「鎌倉大草紙」

以外では、房総里見氏の代表的な系図・過去帳は無論、成立事情の違う系図や軍記物までを含めてもまったく所見されず、それらでは義実の官途については「刑部少輔」とすることでほぼ一致する。しかも「鎌倉大草紙」の史料的価値は昔から議論の対象になっているが、ごく最近の研究では、江戸時代以降成立の可能性も指摘されるなど（山田邦明「本朝通鑑の編纂手法」）、その評価はいまだ定見を得ていないのが実状なのである。

そして先にも述べたように、「妙本寺源家系図」などは、義実の祖父とされる家兼を「常州大将」、大叔父満俊を「民部少輔」としたうえで「小原居住」とするように、むしろ常陸と房総里見氏との関係を示唆し、義実についても「刑部太《ママ》輔」としている（逆に、これらに何らかの作為を想定することも可能である）。さらにこの後に述べる新発見文書から、義堯が誕生した時期の房総里見氏当主は、「刑部大（少）輔」の官途を称していた事実が確認されたのである。

これらのことについて整合性のつく答えをみつけるには、根拠となるべき一次史料があまりに少ない。したがって現段階では、この義実美濃出身説も義実の出自に関する有力な候補の一つに留めるべきであろう。

里見氏の安房入部

では改めて、房総里見氏の祖とされる人物（義実）は、いつ・いかなる理由で安房国に入部したのだろうか。この場合参考となるのが、隣国上総における武田氏の成立過程であろう。
　永享の乱で滅亡した足利持氏の遺児万寿王丸は、鎌倉公方の復活によって公方となり成氏と名乗ったが、関東管領としてその補佐にあたったのは、幕府と結んで父を滅亡に追い込んだ上杉憲実の子、憲忠《のりただ》だった。成氏は当初幕府と協調路線を歩むことで鎌倉府の再建を図ろうとしたが、小山・結城氏ら持氏を支えた旧臣たちの公方派と、長尾・太田といった関東管領上杉派の対立が起こり、結局それは、享徳三年（一四五四）十二月、成氏が上杉憲忠を誅伐したことによって関東一円を公方派・上杉派に二分した大乱（享徳の乱）に発展した。

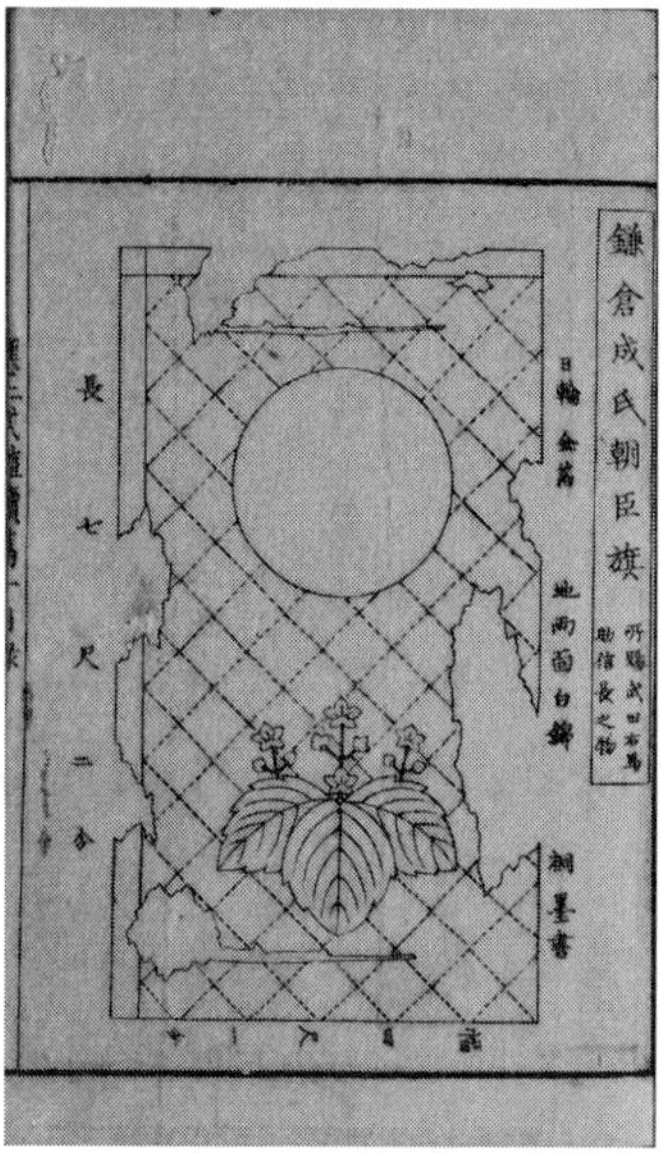

武田信長が足利成氏より
下賜されたという旗の図
（「応仁武鑑」，早稲田大学図書館蔵）

　この際、上総武田氏初代とされる武田信長は、成氏の命により上杉氏の勢力圏であった上総国に公方勢力を拡大させるために入部し、短期間で国内の上杉勢力を追い払って上総武田氏を成立させたと考えられている。またその前提に、それ以前から上総国内には、信長と系譜的につながる一族がいたとされる（杉山一弥「室町期上総武田氏の興起の基底」）。

となれば房総里見氏の祖も、同様の事情で成氏によって安房へ送り込まれた、と考えるのが自然であろう。ただ武田氏のように、それ以前から、安房国内に里見氏の関係者がいたことは現段階では確認されていない。しかしそれに代わるものとして、安房国内各地には鎌倉府の御料所が散在し、それらを管理する足利氏家臣の存在があった〈二五八〉。彼らの多くは、上杉氏の支配下において没落していたが、成氏によって鎌倉府が再興されたことを機に復活し、上杉勢力と抗争を展開していたのである。

その渦中に、旗頭になりうる足利氏の一族、すなわち御一家の一人として里見氏が登場し、それらの人々の力を糾合することで、短期間で安房を統一した可能性が考えられるのである（佐藤博信「前期里見氏の歴史的位置」『中世東国政治史論』）。その人こそ伝説上の人物とされる里見義実ではないか。またこのことは、義実入部の前提に鶴岡社と安房国の関係があるのではないか、という説ともつながる（長塚孝「里見義実の安房入部」）。

義実実在の可能性

ただ、肝心の義実の実在証明はいまだできていない。とはいえ後述のごとく十六世紀初頭の永正年代には房総里見氏の存在が確認でき、しかも十五世紀半ばの享徳の乱の際にその祖となる房総入部がなされたとすれば、少なくともその間に一・二代の人物の存在が想定される。そして初期の里見氏一族や家臣などに、義実の名から採った（偏諱を受けた）、あるいは由来するであろう「実」の一字を実名に冠している人物が何人も確認できること（里見実堯・源実房・正木実茂・正木実次・中里実次・中里実時・〈本間〉実俊等）。さらに、戦国期には確実に成立していた「妙本寺源家系図」に房総里見氏の祖（「房州大将始」）として義実が位置づけられ、また異論もあるが「関東禅林詩文等抄録」（『千葉県の歴史　資料編』中世5）にみえる「房州太守源湯川公」が義実を指す可能性があること等々からみれば、やはり義実という人物が実在し、房総里見氏の祖だった可能性は高いのではないか。したがって以後本書では義実の実在を前提として進めていくこととする。ただ、その義実が伝えられるような事績を残した人だったかどうかはわからない。

そしてここで明確なことは、里見氏の歴史過程において、房総における鎌倉府体制や鶴岡八幡宮領だったという歴史が残した政治・経済基盤をどのように継承・吸収・支配していくかが、時を超えて一貫した重要課題だったと考えられることであろう。したがって、その実態を明らかにすることこそが、はじめて房総における里見氏の登場と、支配の過程・あり方を解くカギとなるのではないだろうか。

五　発見された足利政氏書状

里見氏の初見史料

房総里見氏の存在を確実に示す初見史料は、これまで永正五年（一五〇八）の鶴谷《つるがや》八幡宮棟札銘文〈四四〇〉とされてきた。そしてそこに、里見（源）義通が安房惣社たる鶴谷八幡宮を大旦那として修造している事実が記されていることから、遅くともこのときまでには里見氏による安房統一がなされ、しかも政権ナンバー2ともいえる位置（国衙奉行人）に、正木《まさき》（平）通綱《みちつな》の名がみえることより、里見―正木体制ともいえる支配の枠組みが、この時点ですでに成立していたと考えられてきた（『南総の豪雄』）。

そしてこのことが前提となって、里見氏の初期の歴史について、ある程度の見通しがたてられてきたのである。ところが、ごく最近新たな史料が発見されたことで、それらの仮説は、根本的に再検討せざるをえないことが明らかとなった。

足利政氏書状

それは、次に示した古河公方第二代足利政氏が里見刑部大輔《ぎょうぶのたいふ》にあてた書状〈二七四九〉である（写真）。無年号文書だが、その内容や政氏の花押型などから、ほぼ永正元年（一五〇四）に比定でき、房総里見氏に関する最古の確実な史料と位置づけることができる（滝川「戦国前期の房総里見氏に関する考察」）。

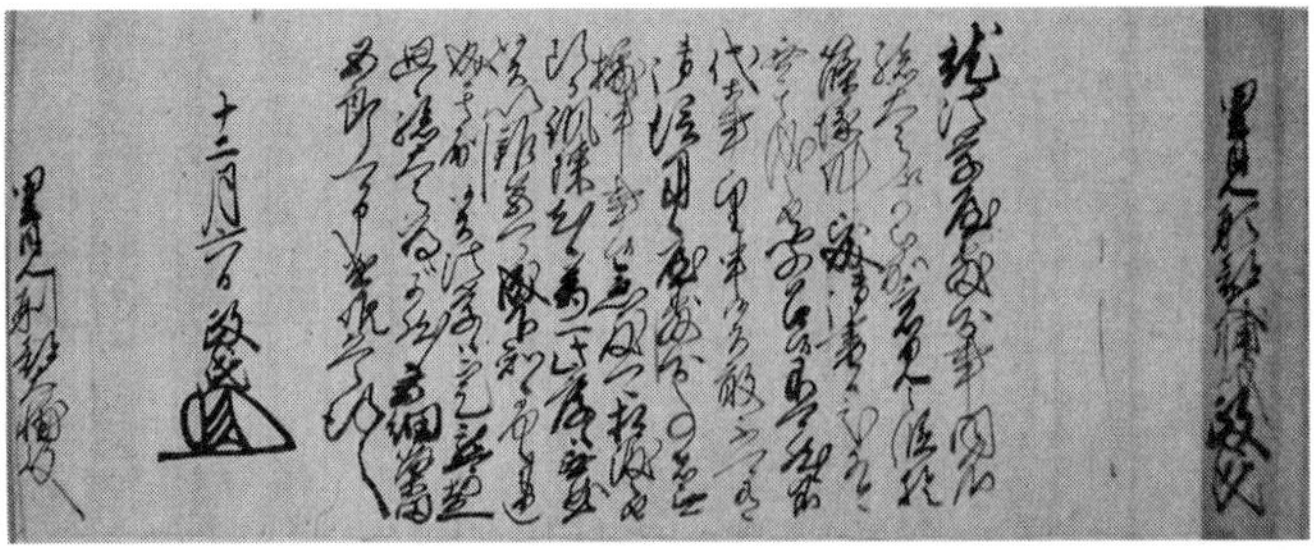
里見刑部大輔宛足利政氏書状（妙興寺蔵）

法学屋敷分の事に就き、同名孫太郎へ意見を加えらるべくの段、篠塚陣《しのづかじん》に於いて御書なされ候ところ、今にその儀無く候由聞こし召し候、しかるべからず候、名代《みょうだい》等の事望み申し候らわば、敢えてご信用有るべからず候、屋敷分の事は、拠《よんどころ》無き申し事に候、急《きっ》度《と》あい渡すべくの由断じて諷陣（諫）尤《もっと》もに候、万一この度も曲《きょく》無く候えば、雑色《ぞうしき》を以て下知成すべく候、なおなお速やかにその刷《つくろ》いを成し候らわば、法学も定めて懇《ねんご》ろに走り廻るべく候、孫太郎の為に然るべく候、委細は簗田五郎に申し遣わすべく候、恐々謹言

十二月六日　政氏（花押）

里見刑部大輔　殿

書状が出された背景

まずこの文書が出された前提として、これ以前、里見一族のなかで「法学」と称された人物から、当時千葉孝胤《のりたね》討滅のため下総国篠塚（佐倉市）に在陣していた政氏のところに、その実態はよくわからないが「法学屋敷分」のことで

訴えがあったらしい。政氏はそれに応えて里見家当主である里見刑部大輔へ、現在里見孫太郎が不法占拠している「法学屋敷分」を法学に返却させるよう調停することを求めた。宛所にみえる里見刑部大輔は、その時点の房総里見氏当主とみて間違いないが、実名はわからない。ところが、今になってもなお里見刑部大輔はなんら動いていなかったため（あるいは動けなかったか）、法学は重ねて政氏に訴えたらしい。ただそれだけでなく、法学は里見一族を支配してゆく最高権力（伊藤一美『武蔵武士団の一様態』）たる「名代」の座をも政氏に求めていたらしい。それに対し政氏は、「「名代」については取り上げない方針だが、孫太郎が不法占拠していることについては認めない」として、里見刑部大輔にすみやかに対処すべきことを、命じているのである。

里見刑部大輔は誰か

そこで問題となるのは、これから四年後の鶴谷八幡宮棟札に、里見家当主としてみえる義通と、この里見刑部大輔との関係である。年代の近さなどから常識的には両者同一人とみるべきだろう。だが書状内容からみると、そう簡単には結論づけられない。

本文書によれば、永正初年段階で里見家当主は、刑部少輔ではなく大輔（上階している）とあることからみても、比較的年齢も高そうである。また書き止め文言が受け取り手に対する丁寧な「恐々謹言」となっているが、古河公方の場合、この形式（書札礼《しょさつれい》）は渋川・一色氏など関東足利氏の一族に対してのみ使用され、千葉・小山・佐竹氏などいわゆる外様はこれより薄礼の「謹言」というように厳格に決まっていた。この書札礼上からも、里見刑部大輔が、関東足利氏の一族という高い家格を有する人物で、足利政氏からも古河公方家（政氏）を支える有力な勢力として期待されていたことがわかる。それだけに政氏は、里見家の内紛がこれ以上拡大することを案じているのである。

ただ、一方で里見刑部大輔の権力の実態は、一族内の有力者間（法学と孫太郎）で起こった「名代」ともからむ権力闘争を調停できないほど弱体化しており、そしてそのことは法学・孫太郎らを実質的に支える人達の間で起こっている闘争でもあることから、里見領国ではこの時期、内紛から内乱といっていいほどの混乱があったのである。

それからわずか四年後に、「里見刑部大輔」はこのような状況を収束できたのであろうか。もしそうだとすれば「里見刑部大輔」は義通その人であろうが、また別人という可能性も考えられるのである。あるいはこの「里見刑部大輔」を系図などで義通の父とされる成義（義成）に一応比定してみても、ここで名代がからむ権力闘争が起きていたことは、この時点では「里見刑部大輔」の正式な継承者が決まっていなかったことも想定される。となれば、義通の存在をどう考えればいいのであろうか。あるいは、これらの闘争過程で新たな権力が台頭して「里見刑部大輔」に取って代わって領国をおさめ、それが里見義通ということになるのか。

このことを受け、ごく最近では成義・義通・実堯を兄弟としたうえで、この刑部大輔を白浜里見氏の当主成義とし、官途「民部」を名乗る義通が、そのあとを継承したのではないか、という説も唱えられている（丸島和洋『東日本の動乱と戦国大名の発展』）。

里見氏と官途刑部大輔

ただそれとは別にここで大きな発見は、これまで系図上の世界であった房総里見氏当主の官途「刑部大（少）輔」が、歴史的事実であったことが初めて確認できたことである。このことにより、前述のごとく鎌倉府持氏の時代に活躍していた「里見刑部少輔」と房総里見氏が直接つながる可能性が高くなり、また里見氏にとって「刑部大（少）輔」という官途が家の指標とでもいうべき重要なものであったことが確実となったのである（ただし「刑部大（少）輔」の官途が、義堯以降の後期里見氏歴代に襲用されたことは系図以外からは確認できない。この事実も、義堯以降の里見氏が明確に別系統であることを示している）。

そしてこれらのことは、大永《だいえい》年間に里見氏は、在京家臣を配置することで京都・畿内とのネットワークを築いていたらしいこと（「房州衆説義徳随筆録」国立国会図書館「里見叢書」所収）。そして確実な史料に登場するのに系譜的位置づけができない里見氏や正木氏関係人物（例えば里見近江やその筋目とされる民部大輔、また里見中務大輔《なかつかさたいふ》氏家、里見実房等）が多数存在すること。さらに里見氏による安房国内掌握に際し、長狭郡や北郡において、里見氏支配に反発する勢力が根強くあり、歴代当主はそれらの掃討に苦しんでいたらしいこと等をみれば（滝川「戦国前期の房総里見氏に関する考察」）、これまで我々が描いていた「義実によって安房一国が平定され、以降里見氏による安房支配が順調にすすみ義通に至った」とする成立過程は、実際とは大きく異なっていたことがはっきりしてきたのである。ただ関係史料がまったくない現段階では、これ以上のことを明らかにするのは不可能であり、新たな史料が発見されることを期待し、義実の存在やルーツの解明も加え、これらの議論は今後に委ねたい。

六　上総武田氏の発展

上総武田氏と里見氏

始祖武田信長のあとの上総武田氏は、急速に上総国内に発展を遂げ、そのなかで本来惣領家である百首城《ひやくしゅ》（富津市）に拠った一族や、小田喜城《おだき》（大多喜町）に分出した一族もあったが、次第に長南城《ちようなん》（長南町）を拠点とした長南武田氏と、真里谷城《まりやつ》（木更津市）に拠った真里谷武田氏が中心勢力として発展していった。また「里見代々記」などによれば、義実の妻は武田信長の娘で、それ以降の里見氏歴代当主とも婚姻関係を重ねていたというが、それは状況などからみても十分ありうることから、当初里見氏と武田氏は婚姻関係を通じて深く結びついていたらしい。

湾岸領主真里谷武田氏

武田氏というとどうしても甲斐武田氏の勇猛な騎馬軍団のイメージが先行するが、上総武田氏のなかでも特に真里谷武田氏は、水上交通に長けた一族だったらしい。そしてそのことから、信長が上総に入部した当初は江戸湾沿岸の要津である百首・天神山《てんじんやま》・佐《さ》貫《ぬき》（いずれも富津市）あたりに本拠があったのではないかと今では考えられている。そして真里谷武田氏は、三河守清嗣《きよつぐ》（道鑑）の段階になると、対岸の三浦半島はいうまでもなく、江戸湾最奥部にあって海上交通と河川交通が交わる拠点である浅草《あさくさ》（東京都台東区）とも深く結びついていた。

浅草観音で有名な浅草寺《せんそうじ》（東京都台東区）は、七世紀に開創されたという武蔵国内きっての古刹だが、創建以来しばしば火災にあい、そのたびごとに再建されたという歴史をもつ。そのなかで明応《めいおう》年間（一四九二～一五〇一）にあった火災で焼失した本堂の再建には、武田清嗣が財源面で大きな貢献を果たしていたのである〈三六二〉。

その財力の源泉になったものだが、彼の本拠地との関わりで考えれば、豊かな森林資源とそれを活用する水運能力だった可能性が十分にある。清嗣は江戸湾全体の流通拠点であった六浦（神奈川県横浜市）をはじめ、湾内有力湊に拠点を持ち（「鏡心日記」『戦国遺文房総編』補遺）、それらのネットワークを駆使して森林資源を活用し、そこからさらに江戸湾全体の流通にも大きな影響力をもったのであろう。まさにこの時期、真里谷武田氏は江戸湾有数の湾岸領主だったに違いない。

真里谷武田氏と北条氏

その後真里谷武田氏は清嗣の子信嗣《のぶつぐ》さらにその子信清《のぶきよ》（以下恕鑑）の時代、上総北部から下総へと勢力を拡大するなかで、小弓《おゆみ》城（千葉市）の原氏や真名《まんな》城（茂原市）の三上《みかみ》氏と抗争を展開することになったが、原氏が千葉氏とともに真里谷武田氏に対抗したため、永正《えいしょう》十三年（一五一六）十一月、恕鑑は対岸の相模国で勢力を急速に拡大しつつあった伊勢宗瑞《そうずい》（北条早雲）の軍勢を招請してこれに対抗した。これが房総と北条氏の直接的関係のはじまりである〈五一八〉。

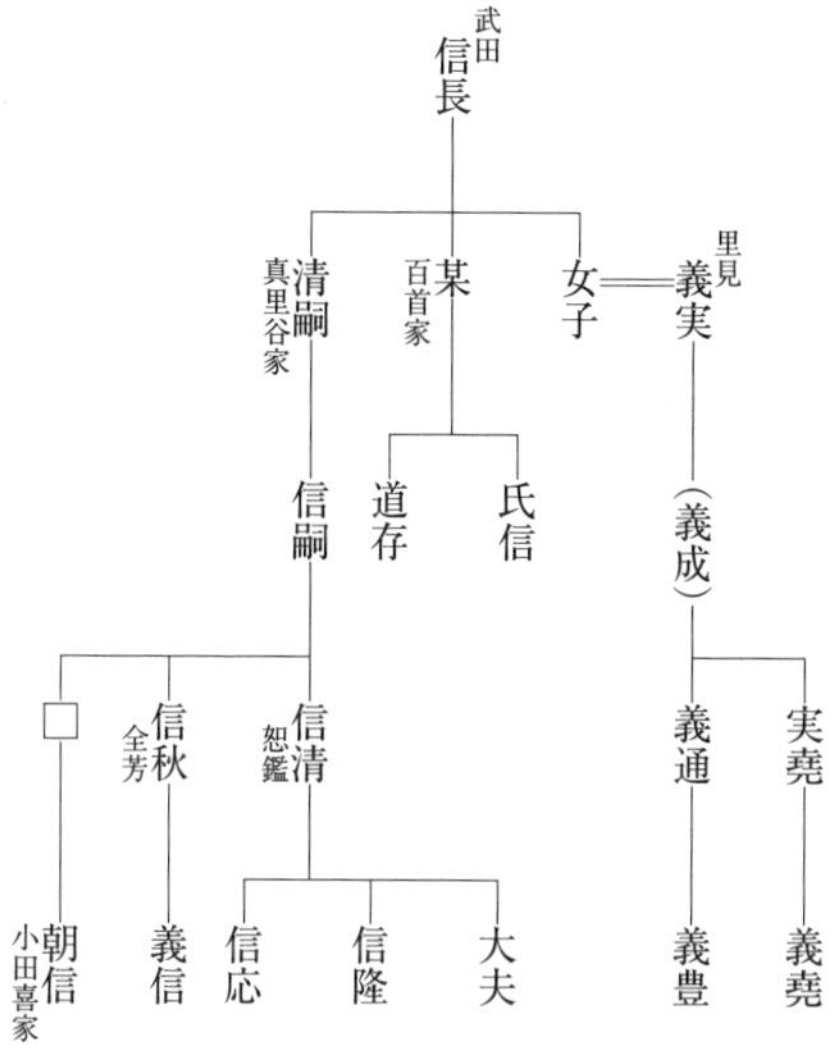

上総武田家略系図（黒田基樹『戦国の房総と北条氏』等をもとに作成）

ただ実はこの直前の同年七月に、宗瑞は三浦半島にあった三浦氏を長年の攻略の末滅ぼしていた。その三浦氏と真里谷武田氏は姻戚関係を媒介にもともと関係が深く、その意味では武田氏による宗瑞招請という事態そのものが不思議である。とはいえ、武田恕鑑にとって原・千葉・

三上といった周囲の敵との対抗上、そのような事情を越えてもこの際宗瑞の支援を必要としたと考えるしかない。また宗瑞としても、三浦氏を滅ぼし三浦半島の流通拠点と水軍を掌握したからには、指呼の間にある房総に武田氏との連携関係を通じて進出し、江戸湾内の制海権を掌握する目的があったのではないかという（池上裕子『北条早雲』）。双方とも現実的な利益を優先したのであろう。

宗瑞の房総への侵攻は翌永正十四年にもあり〈四六九〉、結果、三上氏の拠った真名城は落城、宗瑞はこの出兵によって上総国二宮荘（茂原市一帯）の領有を遂げ、以後しばらく北条氏の永領として、房総進出における拠点となった（永正十六年四月廿八日付伊勢宗瑞知行注文「箱根神社文書」『戦国遺文　後北条氏編』三七号）。また、房総と北条氏との関係は宗瑞の子氏綱《うじつな》にも引き継がれ、宗瑞の死直前の永正十六年七月にも氏綱は房総へ侵攻している〈五五〇〉。それはこの年にあった「佐貫郷大乱」〈七二八〉とも関係があったと思われるが、房総ではちょうどその前年の永正十五年、小弓公方《おゆみくぼう》成立という一大事件があったので、氏綱の房総渡海は小弓公方支援のためだったのかもしれない。ではその小弓公方とはどのように成立し発展していったのであろうか。

七　小弓公方の成立

足利義明

この時期、下総国小弓にあって周囲から小弓公方と尊称された足利義明《よしあき》は、古河公方第二代足利政氏の次男で、政氏のあと第三代古河公方となった高基《たかもと》の弟である。幼名を愛松王丸《あいしょうおうまる》といい、幼くして大叔父（祖父成氏の弟）で鎌倉鶴岡八幡宮の若宮別当（雪下《ゆきのした》殿《どの》）だった尊倣《そんじょう》の養子となり、やがてその跡を継ぎ出家して空然《こうねん》と称した。雪下殿は当時、関東の宗教的世界の頂点にあったことから、関東足利氏は、政治的権力者である鎌倉公方と、宗教的権力者の雪下殿による支配体制をとっていたとされる。ただ空然が雪下殿にあった頃、父政氏と兄高基が政治路線の違いからたびたび対立を繰り返し、この渦中において、空然も関東足利氏の一方の旗頭となるべく下総国高柳（埼玉県久喜市）で政治的自立を遂げたのである。

義明の房総入部

それから兄高基とともに父政氏と対立した時期もあったが、やがて政氏と高基の抗争が高基の勝利に帰すと、今度は父とともに兄と対立するようになった。そしてこの間、時期ははっきりしないが、還俗して義明と称したのである（以後、義明で統一）。

そのようなかで、義明が真里谷武田恕鑑の招聘に応じて、房総に入部したのが、永

関東足利家略系図（①〜⑤は古河公方歴代）（諸史料をもとに滝川作成）

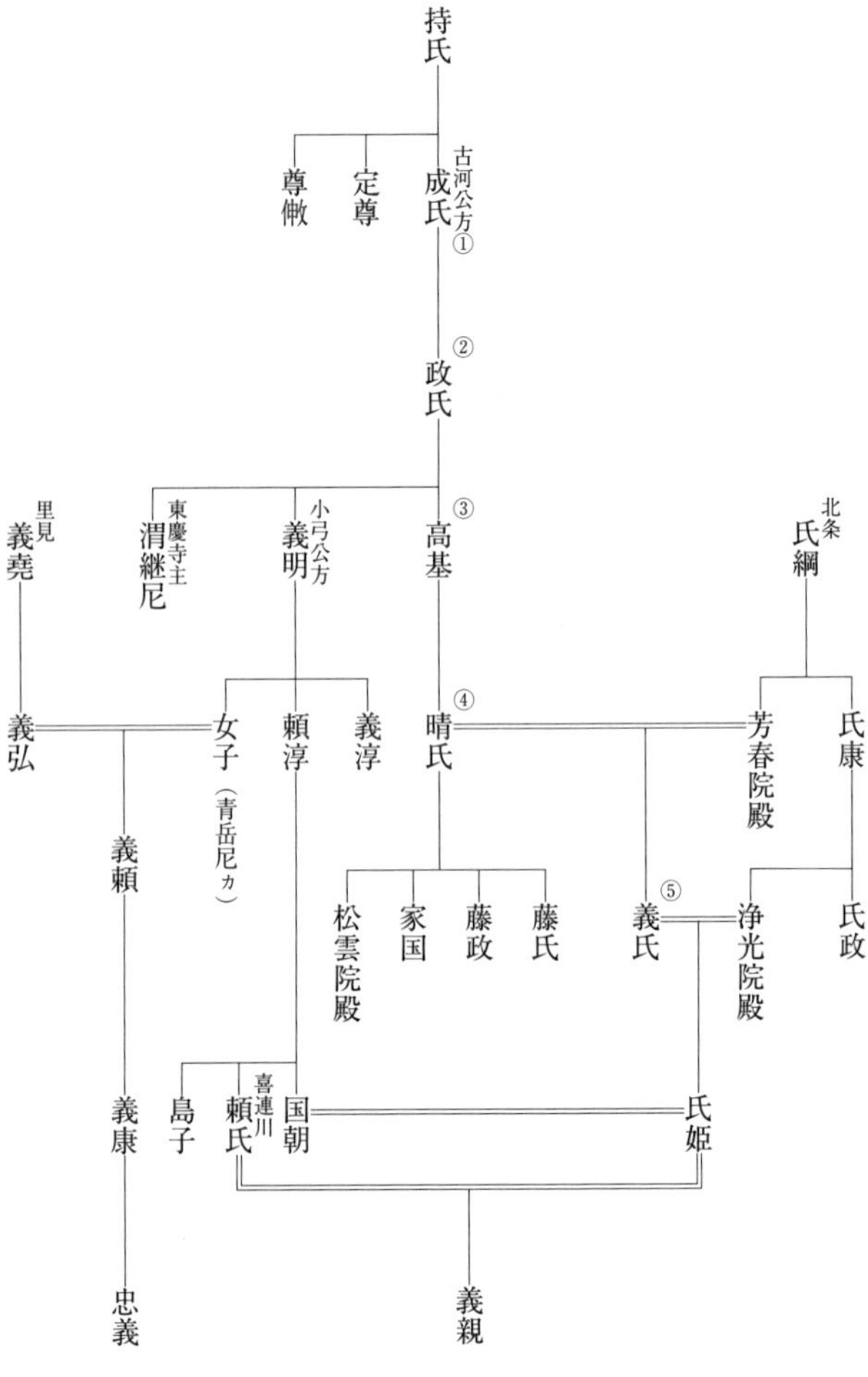

正十五年（一五一八）七月以降のことだった（佐藤博信『中世東国の支配構造』『古河公方足利氏の研究』）。恕鑑が義明を迎えたのは、義明の関東足利氏の一族という抜群の血筋の良さが、当時の社会においてきわめて有効であり、直接的にはその権威を利用して、抗争と分裂が続く房総諸氏の統合の象徴になりうることを期待してのことだったのであろう。かつて家祖武田信長が、足利成氏から下賜された旗を奉じて上総入部・制圧を果たした再現を狙ったのかもしれない。

一方、義明としては、扇谷上杉氏をはじめとした政治勢力を父政氏より継承したものの、最大の支持者であった上杉朝良《ともよし》が永正十五年四月に死去した（「上杉系図」『群書系図部集』五）ことを受けて、兄高基に対抗する態勢を再構築するための必要性に迫られていたためとみられる。双方の思惑が一致しての房総入部だったのである。

小弓に御所を構える

しばらくして、上総との国境近くの要地、下総小弓に御所を構えた義明のもとには、逸見《へんみ》氏・佐野氏など雪下殿以来の社家奉公人層や関東足利氏一族の一部、真里谷武田氏や里見氏などの諸氏、上総国内にあった足利氏の伝統的な家臣層、さらには常陸の小田・多賀谷氏などの領主層がこぞって結集した。また房総にあった旧鎌倉府の所領（御料所）が物質面で彼を支えることにより、房総諸氏より小弓公方または大弓様・小弓上様と尊称され、その勢威は「御家風東国を掩う」（「快元僧都記」『神道大系』神社編二十　鶴岡）

とされるほどに膨れ上がったのである。

彼は、中国の霊獣にして天子を意味する龍を意識したらしいその花押型から推察すれば、自分自身を龍になぞらえて誇示するという、相当な自信家だったといっていいだろう。また後述するように、第二次上総武田氏の内乱の際の対応を見る限り、名門育ちが故の鷹揚さ、甘さが随所に見え隠れする人物でもあったらしい。ただもっともそれらは、平時においては、度量の大きさを示すにふさわしい器量と評価されていたのかもしれない。

また義明の小弓城（御所）だが、現在千葉市内には「おゆみ」城と呼ばれる城郭跡が二つあり、これまで特に根拠はないまま南小弓城とよばれている方が義明の拠った小弓城とされてきた。ところが近年道路拡張工事等に伴ってもう一方の生実《おゆみ》城跡を発掘調査したところ、その出土品の年代が義明の時代にまで遡れることが判明したことや、遺構の規模、さらに江戸時代中期では生実城が義明の拠った城と記憶されていたことなどからみれば、義明の小弓城は、これまで義明滅亡後に原氏によって築かれたとされていた生実城の方がふさわしいことが明らかになった（簗瀬裕一「小弓公方足利義明の御座所と生実・浜野の中世城郭」）。

足利義明花押（義明の花押は多様であるためその一部）

古河公方との対立

義明による小弓公方の成立は、関東足利氏の正当性をめぐって、兄である古河公方足利高基とそれぞれの支持勢力を巻き込んだ、激しい対立を生むことになった。このような状況に危機感を募らせた足利高基は、永正十六年八月、この時、義明が拠っていた可能性もあり、また義明を支える真里谷武田氏の軍事拠点にして江戸湾岸の重要な湊町椎津《しいづ》を守る城郭でもあった椎津城（市原市）を攻撃し、小弓方勢力を南北に分断しようとした〈五五一～五〉。それに対して、義明も翌十七年（大永元年説もある）六月、里見上野入道（義通）に命じて蕨《わらび》城（和良比＝四街道市）を拠点に千葉氏の本拠本佐倉《もとさくら》城（佐倉市・酒々井町）を攻撃させる一方、古河公方派の拠る関宿《せきやど》城（野田市）をも攻撃する姿勢を示した〈五六〇〉。さらに同十八年三月には、小弓方軍勢は関宿に通じる名都狩要害《なずかりようがい》（流山市）を攻め、同八月には小金（松戸市）から市河（川）にかけて両者間での合戦が行われた（「本土寺過去帳」）。関東足利氏の正当性をめぐる抗争は、江戸湾奥の軍事拠点のみならず双方の政治・経済拠点への攻撃によってさらに激化することになり、里見氏をはじめとした房総諸氏も否応なくそれに巻き込まれていったのである。

そのようななか、上総にあった足利氏の根本家臣と思われる小曽禰《こそね》信直は、「義明征夷将軍」の「御家繁盛」と、「高基　大樹将軍」という「両君とが羽翼のごとく関東八州を掌握し、扶桑六十余州を幕下に侍らす」という願望を込めた大般若経を上総国飯《いい》香岡八幡宮《がおかはちまんぐう》（市原市）に奉納し、二人の公方が両立し、鎌倉公方家の再興と繁栄を祈願した〈七一一〉。ただ結局それは空しい願いでしかなかった。

八　元服と婚姻、そして子供たち

義堯の元服

里見家をはじめ当時の武家社会では、十五歳前後に元服を行うことが多かったことから（「妙本寺源家系図」、「里見家永正・元亀中書札留抜書」『戦国遺文　房総編』四巻）、大永《だいえい》元年（一五二一）頃、本書の主人公義堯は元服を迎えたと考えられる。そしてこのとき彼は、里見家代々の通字「義」とともに父実堯から「堯」の一字を与えられ、義堯の諱《いみな》と仮名《けみょう》（通称）「権七郎」を名乗ったのである。父より受け継いだ「堯」の字は、古代中国の理想の聖天子にして仁政を布いたとされる「堯帝《ぎょうてい》」に由来するものとみて間違いない。ということは、父実堯はもちろんのこと、その実堯に「堯」の一字を与えたその父か、さらにその祖父、つまりもともと里見家の意識の底流には、古代中国の政治思想が色濃く流れていたのである。ただ権七郎という仮名に（嫡家は太郎）象徴されるように、そのときの義堯は、庶家の後継者に過ぎない立場だったところから、その式もおそらく厳粛ではあるが簡素なものだったに違いない。

房総における小弓派と古河派

外に目を向けると、大永に入った頃から南関東における北条氏の勢力拡大が顕著になってきた。里見氏は真里谷武田氏とともに、北条氏と激しく対立する扇谷上杉氏に荷担し、また小弓公方派として活動していた。

大永四年（一五二四）、古河公方足利高基がその頃の房総の情勢分析をしている手紙が残っている〈五八二〉。それによれば、千葉介《ちばのすけ》父子（勝胤・昌胤）はいずれも高基に「忠信《ちゅうしん》」の由を伝えてきており、土気《とけ》城（千葉市）の酒井備中守や原孫次郎、また岩富原《いわとみはら》氏も高基側であった。

ところが下総の臼井《うすい》氏は、領域を接する千葉氏とは、富や流通をめぐる抗争があったためか、下総における小弓公方派最大の存在となっていた。そのことについて高基は、「臼井不忠先（前）代未聞」、また「滅亡をみたい」というほどに憎悪をかき立てていた。おそらく臼井氏は、もとは高基側であったものの、あるときから小弓公方側に転じたのであろう。これによって、下総国内で千葉氏の動きを牽制する勢力ができてしまったのである。

その一方、小弓公方を支える中心的存在は真里谷武田氏と里見氏であるが、それらについては「無力」と、高基はバッサリ切り捨てている。ただそれは多分に願望と外向けの宣伝が含まれていることだったのだろう。

大永五年、義堯の嫡子であるのちの義弘が生まれた。義堯十九歳の時の子である。

義堯の婚姻と嫡子義弘の誕生

義堯の正妻としては、後に人々から国母と尊称され、妙本寺日我によって法号「正蓮」をおくられた女性（実名不明、正式法号「妙光院殿貞室梵善大姉」だが、本書では以下正蓮とする）がよく知られる。彼女の生年は没年齢から逆算すると永正十一年（一五一四）となり、また二人の婚姻は、大永七年（一五二七）頃で、正蓮が十四歳、義堯は七つ年長の二十一歳くらいだったと考えられる（「里見義堯室追善記」『千葉県の歴史　資料編』中世3）。したがって義弘の生まれた大永五年は、義堯と正蓮が結婚する以前であり、しかも当時十二歳であった正蓮が義弘の実母とは考えられない。ただ後述のごとく正蓮の葬儀の際の義弘の悲嘆のありさまからみても、早くから実子同然に慈しみ育てられた結果、正蓮と義弘の二人は実の親子以上の情愛で結ばれていたのであろう。

彼女については、系図などでは上総万喜《まんぎ》城主土岐《とき》為頼《ためより》の娘とするものが多い。だが為頼は義堯とほぼ同年齢の人とみられるので（『夷隅町史　通史編』）、その可能性はほとんどない。今のところ正蓮の出自はまったく不明である。しかもどうやら正蓮は義堯との間に実子はなかったらしい。

となると義弘の実母だが、日我によると、義堯は正蓮との結婚以前に側室が一人いたが、結婚後は身辺に正蓮以外に女性を置かなかったという（「唯我尊霊百日記」）。ならば今のところその側室の女性だったと考えるしかない。その点、江戸前期成立になる「三浦系図伝」(『勝浦市史　資料編　中世』)などの正木氏関連系図では、正木時茂の妹が義堯の夫人だったという記事がみえ、江戸中期以降成立の系図や軍記物などでは義弘の母として東平《とうへい》安芸守娘とか勝《すぐろ》左近将監真勝の娘が伝えられているが、いずれも決定打はないところから、現段階においてこの問題については不明と言わざるをえない。

義弘の生年

また大永五年を義弘の生年としたのは、「妙本寺源家系図」の義弘の注記に、「天文《てんぶん》八年十一月十九日ニ元服。於八幡宮也。十五歳ノ年也。仮名太郎殿」とあることから逆算したものである。その一方で「延命寺源氏里見系図」「高野山妙音院里見家過去帳」などほとんどの系図・過去帳類では、天正六年に四十九歳で死去、すなわち大永五年から五年後の享禄《きょうろく》三年(一五三〇)生まれとすることで一致しているのである。それとは別に、元亀《げんき》二年(一五七一)に義弘は四十二歳だったという所伝もあり(「日月星山放光寺縁起」『富津市史史料』1、これだと享禄三年生まれ)、この点必ずしも明確ではないのである。ただ、いずれの史料にせよ、義弘は義堯十九歳の時の子、ということだけは一致している。したがって、義堯の生年を永正四年とした本書では、義弘の生年についても、「妙本寺源家系図」の注記と義堯の生年を基準とした大永五年としてすすめていくこととする。

その他の子息

義堯には義弘以外に、のちに兄義弘と不和になったため常陸に遁れその後裔は水戸徳川家に仕えたという義政《よしまさ》（「別本里見系図」）、第二次国府台《こうのだい》合戦で戦死したという越前守忠《ただ》広《ひろ》や菊井家の祖といわれる堯次《たかつぐ》、大炊介堯元《たかもと》、東条新八《とうじょうしんぱち》に嫁いだという娘（「系図纂要所収里見系図」）、その他、正木大太郎《まさきだいたろう》（弾正左衛門）の妻となりその大太郎が第二次国府台合戦で戦死した後は上総国朝生原《あそうばら》宝林寺（市原市）の尼になったという種姫（『房総里見氏の研究』）、長南武田氏の当主豊信《とよのぶ》の夫人となった女性（「高野山武田家過去帳」『戦国遺文　房総編』四巻）など、計六男四女があったと伝えられる。ただいずれも現時点では確かな史料上の所見はなく、義堯の実子かどうかも不明なところから、義弘以外ははっきりしたところはわからない、というのが実状である。

なお、義弘の死後当主の座を梅王丸と争って勝利した義頼《よしより》を義堯の実子で義弘の養子になった人物とする説もあるが（『房総里見氏の研究』）、ただその根拠としたものはいずれも薄弱であることから、義弘の実子と見た方が自然であろう。

江戸湾岸における戦争

大永六年（一五二六）五月、里見氏（正木氏）や真里谷武田氏は、江戸湾岸随一の港湾都市品川（東京都品川区）や浅草などの一帯を攻撃した。当時江戸湾内で頻発したであろう湾岸の経済拠点における抗争である。

そのなかで里見軍は鎌倉へ侵攻し、鶴岡八幡宮への攻撃も行ったらしい（「快元僧都記」）。このとき実際、里見軍の最前線にあって兵を率いていたのは、「北条五代記」「鎌倉九代後記」（『改訂史籍集覧』五）など江戸時代以降成立の軍記物では里見義弘とするものがほとんどである。しかし、義弘はこの前年に生まれたばかりのためその資格はない。

一方、実堯は、永正十一年（一五一四）に兄義通とともに北郡《きたぐん》に討ち入り、以後はその地の「眼代《がんだい》＝代官」となっており（「中状見聞　私」）。この頃になると、里見家宿老正木通綱《まさきみちつな》とともに里見軍の中核を担っていたはずである。しかも実堯が拠点とした北郡は、江戸湾岸に面して勝山城・妙本寺砦・金谷《かなや》城といった拠点的海城を抱えていることからみても、里見氏の江戸湾経略の中心地であり、当然実堯は水軍を率いて江戸湾を縦横に行き来する存在であったはずである。

里見軍の鎌倉侵攻

すると、里見軍の総大将は後述のようにこのときの里見家当主だった人物としても、実際鎌倉攻撃軍を率いたのは、「里見代々記」「里見九代記」などの軍記が記すように実堯だった可能性はあり、また「房総里見誌」にみえるように、このとき二十歳になっていた義堯も別動隊を率いて鎌倉へ侵攻した可能性も十分に考えられるのである。

ただいずれにせよ、この時の里見軍の鎌倉侵攻は、補給線からみても実際には極めて限定的なものだったはずである。しかし鎌倉の人々に与えた恐怖・衝撃は実際以上に大きかったとみえ、各種の事実と混同・誇大化されながら、里見氏の脅威は、その後も地元で長く語り継がれたのである（『新編相模国風土記稿』他）。

第二　天文の内乱と義堯の登場

一　語られてきた家督交代劇の虚構

天文二年七月の変

大永《だいえい》から享禄《きょうろく》と時は過ぎた。そして戦乱の凶事を断ち切るために天文《てんぶん》に改元がなされたその翌年の天文二年（一五三三）、甲斐国では「五〜八月マテ、大雨」（「妙法寺記」『日本中世気象災害史年表稿』）、鎌倉でも五月半ばには六日連続で「大雨・洪水」だったうえに、六月には「連日洪水」（「快元僧都記」）というように、関東一帯は梅雨の時期が終わっても長雨で、雨やそれに伴う日照不足による農作物への影響（冷害）＝飢饉がまた懸念されるようになっていた。そのようななかの七月末、房総里見氏歴史上の分岐点となる大事件が勃発した。義堯の父実堯《さねたか》が、義豊《よしとよ》（義通《よしみち》の子、義堯の従兄《いとこ》）に殺害されたのである。

事件の通説

この事件のあらましについては、「里見代々記」「里見九代記」などの軍記類では次のように語られている。

すなわち、房総里見氏三代とされる里見義通は、若年より病弱で家督就任後もさしたる事績も残せないまま没するが、その直前、弟実堯を枕頭に呼んで、まだ五歳の幼子である嫡子竹若丸（後の義豊）が成長し元服するまでの間、里見家家督と安房国主たる里見家の政務を代行することを託した。

まもなくして義通は亡くなり、実堯は兄の遺言通り家督と国政を代行するため、里見家本城稲村城《いなむら》（館山市）に入った。一方、竹若丸は、父以来の老臣木曽・堀内・中里らに護られて宮本城《みやもと》（南房総市）に移った。

実堯はその後、国内基盤の掌握につとめるとともに、対外的にも三浦半島やその先の鎌倉への侵攻など積極策を推し進め、次第にその政治的地位を確固たるものにしていった。その間竹若丸も順調に成長し、元服して名も義豊と名乗るようになった。しかし、そのような事態となっても、実堯は、義豊に国政はおろか家督も譲ることなく、自身は稲村城にあり続けたのであった。それからまた数年が経ったが、事態は何も変わらなかった。

天文二年（一五三三）七月、ついに事件は起こった。義豊が中里実次《なかざとさねつぐ》などの老臣が必死にいさめるのも聞かず、兵を率いて稲村城を急襲したのである。不意を突かれた実堯は防戦もかなわず討たれ、そしてさらに、里見家中の最大の実力者であった正木《まさき》大膳大夫《だいぜんのだいぶ》も討たれた。ここに義豊は実力行使によって、里見家家督と安房国主の座を奪い取ったのであった。

このとき、実堯の嫡子義堯は上総久留里《くるり》城にあったが、周囲の諫言に従って軽挙妄動を慎み、復仇の時を待った。そして翌天文三年四月、満を持して安房に向かって進発し、迎撃に向かった義豊軍と犬掛《いぬかけ》（南房総市）あたりで遭遇し激戦となったが、最終的に義堯が勝利を得た。敗れた義豊は稲村城に退いたが、そこもまもなく落城し、稲村城がみえる水神の森あたりで自殺した。このとき義豊は二十一歳だった（あるいは十九歳）。ここに義堯は、父実堯の仇である義豊を滅ぼしたことによって、図らずも里見家家督を継ぎ安房国主となった。

以上、細かなところはそれぞれによっても異なるが、本事件の通説はこのようなものであった。そしてこの構図は、今なお里見氏研究の基本書となっている大野太平氏の『房総里見氏の研究』をはじめ、つい最近までの里見氏研究においても基本的に受け容れられてきたのである。

通説の大きな誤り

しかし近年になって、この通説が事実とまったく違っていたことが明らかになった（岡田晃司「天文二・三年の安房里見家内訌について」・滝川「房総里見氏の歴史過程における『天文の内訌』の位置付け」）。なかでも一番大きな誤りは、里見義通死去のとき、後継者たる義豊がまだ幼児だったため、その子が成人するまで実堯が兄義通から後事すべてを託された、というくだりである。これこそ、のちに義豊が成人した後も、すぐに家督や政務を返さなかったためこの事件が起こった、という本事件勃発の核心的理由につながっていく事柄である。

実際のところ義豊は、この事件に先立つ享禄二年（一五二九）に鶴谷《つるがや》八幡宮の修造を大旦那として主宰していることからも〈六二四〉、それ以前から里見家の家督にして当主であったことが確実である。しかも義豊は先にみた大永六年（一五二六）の鎌倉侵攻の際に、敵側からは里見軍の総大将と明確に認識されていた（「快元僧都記《かいげんそうずき》」）。さらに当時鎌倉禅僧きっての学者として知られていた玉隠英璵《ぎょくいんえいよ》から、「孔子・孟子の教えや中国古代の兵法にも通じ多くの学者の書を集めている文武兼備の士」ゆえに「濁った世の貴公子」とされ、それにふさわしい諱《いみな》「長義」と名称「高巌」を贈られ、さらに「安房国のすぐれた主君」とまで絶賛されていたのである（「玉隠和尚語録」『千葉県の歴史　資料編』中世5）。その玉隠は大永四年（一五二四）に

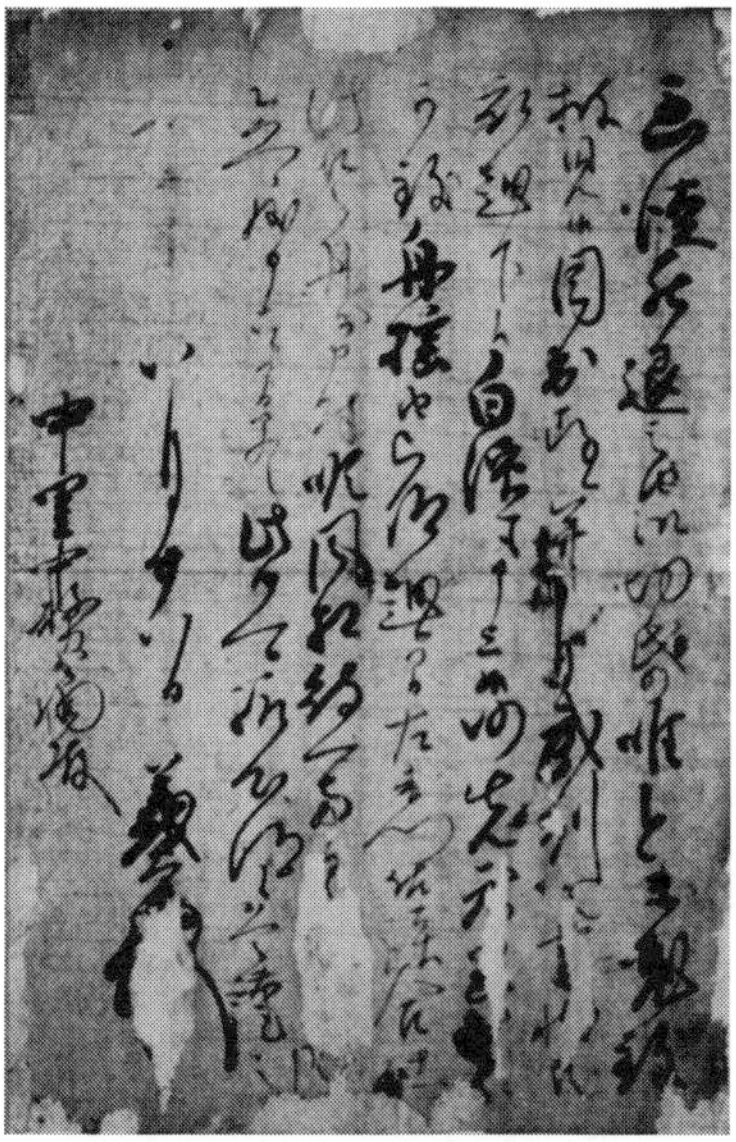

里見義豊書状
（上野家文書，館山市立博物館蔵）

九十三歳で死去したとされるので（『鎌倉市史　社寺編』）、義豊はそれ以前に元服していただけでなく、この手の文章につきものの美辞麗句という点を割り引いたとしても、その賛辞にふさわしい活躍をしていた人物ということになるだろう。

実際、義豊の発給文書は永正《えいしょう》九年（一五一二）から確認され〈四八五〉。また義豊は自らを「安房太守」と規定する安房国主の座にあって、古河公方《こがくぼう》を頂点とする関東の政治秩序のなかで、扇谷《おうぎがやつ》上杉氏などと並ぶ有力大名として、関東諸氏とも政治・外交・文化といった面で幅広い交流をもっていた。しかも義豊の治世下で、里見氏の外交上の基本となる書札礼《しょさつれい》の規定がまとめられていたことなどからみても、義豊は年齢・教養・経験・政治手腕ともに練達した、当時の東国を代表する武将だったのである〈〈六二四・六五〇〉、「里見家永正・元亀中書札留抜書」、黒田基樹「里見義豊の政治的位置」、佐藤博信「前期里見氏の歴史的位置」『中世東国政治史論』〉。

しかも義豊の父である義通についても、病身のためにあまり活躍することなく早死にした、とされてきたことはまったく事実に反し、実際には里見家当主・安房国主として大いに活躍し、治世の後半は嫡子で家督を譲った義豊とともに二頭政治ともいうべき政治体制を敷き、長い期間安房国内に君臨していたのである〈四四〇・五六〇・六五〇〉。そのことから、この里見義通こそ房総里見氏の礎を築いた人物と評価できるかもしれない。

このように、事件の原因とされてきたこれまでの義豊・義通に関する年齢・人物像やその事績は、まったく事実とは違っていたのである。

ただその一方、天文二年から三年にかけて、里見氏の歴史的転換点と評価できる内乱が里見領国で起こったことはまぎれもない事実である。では、事件の真相はどのようなものだったのか、またなぜこれほどまでに事実と違った内容が語られてきたのだろうか。

二　父実堯の暗殺と義豊

「快元僧都記」

この事件に関する基本史料は、すでに本書でもたびたび引用しているが、鎌倉鶴岡八幡宮相承院の供僧《ぐそう》快元の記した日記「快元僧都記」である。その天文二年（一五三三）七月二十七日条に、次のような記述がある。

二十七日、房州柾（正）木大膳大夫、里見義豊のために討たる。同じく伯父里見左衛門大夫実堯入道誅せらる。

実堯・通綱の殺害

すなわち、天文二年七月二十七日、義堯の父実堯と柾（正）木大膳大夫が、里見家当主里見義豊に討たれたのである。

ただこの記事で快元は、正木通綱《みちつな》が義豊に殺害されたことを主題として記述し、実堯

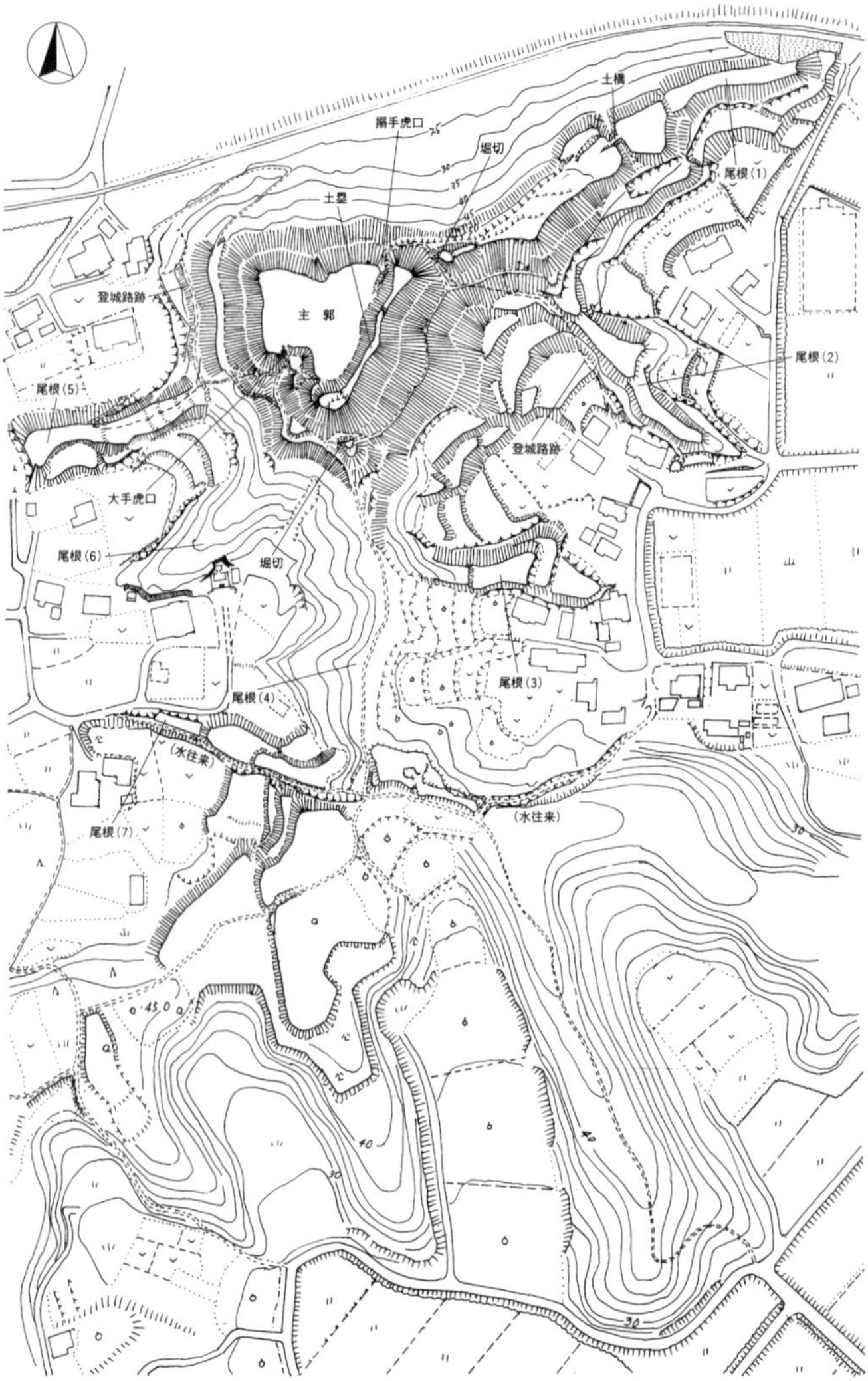

稲村城跡縄張図（遠山成一氏作図）

稲村城跡遠景

の存在はあくまで義豊の伯父（叔父）という立場のそれだったとしていることから、対外的には、実堯よりも有力国衆正木通綱の方が知名度は高かったことがわかる。つまりここからも、里見実堯は里見家の当主や安房国主を代行していたような立場ではなかったことが確認できる。

この正木大膳大夫は、「三浦系図伝」をはじめとした正木氏の系図などでは時《とき》綱《つな》とするものが多いが、正木通綱として史料上に登場する人物と同一人であることがほぼ確実である。彼は房総正木氏で確認される最初の人物であり、またその実名の「通」は里見義通から名の一字を賜った（偏諱を受けた）ものとみられる。そして前述のごとく、義通と同じく永正五年（一五〇八）の「鶴谷八幡宮棟札」〈四四〇〉に「国衙奉行人《こくがぶぎようにん》」としてみえて以来、最近確認された享禄三年（一五三〇）の「新蔵寺旧蔵棟札《むなふだ》」〈二七五八〉では「当庄（長狭庄カ）当目代正木大膳太夫平通綱」とあり、それから三年後のこの天文二年に至るまで、足掛け二五年以上の長きに渡って里見家の柱石ともいえる存在であったのである。それがどのような理由だったかはわからないが、義豊によって殺害されたのである。あるいは先にみたように、通綱（時綱）の娘（時茂《ときしげ》の妹）が実堯の息義堯の夫人（側室）となったという所伝があることをみれば、このころは実堯に近い存在となっていた可能性もあろう。

義豊による粛清劇

それはともかく、「快元僧都記」では前に示したこと以外書かれていないので、ことの真相はわからない。しかし、稲村城がこの時里見氏の本城であったことは間違いなく（『里見氏稲村城跡をみつめて』一～五）、またこの時点では、義豊がすでに里見家当主で安房国主として稲村城にあり、実堯殺害の現場が稲村城だったこともほぼ確実視される。さらに実堯が義豊に討たれたことについて、それを伝え聞いた快元が「誅された」としていることをみれば、事件のあらすじとして次の推理が成り立つのではないか。

すなわち、里見義豊は早くから家督を継ぎ、義通の死後は名実ともに安房国主となったが、次第に叔父実堯は安房東部の長狭地域を基盤とする実力者正木通綱と結んで、秘かに義豊に反するような行動もとるようになってきた。このことに強い危機感と焦りを

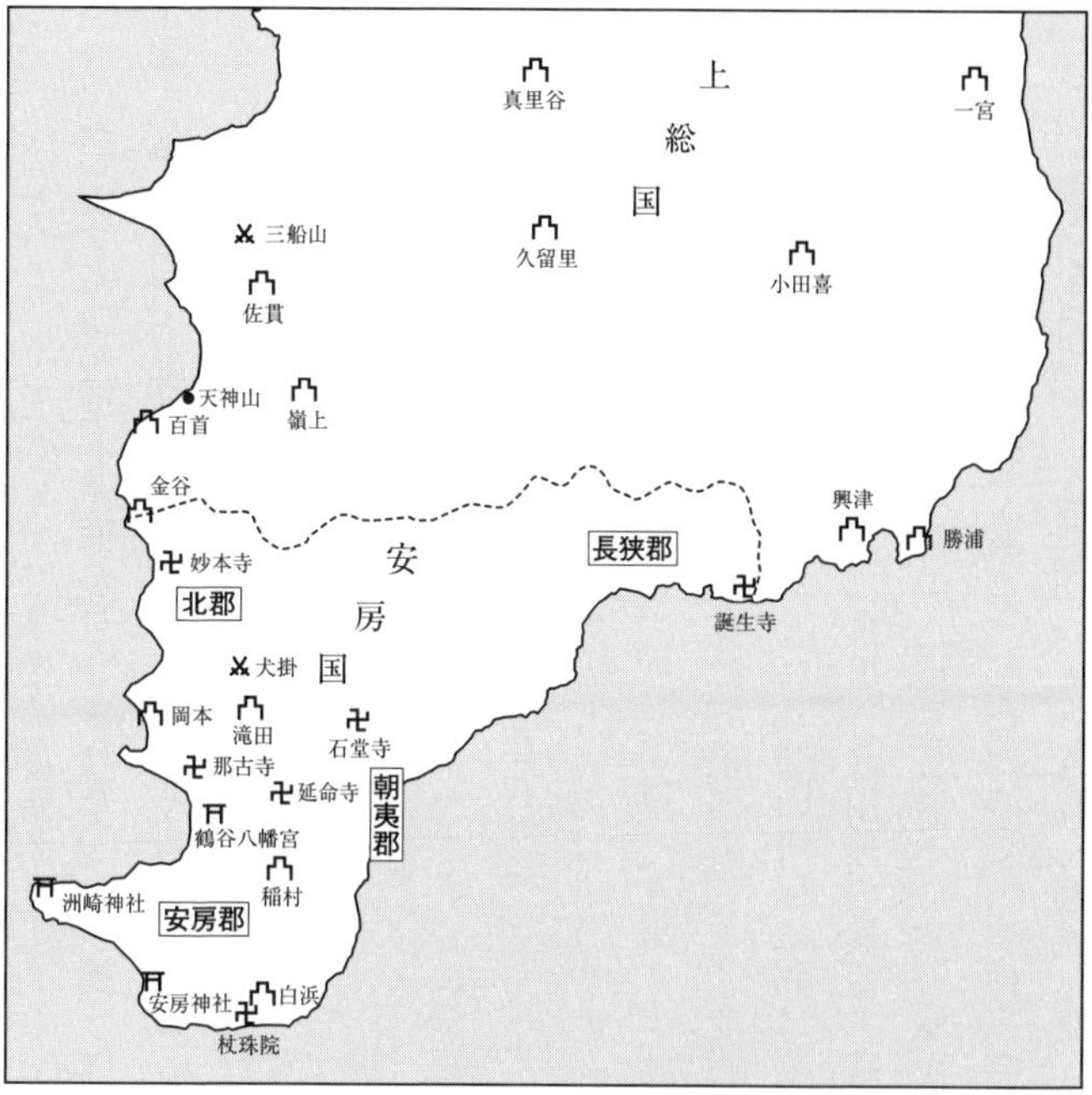

天文の内乱前後の上総国・安房国

抱いた義豊は、当主たる権限をもって叔父実堯を釈明のために居城稲村城に呼び付け、ついには謀殺（誅伐）したのではないか。さらに義豊は、時をほぼ同じくして、場所ははっきりしないが正木通綱も討ち果たしたのである。その結果、義豊は自身の権力の大きな障害となってきた二人を粛清し、権力基盤を確たるものとした。いわば逆クーデターに成功した、ということではないか（滝川「房総里見氏の歴史過程における『天文の内訌』の位置付け」）。

ところが、義豊にとって大きな誤算が生じた。この報は里見領国中に瞬く間に知れ渡ったが、実堯と正木通綱が殺害されたという衝撃は彼の予想をはるかに越えて、各地に大きな動揺・混乱を惹き起こした。それはさらに、里見家内部にとどまらず、安房国内から近隣諸氏、さらには外部支援勢力をもまきこむかたちで、九ヵ月間にもわたる内乱に発展したのである。現在この事件を里見家天文の内乱と呼んでいるのは、このような理由からである。

では時計の針を少し戻そう。父実堯が義豊に殺害されたとき、義堯はどこにいたのであろうか。このことについて、「里見代々記」などでは上総久留里城だったとするが、義堯が久留里城を奪取し居城としたのはもう少し後のこととみてよい。

一方、「延命寺源氏里見系図」では、安房・上総の国境に位置する金谷《かなや》城（富津市）にいたとするが、義堯の父実堯は、前述のごとく北郡《きたぐん》の代官となっているので、実堯の居城が北郡内の金谷城だったという所伝は頷ける。そして、実堯が殺害されたあと義堯をはじめとする一族は、真里谷《まりやつ》武田氏の拠る上総百首要害《ひやくしゆようがい》＝百首城（造海《つくろうみ》城、富津市）に避難して立て籠もったが（「快元僧都記」）、金谷城から百首城までは直線距離にして五キロ程度の極めて近距離である。したがって、事件当時、義堯は父の居城だった金谷城におり、事件を聞いて一族を率いて百首城に避難した、とみていいだろう。

百首城に立て籠もった義堯は、対岸の北条氏にすぐ支援を求めた（「快元僧都記」）。

三　関東戦国史のなかの里見家内乱

北条氏と上杉氏の対立

一方、その同じ七月、武蔵河越城（埼玉県川越市）の扇谷上杉朝興《ともおき》が、江戸湾岸随一の港湾都市たる武蔵国品川一帯に軍勢を差し向け、北条氏の武蔵攻略の起点である江戸城を脅かすとともに、江戸湾一帯ににらみをきかせ、その状況は翌月まで続いたのである（天文二年八月日付　上杉朝興禁制「妙国寺文書」『北区史　資料編古代中世』1、三二五号・「快元僧都記」）。しかもこのとき上杉朝興と連携していた甲斐の武田信虎《のぶとら》は、甲斐と相模の国境に位置する津久井《つくい》（神奈川県相模原市）周辺に出兵し（「快元僧都記」）、北条氏をまさに背後から牽制しているのである。

当時南関東では扇谷上杉氏と北条氏が激しく対立していたことはよく知られ、そのなかで義豊は扇谷上杉氏と政治的に連携していた〈五九八・六五〇〉。大永年間（一五二一～二八）にあった義豊を大将とする品川や鎌倉の襲撃もその一環とみられ、天文二年に北条氏綱《うじつな》からの鶴岡八幡宮再興の勧進依頼を義豊が拒否していることも（「快元僧都記」）、そうみれば理解できる。特に後者については、東国諸氏が政治とは別件として、概ねその要請を受

北条家略系図（黒田基樹『戦国北条家一族事典』等をもとに作成）

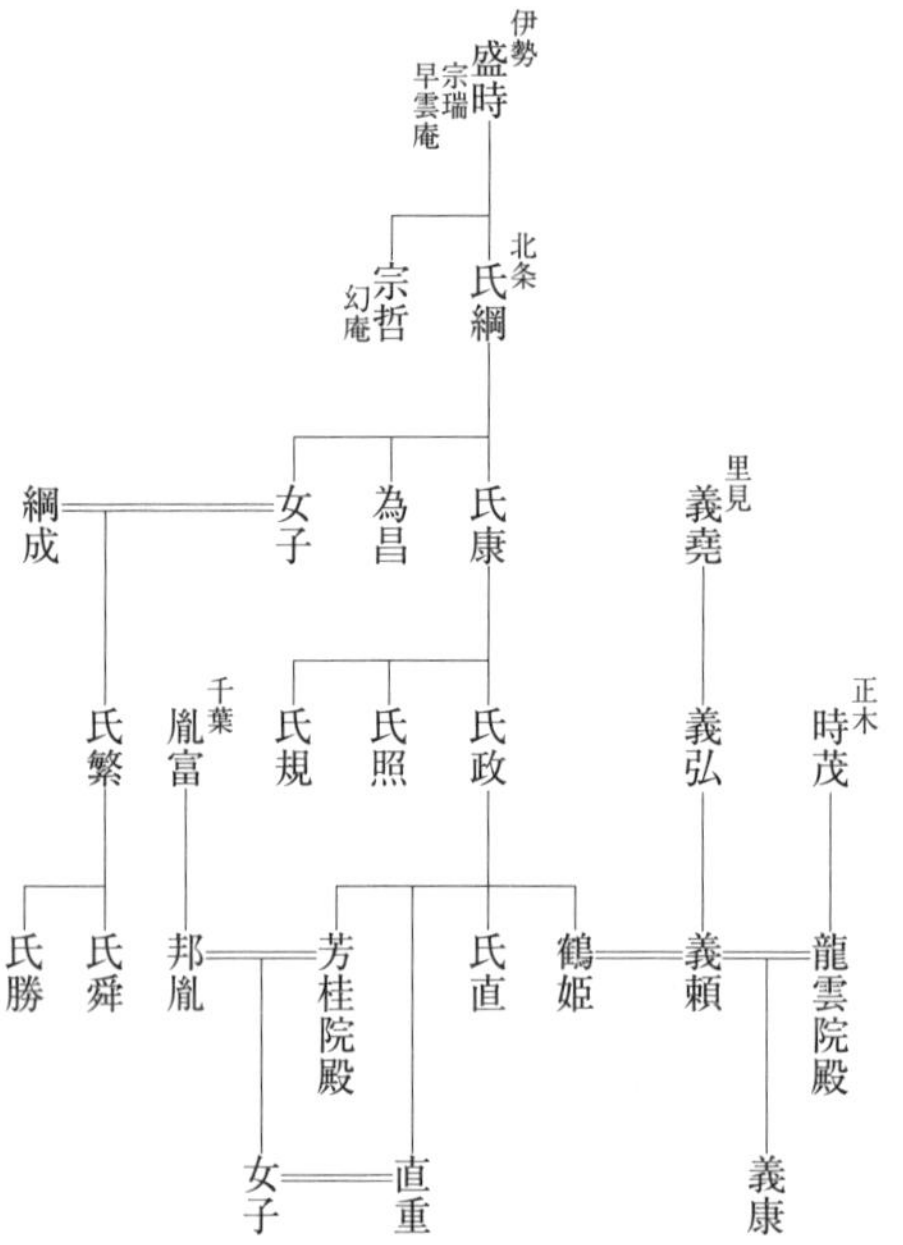

義豊の逆クーデター

け容れたのに対し、義豊はそれは詭弁と見なし、北条氏綱主導による北条氏のための事業と見透かしていたのであろう。

　そのうえで、上杉朝興や武田信虎のこのたびの軍事行動が、事件の第一報を聞いてからにしては、あまりにタイミングが良すぎるところをみれば、義豊による正木通綱・里見実堯粛清の企ては、上杉氏や武田氏のもとに事前にある程度知らされていた可能性も十分にあるとみてよい。そうなると上杉朝興や武田信虎の行動は、北条氏を背後・側面から強く牽制することを意味し、それが間接的に義豊による、いわば逆クーデターを支援することだったのではないか。そして反対にそのことを踏まえれば、実堯・義堯父子の背後にも、これ以前から房総進出を目論む北条氏綱の影があり、このことから実堯を討たれた義堯らが北条氏の支援をすぐに要請したことも頷ける（「快元僧都記」）。

つまり義豊が引き起こした逆クーデターは、かねてより扇谷上杉氏と連携していた里見義豊が、北条氏と密かに結んで下剋上をも起こしかねない叔父実堯とそれに与《くみ》する正木氏などの勢力に対し、機先を制して誅伐を加えた、というのがことの真相なのではないか。したがって里見家天文の内乱は、単に里見家内部の権力闘争に留まらず、北条氏と扇谷上杉氏の激しい抗争という、当時の南関東における政治構図が色濃く反映された事件だったということもできる。

内乱の火種

ただその一方で、これよりずっと以前から、内乱の火種は里見領国において燻《くすぶ》っていたとみてよい。房総里見氏の祖となる人物（義実《よしざね》）が、十五世紀半ばにあった享徳《きょうとく》の乱の最中、古河公方勢力確立のため安房に登場し、上杉勢力を駆逐し国内を平定したというが、徒手空拳の身でこの地に登場した人物が、きわめて短期間で安房一国を掌握できたとするにはやはり無理がある。すでに述べたように安房国内の足利氏被官などの存在が前提としてあり、それと同じように、天文の内乱の際、滝田《たきだ》城（南房総市）で滅亡した一色氏などのように、里見氏以外にも、古河公方方勢力の旗印となるべく安房に送り込まれ活躍した諸氏も当然いたはずである。そしてそれらのエネルギーを糾合して最終的勝利者となったのが、房総里見氏の初代として英雄的に描かれてきた義実と考えられる。

したがって、もともとさまざまな権力体が混在しながら、とりあえずまとまっていたのがこの時代の里見権力の実態であり、それは、先にみた足利政氏《まさうじ》書状からうかがえる状況とも一致し、それが義豊段階まで続いていたのだろう。このたびの件でそれらの燻りが露呈したことが、安房国中を大混乱に陥れた要因ではないだろうか。したがってこの事件は、房総里見氏がその成立以来抱えていた構造的矛盾が一気に爆発し、そこに上杉・北条氏の抗争という要因も加わったものとみるべきであろう。ただ外部的要因はあくまで副次的なものにすぎなかったのは、その後の里見氏の動きをみれば明らかである。

四　勝者義堯の登場

北条氏からの援軍

ここでまた時計の針を元に戻そう。父を討たれたのち百首城に籠もった義堯のもとには、要請にもとづいてすぐに北条氏から援軍が送り込まれた。これによって態勢をいち早く立て直した義堯は、ほどなく百首城から本拠地の金谷城に帰還できたらしい。一方、義豊としては、早い段階で義堯を叩かなくては逆クーデターの成否が問われるところから、急ぎ北郡に進軍した。そしてここではじめて義堯・義豊両軍が直接相まみえた戦闘が行われたのである。次に紹介するのは、一九九〇年代に発見された北条水軍山本氏の家伝文書中にあった、このときの史料である〈六四一〉。

八月廿一日房州妙本寺において、先懸をいたされ手を砕き、すでに掴み討ち、高名比類なく候、神妙の至、感じ入り候、仍って一書を馳せる者なり、謹言、

天文弐年癸巳

八月廿三日　　　為昌（花押影）

山本太郎左衛門尉殿

文書の発給者の為昌《ためまさ》は北条氏綱の三男で、このとき相模国玉縄《たまなわ》城主（神奈川県鎌倉市）で三浦郡をも管轄することで、江戸湾の北条水軍を統括していた人物である。北条氏は、義堯への援軍として、為昌率いる水軍衆を派遣したのである。そしてここから、七月の稲村城における粛清劇から一ヵ月もたっていない八月二十一日に、妙本寺《みようほんじ》を主戦場とした義堯・義豊両軍の合戦があり、北条氏からの援軍山本氏らの活躍もあって義堯が勝利したことがわかる。

妙本寺合戦

妙本寺が戦場となったのは、かつて里見氏によって陣所が置かれ、要害＝妙本寺砦に取り立てられた事実からも（「中状見聞　私」）、妙本寺の地が江戸湾交通と安房と上総を結ぶ海沿いの幹線道路が交差する軍事・経済上の要地であり、両勢力の争奪の場となって

妙　本　寺（千葉県安房郡鋸南町）

妙本寺砦跡

いたためであろう。

このあとも各所で義堯と義豊方の戦闘は続いたらしい。そして約一ヵ月後の九月二十四日には、義豊方勢力は安房中央部を縦断する平群《へぐり》街道沿いの要衝滝田城を除いて「房州悉く没落」し、さらに二日後の二十六日にはその滝田城も落ち、義豊の義兄弟にあたる城主一色九郎《いっしきくろう》一族も滅亡。義豊は上総真里谷《まりやつ》城主武田恕鑑《じょかん》のもとに遁れたのであった（「快元僧都記」）。

「妙本寺源家系図」の義堯の注記に、「天文二（年）七月ヨリ乱起、同十月ノコロ従リ房州守コ（護）」とあるとおり、天文二年七月の稲村城における粛清劇から始まったこの内乱は、反撃に出た義堯によって、九月末までには義豊勢力が安房国内から一掃され、第一段階を終えたとみていいだろう。

義豊の滅亡

しかし、実はこの頃、上総武田家でも嫡家と庶家の間で主流をめぐる権力闘争が起こっていた。今回その当事者のもとへ、里見家の紛争当事者がそれぞれ身をよせたのである。里見家の内乱の火の粉が武田家の内部矛盾に飛び火し、それがこの直後に武田領国一帯をも巻き込む房総全体の内乱へと発展したのは必然であった。

翌天文三年四月、里見家内乱は第二段階を迎えた。武田恕鑑のもとで勢力挽回につとめた義豊が、反転攻勢に出て安房へ侵攻したのである。「快元僧都記」四月七日条には、

「安房国へ、近日義豊が侵攻する」という情報が聞こえたので、「当国（北条氏）から（義堯のもとへ）援軍を遣わした」。「四月六日に合戦があり、そこで義豊を始めとして数百人が討たれ、義豊以下主立った者の頸は北条氏綱の実検に供せられるため小田原へ送られた」とある。その結果を快元は、「前に記しておいたが、かつて義豊は、当社（鶴岡八幡宮）に馬鼻を向け狼藉の事（攻撃をしかけてきたこと）があったので、その天罰であろう」と断じたのである。

ここに義堯は、北条氏の支援を受けて義豊とそれに与する勢力を滅ぼしたことで、「実堯息義堯大将たり」と快元が記すように、里見家の主となったことが内外に認識されたのである。また義豊の頸が小田原へ送られたということは、この合戦の勝利に北条氏の支援が非常に大きかったことを意味しよう。

このとき戦場となったのは安房中央部を縦断する平群街道沿いで、いま犬掛合戦の地と伝えられるところだったらしい。現在その地の一画に、もとあった場所からは移動しているが、「古戦場」と刻まれた小碑が建っている。

そして実のところ、このあたり一帯には義通・義豊の墓と伝えられる層塔形式の供養塔や、義通・義豊との所縁を伝える大雲院《だいうんいん》（天笑院）や龍喜寺《りゅうきじ》（ともに南房総市）、さらには義豊の義兄弟で内乱の第一段階で最後まで義豊派として闘っていた一色九郎が拠った滝

伝 里見義通・義豊父子の墓（南房総市）

田城跡もあることから、もともと義通父子の拠点地域だったとも考えられる。となれば、義通・義豊父子は、房総里見氏始祖義実所縁の地として知られる白浜とは本来別の世界を形成していた一族だった可能性もある。そのうえでこの地が最終決戦の場所となったことは、あらかじめ義豊側が戦略として設定していたのかもしれない。ただ、そこでも義豊は敗れたのである。すでに義豊から人心は離れ、戦う前から勝敗の行方は決していたのであろう。

なお快元が、「前に記した」という鶴岡八幡宮への狼藉の記事は、残念なことに今に伝わっていない。ただ、それは大永六年（一五二六）の里見氏による鎌倉侵攻の際の出来事、とみて間違いない。快元はそのときの里見軍の総大将を、明確に「義豊」と認識し、それゆえに今回のことは「天罰」だとしているのである。快元にとっても、義豊の滅亡は、感慨深いものがあったのであろう。

義堯は、このように短期間で形勢を逆転し、さらに最終的には武力をもって勝利者となったが、その勝因は何だったのであろうか。これはもはや推測でしかないが、やはり義豊の逆クーデターは、そのやり方を含め、これまで里見家を支えてきた国衆や家臣たちの支持を得られず、さらにそれまでの義豊の政治や対外政策に対する不満が、安房国内外に高まっていたのかもしれない。

そのうえで、当時頻発していた大雨・洪水・台風・地震といった自然災害、そのことがもたらす慢性的な飢饉・疫病に対する人々の怨嗟の声は、この時代の常として、為政者たる義豊への政治姿勢に向けられていたに違いない。しかも今回の事件をきっかけに、長年里見領国が抱えていた国衆の対立や内部矛盾といった、構造的な問題がその混乱に拍車をかけたが、義豊はそれらの問題をうまく収めることができなかった。ここにこの内乱の本質が、これまで里見権力を支えていた人々の間で起こった闘争であったことを意味しよう。これらのことを含めすでに義豊は、支配者として最も重要な人心の掌握と求心力を失っていたのであろう。

それに対して義堯は、現状に対する不満の声の受け皿となることに一応成功した。しかも義豊への上杉氏の側面支援と違って、義堯側には北条氏からの直接支援があったことも大きい。ただ、それは一つ間違えれば北条氏の武力介入を招くことにもつながりかねない。このことは義堯にとって今後の大きな課題ができたことを意味した。

歴史の表舞台への登場

天文三年七月に始まり、安房から上総国内まで巻き込んだ里見家の内乱はこうして終結した。義堯は、本来庶家の身でありながら嫡家を下剋上によって倒すことで、安房源氏里見家の家督を継ぎ、安房国を統治する立場「房州守護」（「妙本寺源家系図」）に就いたのである。そしてこれ以降、義堯による里見氏が飛躍・発展をとげたのは、ここまでみてきたような房総里見氏の成立以来の構造的な矛盾を、この内乱の勝利によって克服したからこそ可能だったのであろう。そしてこれらの過程を経ることで、義堯の政治的立場は、強固なものになっていったに違いない。

完全に勝利を収めたこの天文三年、義堯はすでに二十八歳になっていた。ここに義堯による新しい房総里見氏の歴史が始まり、本書の主人公里見義堯がようやく歴史の表舞台に登場したのである。年齢からみても決して早いデビューではなかった。

第三　政権確立と復興

一　内乱の後始末

論功行賞

義堯が最初に手がけなければならなかったことは、領国を二分した内乱の後始末である。この対応を誤れば、すぐに樹立したばかりの義堯政権自体の存立さえ怪しくなるのである。まず急がれたのは、義堯を支えた者たちに対する論功行賞であり、逆に、義豊《よしとよ》に与した里見一族や、中里・堀江・師《もろ》・一色《いっしき》・木曽など義豊（前期里見氏）を支えた者たちに対する処置であった。ただ、このとき敵となった者のなかには、戦乱の最中に滅亡したり、いち早く安房から脱出したりした者もあった。現に、この内乱により安房から落ち延びたという家系伝承を持つ里見一族は、上野国仁田山《にたやま》（群馬県桐生市）の里見氏をはじめ、越後国や豊後国といった各地に存在し、さらに義豊の家臣だったという伝承を持つ家系も安房以外に多数存在する。

もちろんこれらのなかには、後世において家系伝承を創出する際の装置として、この事件を利用した家もあろうが、この内乱が里見氏の歴史上最も大規模かつ激変をもたらしたことからみれば、このとき安房から没落した者たちや、なかには内乱終結後、帰順を願った者たちも当然いよう。これらの扱いが、喫緊の課題として義堯にのしかかってきたのである。

また、この激動をなんとか乗り切ったようにみえる氏族でも、実際のところは、次のように、一族内で大きな構造変化があったのである。

上野氏の下剋上

このたび粉骨を抽んじ、忠信比類なく候条、神妙の至りに候、しからば、上野筑後守方一跡の事、侘言《わびごと》候、名代ならびに一跡の事、進らせ置き候、この上の事、人衆を嗜《たしな》み走り回らるべき事、専一に候、恐々謹言、

天文弐年癸巳八月日　　　　（擦り消し）時茂（花押）

上野弥次郎殿

追って委しき様体、肥田申さるべく候、　〈六四二〉

正木《まさき》氏に属した上野家ではこの内乱の際、嫡流の筑後守と傍流の弥次郎との間で対立が起こった。結果勝利した弥次郎が、ここで嫡流家の財産と地位「名代ならびに一跡」を正木時茂《ときしげ》に要求し、それが認められたのがこの書状である。おそらく、嫡流である筑

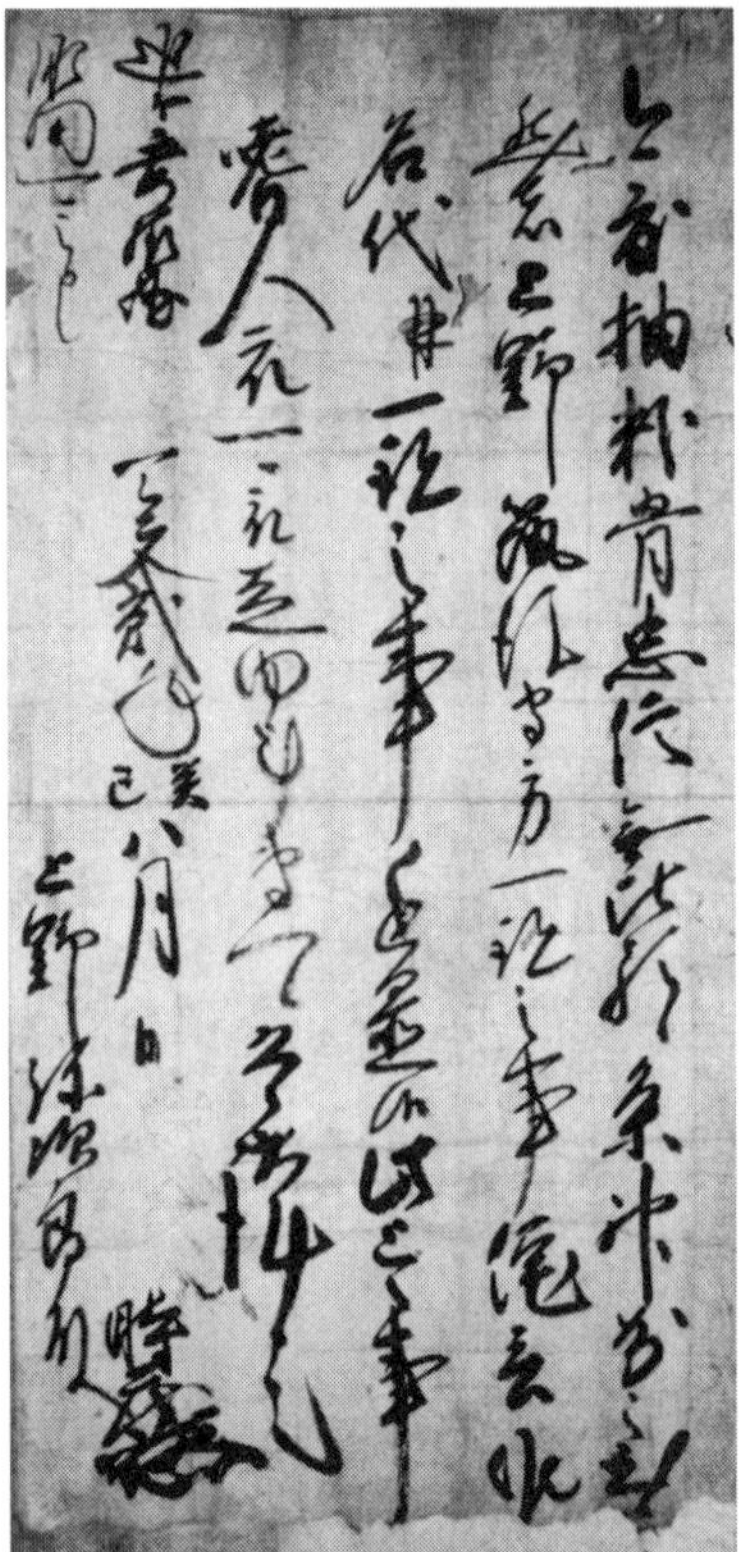

正木時茂書状
（上野家文書，館山市立博物館蔵）

後守は義豊に与したため没落し、庶流の弥次郎は正木時茂とともに義堯を支援して勝利側の一員となったのであろう。つまり、内乱への対応をめぐって上野家一族内でも分断と抗争があり、嫡庶転倒が起こっていたのである。

そして実は、上野弥次郎の家督相続を認めた正木時茂自身も、通綱《みちつな》の子ではあったろうが、本来は正木家嫡流の大膳亮（大夫）を名乗る立場ではなく、この事件によって表舞台に登場した人物だった可能性が高い。「三浦系図伝」はじめ各種の正木系図（『勝浦市史　資料編中世』）では、時茂の兄に弥次郎某がいたとされ、それがこの内乱のなかで死亡したとされるのである。しかもこの文書の正木時茂の署名の右肩部分は、意図的に擦り消されていることがわかる。通常ここには署名をした人物の官途《かんと》や仮名《けみょう》・通称が記されているはずなので、ここに書かれていた記述が、時茂のその時点の立ち位置を示すものであったはずである。

ところがその部分が擦り消されているということは、後からみて、それが時茂や上野氏にとって必ずしも都合のよいものではなかったための作為と思われる。こののち、家宰（筆頭家老）として義堯を生涯にわたって支え続けた時茂が、実は正木氏嫡流ではなかったことを暗示する証拠といえるのである。

一族内の構造変化

さらに同様のことは、鎌倉以来の安房の豪族安西氏でもあったらしい。江戸時代初期には成立していたと思われる「安西系図」（鈴木眞年旧蔵、東京大学史料編纂所所蔵謄写本）によると、安西家では、この内乱を機にそれまで嫡流として里見家中で活躍していた豊綱《とよつな》（義豊からの偏諱《へんき》であろう）の系統から、実堯《さねたか》・義堯父子に仕えていた傍流の景綱・景茂父子の系統が、その後主流となっている様子がうかがえるのである。

これらはほんの一例ではあろうが、これまでの里見政権を支えていた家臣団・国衆の内部でも、一族内で没落・分裂や主導権争いといった大きな構造変化が生じ、そのなかで義堯とともに勝利した者たちが、このあとの義堯政権を強力に支え、やがて義堯を屋《や》形《かた》として仰ぐ〈一〇四五〉里見家の家臣団が編成されていったのであろう。

二　義堯の苦悩と妙本寺日我

正当性をめぐる苦悩

ただそれとはまた別に、義堯にとって克服しなければならない深刻な悩みがあった。結果的に、庶流ながら嫡流を滅ぼし家督を奪い取った自身の正当性の説明である。義堯は、「八幡太郎義家ノ御末流（苗裔）」であることを周囲から認識され〈六七一〉、またそのことを誇りとする〈二七二〇〉、名門の一員として生まれた。それゆえに、当然ながら当時の名門武家の嗜み・常識ともいえる『四書五経』をはじめとした古典的教養を、幼き頃より身につけていたはずの人物である。

そのうえで、義堯自身が古代中国の理想の帝王「堯」の一字が入った諱《いなみ》を名乗り、また子息太郎には、その堯帝から帝位を禅譲されたという「舜帝《しゅんてい》」を意識した諱（義舜、後の義弘）を名づけたように、「仁」（いつくしみ、思いやり）や「徳」（品性・人格・善行）、「礼」（社会の秩序を保つための規範）などを重んじた古代中国思想が常に意識の底流にある人物であった。まさに「思想を良くし、また古今の書に通じている教養人」（「唯我尊霊百日記」）であり、仏教をはじめとした古今の教養と文化を身につけていた、当時のトップクラスの知識人・教養人の一人であった。それだけに、「下剋上」とも評価されかねない、自身の行為や地位・権力の正当性をめぐる疑問や苦悩は深刻だったに違いない。

しかもそれは個人の感情だけにとどまらず、制度上、前政権と深く結びついていた国内寺社などの宗教勢力との関係再構築という視点からみても、一朝一夕には片づかない大きな問題であり、義堯にとって最初の大きな試練であった。

妙本寺日我との出会い

一方、ちょうどその頃、義堯にとって、生涯にわたるよき理解者となり、ときには精神的な支えともなった重要な人物との出会いがあった。その人こそ妙本寺の住僧日我《にちが》である。

妙本寺は領内きっての日蓮宗の古刹であり、天文《てんぶん》二年（一五三三）八月の妙本寺合戦に象徴されるように、江戸湾に面した地理上の要衝に位置する寺院でもあった。その妙本寺に天文四年十月十四日、義堯は、北条氏綱《うじつな》の動員要請を受けて、対岸三浦の地に正木大膳亮時茂や同左近将監実次《さこんのしょうげんさねつぐ》らの軍勢を送り出した帰路、前触れもなく立ち寄ったのである。国主の不意の訪問であったが、この時まだ住職就任前の代官としてあった若き僧日我はこれを歓待し、さらには義堯のさまざまな問いかけに一心に答えたのである。

この両者の初めての出会いと当日二人が交わした詳細なやりとりは、日我がその記憶が鮮明なうちにと、翌日一気にまとめあげた記録が残っている。「堯我問答《ぎょうがもんどう》」（『千葉県の

歴史　資料編』中世3）と名づけられたその記録からは、突然の来訪から法華問答を受けた日の日我の、素直な驚き・感激が直接伝わってくる。そして、問答の内容をみると、義堯の日頃抱いていた教義上の素朴な疑問やつねに胸にあった悩みまでが吐露されているなど、戦国大名の率直な肉声が今に聞こえてくるようである。

一同が居並ぶ前で交わされた若き二人の法華問答は、全部で三五項目に及ぶものだった。そこでは、妙本寺の御影像《みえいぞう》にみえる日蓮の年齢や六人の本弟子と諸門流、妙本寺と九州・駿河における諸寺との本末関係から、さらに法華経の功徳といった、日蓮宗の教義に関わる問答がしばらく続いた。そして問答が佳境に差し掛かったとき義堯が発した「他国と戦い、他人の所領を奪い、ひとの命を奪ったりする人間が、「法華経」を信じたら、後世救われるか否か」という問いかけこそ、彼がこの時もっていた疑問や悩みの核心ではなかっただろうか。

なぜなら、これは武士ゆえの宿命的な悩み、といえばそれまでだが、これが内乱終結直後で、さらに義堯自身がそれまで、このような悩みを直接感じるような大きな政治的動きに関わっていないところからみれば、直接的な表現こそ避けているものの、これこそ、下剋上によって嫡流を滅ぼし主家を簒奪した自らの行為そのものに関わる悩みだったとみていいだろう。義堯にとって、教養に裏づけられた自分自身が描く為政者としての理想像と、現実との矛盾による心の葛藤がそれ以来常にあったに違いない。

ただ、その問いかけに対する日我の答えは明快であった。彼は「後世救われることは、経典に照らして間違いない」と断言したのである。このことに義堯が大いに救われ、また感激したことは想像に難くない。義堯の日我に対する大いなる信頼は、まさにこのときに始まったに違いない。このとき義堯は二十九歳、日我はその一年下の二十八歳だった。

妙本寺の立地条件

妙本寺は先にも触れたように、永正《えいしょう》年代（一五〇四〜二一）に、要害として取り立てられ、内乱時には戦場ともなっている。この事実からみても、常に危険と隣り合わせの立地条件下にあった。したがって、日我としても義堯と個人的な親交を結ぶことは、里見氏の庇護下に入ることをも意味することから、安全の確保に加え、自身の権威を確立するとともに、寺領をめぐる緊張状態下において周辺領主に対する抑止力にもなりうるという現実的な事情もあったかもしれない。

とはいえ、義堯の国主という地位にありながら、ごく身近に領民と接しようとするその姿勢。しかも俗人でこれだけの教養と理解力を備え、高い倫理観を持ち、さらには激しい戦いを勝ち抜いた男だからこそもつ天性のリーダー的資質を身につけている半面、自身の弱さや悩みを隠さず打ち明ける飾らない人柄。そしてほぼ同年代という親近感等々、日我は義堯のもつ人間的な魅力に一瞬にして惹かれたのであろう。若き二人の運命的な出会い。以後両者は生涯にわたって、変らぬ親交を結ぶことになったのである。

ここでもう一つ注目したいことがある。それは義堯が最初に妙本寺の御影《みえい》（日蓮上人像）と小湊誕生寺《こみなとたんじょうじ》（鴨川市）の御影とを比較していることである。このことは、これ以前に義堯が誕生寺を訪問している事実があったことを裏づける。

言うまでもなく誕生寺は、日蓮上人生誕の地に建てられたという日蓮宗にとって格別な寺である。したがって義堯の誕生寺訪問を、義堯の日蓮宗に対する個人的関心という視点から理解することもできる。ただ誕生寺やその周辺一帯は、これより三〇数年前に発生した明応《めいおう》の地震・津波で大被害を受けており、その後の国内の情勢をみれば、おそらくその一帯はまだまだ復旧・復興半ばであったはずである。しかも義堯は、誕生寺以外でも国内各地の日蓮宗寺院で法華談義を聞いていたというからには、内乱収束直後のこの時期、誕生寺のある長狭郡《ながさぐん》（鴨川市）や日蓮宗寺院のみならず、神社仏閣の参拝にこと寄せて、領内全域を集中的にくまなく視察していたのではないだろうか。

つまり国を統べる立場になった義堯は、いち早く国内の宗教勢力の支持を取りつけたい考えもあり、また災害や内乱によって深く傷つき疲弊に苦しむ人々や、復興や平和を切に望む人々の生の声に直接耳を傾け、現下の状況を肌で感じようとしたのではないだろうか。さらに領内視察は、新たな支配者の姿を人々に見せる意味や、ときに隠れた人材を発掘する場でもあった。したがって、当然その訪問は、実状をより正確に知るためにも前触れなしのものだったはずである。このときの突然の妙本寺への訪問も、乱が終結した翌年ということもあり、まさにその一齣であった可能性が高いのである。

妙本寺源家系図の成立

義尭の悩みを解消し、正当性を主張する行為は多方面に及んだ。すでに本書でもしばしば引用している妙本寺に現存する「源家系図」は、その書写奥書によって、「房州御屋形里見義尭之御本」を一時期妙本寺にいた日殿《にちでん》（小泉久遠寺代官となった日義と同一人）が書写したものを、さらに天正《てんしょう》七年（一五七九）に日我の弟子日恩《にちおん》が再転写したことがわかる系図で、今のところ房総里見氏に関する系図としては最古のものである。問題はこのもとになったという義尭の所持していた系図の成立時期だが、そのことについては、天文の内乱終了から天文十年（一五四一）頃まで、すなわち義尭が内乱に勝利して復興事業に邁進するとともに、自身の権力奪取の正当性をあらゆる面で画策している時期と重なっているという（佐藤博信「妙本寺本『源家系図』と里見義尭」『中世東国政治史論』）。まさにそのような状況を背景に成立したのが「房州御屋形里見義尭之御本」系図だったのである。

歴史の改ざん

となれば、系図成立の背景にある一番の重要事は、義尭が滅ぼした義豊の矮小化、すなわち前期里見氏の歴史の改ざんである。そのような目でみれば、国主だった事実を隠せない義通《よしみち》を「上総介」とするのに、義豊を「太郎」とのみ記していることは、安房石《いし》堂寺《どうじ》多宝塔《たほうとう》露盤銘《ろばんめい》に「先代国主義通」に対して、義豊を単に「其《そ》の子義豊」としていることとまったく同じである。これらの作業を通じて、義豊を義通の子とする事実だけを記し、さらに実際の年齢よりかなり若年のように印象づけることで、内乱の構図を、義豊が未熟ゆえの短慮から実堯を討ったため、義堯がやむなく父の仇を討った、というように置き換えようとしたのであろう。ここに義豊が里見家当主にして国主として活躍していた歴史的事実を、完全に抹殺したのである。

このように、義堯とその政権によって、義豊以前の歴史は都合よく脚色され、特に義堯による家督相続と政権の奪取が正当なものだったとする主張は、あらゆる機会で行われたのであろう。しかも義堯のこのような活動は、以後、義堯を祖とする後期里見氏の歴史のなかで繰り返し行われたに違いない。ここに、勝利者たる義堯は、自らの正当性を主張するために、また義堯のもとに集結した新体制による里見領国を発展させていくためにも歴史を塗り替えなければならなかったのである。

天文八年十一月九日、前述のごとく十五歳になった義堯の嫡子の元服式が里見氏の氏神鶴谷《つるがや》八幡宮神前で執り行われた（「妙本寺源家系図」）。その際の具体的な記録は残されていないが、義堯は里見氏の通字である「義」と、「舜」の字を合わせた「義舜」（のちに義弘に改名）の実名とともに、里見家の嫡子を意味する「太郎」の仮名を授けた。これこそ「堯」の一字を有する義堯が、親子ともども目標とした為政者として目指す政治姿勢（堯・舜の治世）と、義堯に直接つながる血脈こそ里見氏の正当な系統であることを、内外に披露した晴れの儀式であった。

三　荒廃からの復興

安房国内の荒廃・疲弊

義堯が手をつけなければならなかった難題は、他にも山積していた。先にも触れたが、安房国内ではこれより先の明応《めいおう》七年（一四九八）八月、東海から関東地方一帯にかけて発生した大地震とそれに伴う津波で、誕生寺の本堂が流失した（『安房志』他）とされるように、太平洋沿岸の湊集落が壊滅的な被害を被っていたらしい。しかもそれに先立つ明応四年八月にも、大地震によって相模湾一帯で津波が発生し、鎌倉でも大被害があったとされているので（「鎌倉大日記」『日本中世気象災害史年表稿』）、房総の江戸湾岸一帯も無傷であったということは考え難い。さらに永正八年（一五一一）十一月二日夜、東上総一帯では茂原藻《そう》原寺《げんじ》の大堂ならびに御影堂が崩れるほどの大地震があり（「仏像《ぶつぞう》伽藍《がらん》記《き》」『戦国遺文　房総編』四巻）、大永五年（一五二五）には鎌倉で大地震・大風雨があった（「異本塔寺長帳」他『日本中世気象災害史年表稿』）。

このように、この時期の東国では、特に地震・津波といった自然災害が頻発していた。しかもそれは東国にとどまらず全国的にみられ、当然それに伴う凶作・飢饉がほとんど毎年といっていいほど慢性的に起こっていたのである。そのうえで、このたびの国中を巻きこんだ戦乱である。安房国内はすっかり荒廃・疲弊し、人々の間には慢性的な病苦や飢餓が蔓延していたに違いない。

国を統べる為政者となった義堯にとって、このような状況からの脱出・復興は急務だった。その対応を誤れば、人々の怨嗟の声はすぐに自分に向いてくることは、義豊の例をみていた彼には、身に染みていたはずである。

国内大寺社の新築・修造

では義堯はこれらのことに対し具体的にどのような策を講じたのであろうか。そこで注目されるのは、内乱終結直後あたりから天文十年代に至る十数年の間、安房国内では義堯を大檀那として、国の中心ともいえる大寺社において大規模な新築工事や修造事業が次々と実施されていることである。

例えば、その前身を安房国内の惣社にもち、かつ里見氏の氏神＝精神的拠り所とされた鶴谷八幡宮では、天文十四年（一五四五）八月、里見氏歴代当主が原則一世一回実施する大事業である修造事業が、数ヵ年に渡る工事期間を費やし義堯を大檀那として成就している〈七六九〉。また鶴谷八幡宮の別当寺である那古寺《なごじ》でも同時に修造事業が成就し（「那古寺棟札写」東京大学史料編纂所所蔵謄写本）、国一宮である安房神社（館山市）においても、この時期、社屋の修造工事がなされているのである〈六七六〉。

さらに、かつては鎌倉府の祈願寺であり、関東足利氏とも所縁の深い石堂寺（南房総市）では、一切の徳を統治する大日如来の化身といわれる多宝塔新造が企画され、その第一段階の工事（益形供養《ますがた》）の落成供養の式典が、やはり天文十四年十一月に大々的に行われたのであった〈七七四〉。

このように、これほどまでの大規模な事業がほぼ時を同じくして行われたのは、社会の秩序を維持し作り上げる機能をもった寺社存立の条件整備を、領主たる者の責務としてここで図った、と考えて間違いないだろう。またどうやら天文十四年という年が一つの節目になっていることは、この年が天文の内乱勃発の年からみて干支《えと》がちょうど一回りする十三回忌の年にあたることから、ここで乱の犠牲者となったすべての人々の鎮魂を意図したものとも考えられよう。そしてこれらの事実によって、義堯はどうやらここに至ってようやく、国内の人心のみならず祭祀権をも完全に掌握したと考えられるのである。

そのうえで、さらに現実的には、国内を代表する寺社の造営・修造といったこれらの事業は、土木・建築・造作・鍛冶・細工（装飾）などの工事に直接関係する人たちのみならず、実にさまざまな分野の人たちが、直接・間接を問わず関わる裾野の広い大事業である。そしてこのことは、これらの事業によって、国内各地・各層にさまざまな資本が投下され、運用されることを意味する。つまりそれはまさしく内需拡大という公共事業的要素を強くもつことから、これら一連の大事業は、国内の疲弊状況を回復させるために、義堯政権が打ち出した復興策の一つだったのではないだろうか。

人々の復興にかける思い

ちょうどそのさなかの天文七年（一五三八）四月、安房国の中央部で犬掛の戦場にも近い平群《へぐり》郷（南房総市）の住人池田三郎左衛門《いけださぶろうざえもん》は、「病が悉く除かれ天下国家一郷一村皆太平になる」ことを願って近在の地に薬師堂を建立し、そこに生きとし生けるものすべてを病苦から救うとされる薬師如来像を新造寄進した。この池田三郎左衛門が、どのような人物だったのか具体的にはわからない。が、いざ合戦ともなれば何人かの配下の者を率いて、その地域の領主とともに里見氏に従軍した、いわば里見氏を下から支えた地侍・土豪クラスの人物だったのであろう。それだけに三郎左衛門自身、日頃から戦禍や飢餓・病気に苦しみ平和を希求する人々の切なる願いや訴えの声を直接見聞きする立場にあり、また彼自身もそのような状況下におかれていた一人であろう。それこそが、彼をしてこのような作善行為に駆り立てたのに違いない。

さらに天文九年（一五四〇）六月に成った鈴木昌安・茂次父子等による太尾《ふとお》滝山寺（鴨川市）への作善行為〈七三八〉、同十二年四月の大旦那宗乗による石堂諏訪神社上下社（南房総市）再建〈七四七〉、同十四年八月の西原氏等による丸珠師谷《まるしゅしがやつ》の神社（南房総市）再興〈七七〇〉などのように、この時期安房国内各所において、村々の精神的かつ実質的な拠り所となっていた堂・社の新築・再建や仏像の新造といった行為が、在地の有力者たちを中心に相次いで行われているのである。今知られるだけでもこれだけ数えられることから、実際にはさらに多くの例があったに違いない。

石堂寺多宝塔造立

また先にも触れた石堂寺多宝塔は、直接的には石堂寺を含む丸郡一帯に広く深く根を張った丸一族が中心となり、里見義尭・義舜（義弘）父子や軍代正木大膳亮時茂の一族を国主・主家と仰ぎ始められた大事業だった。その多宝塔のいただきに据えられた相輪《そうりん》には、基礎部の露盤のみならず九つの宝輪やその芯部の擦管《さつかん》、そして最頂部の宝珠《ほうじゅ》にいたるまで、有名・無名・身分の上下を問わない五〇〇名にも及ぼうという結縁《けちえん》を願う人々の名が隙間もないほど刻まれているのである（佐藤博信・滝川恒昭「安房石堂寺の中世資料について」）。間違いなくこの事業には、実に多くの人々・階層の思いや願いが託されていたのである。

流行現象

以上、枚挙にいとまがないが、安房国内で時をほぼ同じくして行われたこれらの事業が、単なる偶然の一致とは思われない。となれば、義堯の打ち出した国内を代表する大寺社修造等に懸けた復興事業は、現実から早く立ち直り平和を希求する人々の気持ちと相まって国内各地のさまざまな階層の人々の心を衝き動かし、それが一種の流行現象ともなって、身近な寺社造営や仏像造立という行動に走らせたのではないか。上下を問わず、国内に暮らすすべての人々にとって、平和の回復と、荒廃・疲弊からの一日も早い復興が望まれ、その気運が安房国内の復興をさらに後押ししたのである。義堯の復興にかけた政策とその思いは、確かに国内の人々の心を動かしたのであろう。

四　義堯を取り巻く政治情勢

しかしこの間にも、義堯を取り巻く政治情勢は大きく動いており、義堯をして内政に専念できるような暇を与えてくれなかった。

隣国上総の状況

時間の針を少し戻すが、まず隣国の上総諸氏、とりわけ真里谷《まりやつ》武田領国では、里見家の内乱が引き金となって真里谷武田恕鑑《じょかん》の嫡子信応《のぶまさ》と庶子信隆《のぶたか》の恕鑑後継をめぐる内紛が起こり、それが上総国内の大小勢力を巻き込む内乱へと発展していったのである（佐藤博信「房総における天文の内乱の歴史的位置」『中世東国政治史論』）。

里見氏と真里谷武田氏の間には、これまで何代にもわたる姻戚関係によって築き上げてきた強い結びつきがあった。しかも領国を直接接していることから、この事態をそのまま放置しておけば、いったん収まったかにみえる安房国内もいつどうなるかわからない危険性が十分にあった。

また、内乱時に軍事的支援を受けた北条氏との関係、さらに義豊を支持していた扇谷《おうぎがやつ》上杉氏をはじめとする関東諸氏や小弓公方足利義明《おゆみくぼうあしかがよしあき》との関係、これらをどのように整理し対処していくかは、義堯にとって一刻の猶予も許されない喫緊の課題だったのである。

真里谷武田家の第一次内乱

この時、真里谷武田氏の内紛に要請という形を取って軍事介入してきたのが北条氏であった。一方、小弓公方足利義明も、そもそも自身の擁立主体であった真里谷武田氏の内紛だけに、積極的に介入してきたのであった。

先にもみたように、里見氏の内乱の際、義堯が一時的に身を寄せたのが、百首《ひやくしゆ》城主武田道存である。実は、本来この百首城主道存こそが武田氏の嫡流であったとされるが、真里谷城に拠点を構えた一族から成長した恕鑑の勢力が、次第に嫡流をしのぐようになっていたらしい（黒田基樹『戦国期関東動乱と大名・国衆』）。

そのような事情と、直接的には義堯の勝利が道存や信隆を後押しすることで、天文三年（一五三四）五月、信隆らは信応に対して武装蜂起したのである。このとき信隆を支持した勢力には百首城の道存はじめ、椎津《しいづ》城（市原市）・上総衆（詳細不明）があったという。恕鑑の庶子である信隆派の支持が思った以上に広がっているのである。おそらくそれは、本来庶家の身でありながら、事実上武田氏の主に取って代わっていた恕鑑に対する反発の声でもあったのではないか。

ところが、ここに介入した小弓公方足利義明は、一貫して恕鑑の嫡子信応を支持し、自ら出陣して信隆派の拠点を討ち破り、同年十一月には信応側の勝利となってことは収まった。これが現在真里谷武田氏第一次内乱とされるものである。もちろんこの構図自体、真里谷武田氏の確実な史料が非常に少ないことから、その系譜関係や基礎的事実が未確定な部分が多く、まだまだ再検討の余地があるのかもしれない。

それはともかく、ひとまずこれで真里谷武田氏の内乱は収まった。ただこれは一時的な処置で、その火種は武田領内各地に残されたまま、いつまた再燃するか時間の問題だった。

鶴岡八幡宮の再建と房総

実はこれより前の天文元年（一五三二）から北条氏綱は、関東諸氏の崇敬厚い鎌倉鶴岡八幡宮再建という大事業にことよせて、それを主催し関東各地から勧進（寄付）を募ることで、自身の権威の飛躍を成し遂げようとしていた（「快元僧都記」）。その勧進の要請は、内乱勃発直前の里見義豊や真里谷武田恕鑑、さらには原氏などのもとにも届いていたが、このとき氏綱が房総で期待した勧進の具体的な内容は、建築資材となる材木の提供だった。ただ、反北条・親上杉の政治路線をとる義豊や恕鑑は、それを拒絶していた。しかしその後房総では、里見家・真里谷武田家において内乱が続いていたため、一時その話自体も頓挫していたのである。

したがって、内乱が終結したことで氏綱は再び房総へ勧進の働きかけをはじめた。この頃、義堯は重大な政治的決断に迫られていた。内乱に勝利した大きな要因でもあった北条氏とは、その後、天文四年（一五三五）十月の武蔵河越城攻撃の際には要請に応じて援軍を送り、また鶴岡八幡宮の再建工事にも一部とはいえ協力してきた（「快元僧都記」）。しかし、そのままこの関係を続けていけば、いつかは真里谷武田氏と同じように、北条氏という巨大勢力に蝕まれ、最後には呑み込まれてしまう恐れが十分あった。しかも現在は小弓公方足利義明と北条氏は、表面的には対立していなかったものの、甲斐の武田信虎や扇谷上杉朝興といった勢力によって、小弓公方を旗頭とした北条氏綱包囲網が画策されていることからみても〈六六三〉、いずれ小弓公方と北条氏の全面的衝突は避けられないことが予想された。

北条氏と絶つ

一方、氏綱にとって、このような状況は自身の政治的な脅威になるだけでなく、その威信をかけた鶴岡八幡宮再建にも大きな影響を及ぼす。したがって、鶴岡八幡宮再建という論理を前面に打ち出し、天文六年六月二日、義明に直接材木供出などについての協力を願い出ることで、義堯に対する牽制も図ったのである〈六八六〉。氏綱にすれば、扇谷上杉氏や甲斐武田氏の活発な動きも当然耳には入っていただろうから、駄目で元々という気持ちであったかもしれない。

だが、意外にも義明は、その願い出をすんなり承諾した。その理由はわからないが、自身がかつて鶴岡八幡宮の頂点である若宮別当雪下殿《ゆきのしたどの》であったことや、あるいは、やがて鎌倉も我が意に従う時が来る、くらいの思いもあったかもしれない。それを踏まえて同六月六日、義明は氏綱の意向に従うことを真里谷武田氏や義堯にも求め〈六八七・六八八〉、そのことを受けて真里谷武田氏は材木供出に応じた〈六八七〉。

ところが、義堯の出した答えは、北条氏と断交し自立することだった。再三の材木供出の要請にもかかわらず「敵地の間、神慮なりとも、材木進るべからず」とそれを拒絶し、北条氏と断交する意志を明確に表明したのである。その正確な日時はわからないが、義堯のもとへ再度の意志確認に、鎌倉よりの使者道円が六月二十七日に赴く予定があったので、それ以前のことではある（「快元僧都記」）。以後、義堯は反北条勢力の一員となるが、ただ、それが即、義明への全面的従属を意味するものでもなかった。とはいえ、同じ房総にいるだけに、次第に義堯が義明を支える勢力の中核を形成することになったことは、やむをえない事実であった。

一方、鶴岡八幡宮の再建工事そのものは、義明や真里谷武田氏の協力を得られたことで急に動き出した。すでに上総国嶺《みね》（峰・峯）上《がみ》（富津市）より切り出され、大雨によって天神山《てんじんやま》川から佐貫《さぬき》浦（富津市）に漂着していた多数の材木は、江戸湾を介して鎌倉へ運ばれるようになったのである。なかでも大鳥居用の二本の材木は、海路三崎（神奈川県三浦市）から小坪浦（神奈川県逗子市）に運ばれ、そこから数千人にものぼる人夫によって由比《ゆい》ケ浜《がはま》（神奈川県鎌倉市）のその場所まで運ばれたという。このことによって再建工事は一気に進んだのである。なお、この時のものと思われる柱木の根元は、一九九〇年に行われた発掘調査で発見され、その鳥居の規模や場所が判明している。そして、天文九年（一五四〇）十一月、鶴岡八幡宮の再建は成り、正殿遷宮が行われた（「快元僧都記」）。

真里谷武田家の第二次内乱

鶴岡八幡宮再建の材木供出などが問題となっていた少し前の同年五月、真里谷武田領国のつかの間の平和は、すでに破綻していた。真里谷城に近接する新地に信隆勢力が立て籠もり、義明に対し惣領の追放を訴えたのである。そしてこの動きはすぐに信隆派の嶺上城、百首城へと広がっていった。それに対して義明は、逆に信隆派の拠点とみた嶺上城をすぐさま攻撃した。あくまで義明は惣領側を支持したのである。

北条氏の援軍

真里谷武田氏の凋落

またこのとき義明は、里見義堯へ参陣を要請し、信隆派の百首城攻めを命じたらしい。義堯にとって、百首城の武田道存はかつて自身の窮地を救ってくれた恩人であった。おそらくそこに大いなる迷いがあったろうが、義明側に立つ、という政治的立場を鮮明としたいま、彼に躊躇している暇はなかった。

このような形勢で劣勢となった信隆派は、北条氏に支援を求めた。それに応えて氏綱は急遽大藤金谷斎《きんこくさい》率いる兵を派遣した。その金谷斎は関東に鉄砲を伝えたともいわれる人物で、また彼が束ねていたのは、当時「草《くさ》」「野臥《のぶせり》」などと呼ばれ、機動力・諜報・忍びなどの特殊能力に長けた者たちからなる一隊であったらしい。ただ、信隆らが立て籠もった天神台城（木更津市）はすでにそのような支援が不可能なくらいに追い込まれており、金谷斎の部隊も逆に包囲され窮地に陥ったのである。

そこで氏綱は、当時義明の妹が鎌倉東慶寺の寺主（渭継尼）であったことから、その仲介によって義明と和睦に持ち込むことにした。そしてその調停工作がうまくいったようで、結果、信隆が敗北を認め、鎌倉の神社・仏閣に物詣でするという降参の作法を取ることでひとまず落着し、金谷斎率いる一隊の帰還もかなったのである（佐藤博信「房総における天文の内乱の歴史的位置」『中世東国政治史論』）。

この結果を受けて、南関東諸氏からの義明に対する威望は一気に高まったかにみえた。

ただ真里谷武田氏内部では、当初から信隆派が多くの支持を集めていたことをみても、義明の惣領支持という判断は、いわば現場の意向を無視したもので、そのことが真里谷武田氏の混乱にさらに拍車をかけたことも間違いない。真里谷武田氏内部の混乱とそれに伴う弱体化はもう避けられないところにまできてしまったのである。これまで義明を支えてきた最大勢力といっていい真里谷武田氏の衰退は、結局自身の弱体化を意味することを義明は気づかなかったのである。

第四　小弓公方の滅亡と北条氏

一　第一次国府台合戦

足利義明の存在

義堯にとって、関東足利氏の一族という血統に裏づけられた小弓《おゆみ》公方《くぼう》足利《あしかが》義明《よしあき》の存在は、なによりも里見氏自身が清和源氏の苗裔にして関東足利氏の御一家という筋目を一貫して誇りとし〈二七二〇〉、また伝統的に秩序や大義・名分を重視する一家だっただけに、一方ではどうしても乗り超えることのできない大きな壁であった。したがって、小弓公方が存在する限り、義堯はあくまでそれを推戴し支え続ける最有力の一人であり続けたに違いない。実際そのような姿勢は、事実上小弓公方家が滅亡してからも、義堯を始祖とする後期里見氏の世界において、形式上は貫かれたのである〈二二六七・二二七二〜七四〉。ところが思いもよらぬ形でこの壁が事実上消滅した。いわゆる第一次国府台《こうのだい》合戦である。

関東足利氏の正当性

義堯が安房国主となった翌年の、天文《てんぶん》四年（一五三五）十月、古河《こが》公方足利高基《たかもと》が死去した。これによって永正《えいしょう》十五年（一五一八）の小弓公方成立時から続いていた義明と高基との兄弟間の対立は、高基の跡を継いだ晴氏《はるうじ》にそのまま引き継がれた。そこで起こったのが、これより約四半世紀後の永禄《えいろく》七年（一五六四）にほぼ同じ場所の国府台（市川市）一帯で戦闘があったことから、いま第一次国府台合戦と呼ばれている戦いである。

この戦いの本質は、古河公方と小弓公方の関東足利氏の正当性をめぐるものであり、北条氏綱《うじつな》はあくまで足利晴氏の「上意」によって足利義明と戦ったのである（佐藤博信『古河公方足利氏の研究』、〈七一九・一三三〇〉・『戦国遺文　古河公方編』六四三号・『戦国遺文　後北条氏編』一六七号）。

合戦の実際

例によってこの合戦についても良質な史料に乏しいが、「快元僧都記」によると、天文七年十月、足利義明は今の江戸川の河口近くに築かれた国府台城に義堯を引き連れて入った。ここ国府台は、江戸湾から関宿《せきやど》にいたる太日川《ふといがわ》（江戸川）水運をおさえる要衝の地で、かつて太田道灌《おおたどうかん》が拠ったこともあるといわれる要害だった。

このときの義明の狙いは、通説では関宿城攻撃だったとされている。ただそれ以上に、国府台城から太日川を隔てて指呼の間にある葛西城《かさい》（東京都江戸川区）こそが、義明の第一の攻撃目標だったのではないか。

葛西城をめぐる攻防

北条氏綱は、この前年七月に武蔵の要衝河越城《かわごえ》（埼玉県川越市）を扇谷《おうぎがやつ》上杉氏より奪取して武蔵の過半を制圧し、次なる攻略の目を下総に向けようとしていた。そしてこの年の二月は、扇谷上杉方の大石氏より葛西城を奪取し、房総攻略の拠点としつつあったのである。葛西城はかつて扇谷上杉氏の家臣三戸義宣《みとよしのぶ》をして「江戸城・岩付《いわつき》城に続いて万一彼地を失えば当国滅亡」（「上杉家文書」『新潟県史 資料編3』中世1、三四号）とまで言わしめた江戸湾奥の戦略上の最重要拠点であった。したがって、義明とすればこの状況を放置しておけば今後自身にとっても大きな脅威となることは必定であり、葛西城が北条氏支配下となってからまだ日も浅い今なら、十分に攻略できる可能性が高いと判断したのであろう。

小弓軍の実態

ただこの時の小弓軍の構成をみると、そもそも義明の擁立主体であり、義明の軍事力の中核であった上総武田氏は、先にみたように内紛の直後であり、また下総臼井《うすい》氏も佐倉の千葉氏を牽制しなければならないという事情もあってか、里見氏を除けばこれまで義明を支えてきた主勢力が、参陣していなかったらしい（「快元僧都記」）。しかも義明自身にしても、敵対する千葉氏や原氏などのことを考えると、本拠地小弓を空けて全軍を率いてここに着陣したとは考えられない。

また義尭としても、内乱をとりあえず克服したとはいえ、まだまだ復興半ばというこの時期の参陣であり、どこまで戦意をもって戦いに臨んだのか疑問である。義明率いる小弓軍の実態は、実のところこのようなものだったのである。

小弓公方足利義明の滅亡

両軍の兵力は、「小弓軍約二千余騎、北条軍約三千余騎」(「小弓御所様御討死軍物語」『戦国遺文　房総編』補遺)、あるいは「両総・房士卒具足の小弓軍一千騎、武・相・豆軍兵の北条軍五千余騎」(「松平義行所蔵文書」『戦国遺文　房総編』補遺)だったともいわれるが、いずれにせよ小弓軍の方が少なかったようである。そして十月七日に合戦となった。

この時期はまだ渇水期ではなく、また当日は潮の干満の影響がない日であることをみれば、太日川は国府台城付近では川幅も深度もあるため、基本的に渡河は困難である。そのために、早朝から攻撃に出た北条軍はかなり迂回し、上流の渡河地点を経由して国府台に向かおうとしたらしい。一方、その動きを受け側面からの攻撃を恐れた義明は、自ら主力部隊を率いて迎撃に向かった。そして両軍が移動するなかで、現在の午後一時過ぎ頃、国府台より北にやや離れた相模台周辺(松戸市)で「急ニ攻戦」(「快元僧都記」)というように突然鉢合わせの遭遇戦となったらしい。したがって、陣形もなにも整わないうちに乱戦となったようだが、激戦のなか、義明は三浦城代の横井神助の放った矢に射落とされ、さらに松田弥三郎という者に首まで討取られたという。しかも小弓軍は義明の嫡子義淳《よしあつ》・弟基頼《もとより》、さらには宿老の逸見《へんみ》祥仙《しょうせん》までもが討たれるなど、通常では考えられないほどの大敗北を喫したのである(「快元僧都記」)。どうやら小弓軍のなかでも義明が直接率いる直臣団は、乱戦のなかで突出・孤立し、気がつけば敵の包囲網のまっただ

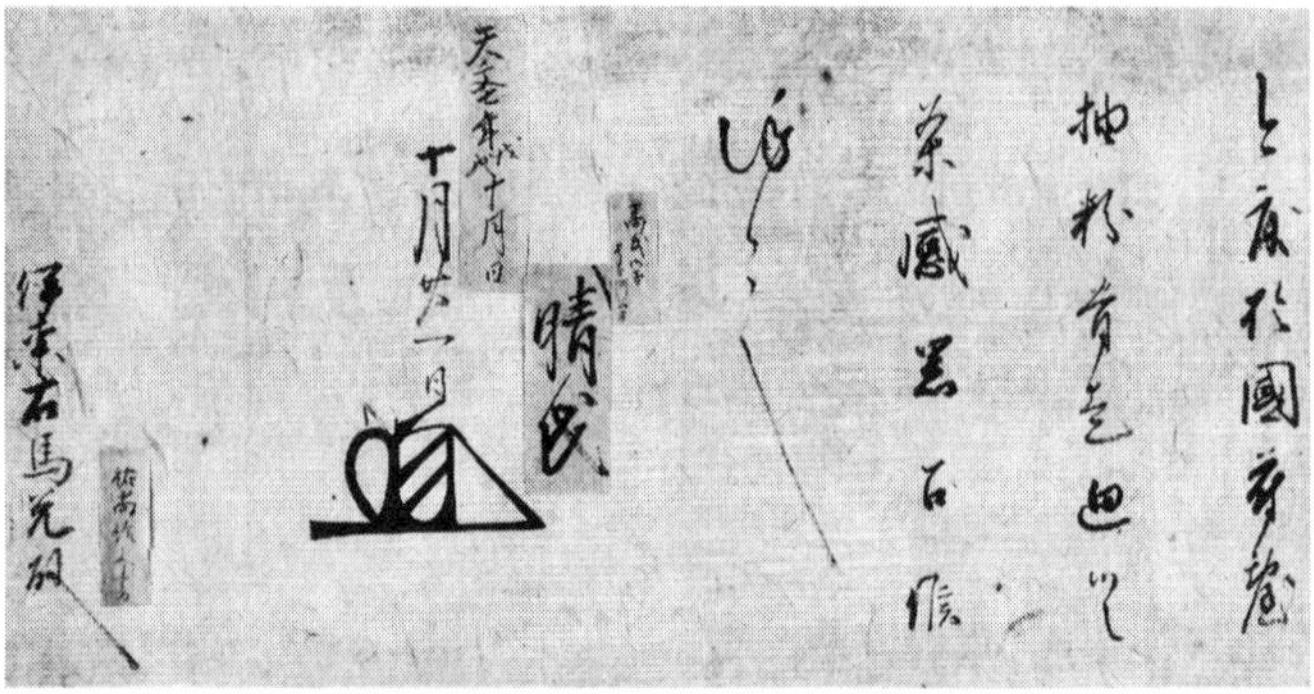

足利晴氏感状（伊東文書，東京大学史料編纂所蔵）

なかに位置し、ほぼ全滅の憂き目にあったらしい。小弓軍の戦死者は一四〇〇余人とも一〇〇〇余騎ともいい、日没頃この戦いは終わった（滝川「第一次国府台合戦再考」）。

そのなかで、なんとか戦場を離脱した佐々木・逸見・町野氏らは小弓城まで逃れ、城を焼き払ったうえで義明の遺児（後の頼淳《よりあつ》ら）を奉じて、里見氏を頼って安房へ落ち延び（「快元僧都記」）、その命脈を後の世まで伝えた。

義堯は、小弓軍主力が北方に迎撃に向かったものの、正面の敵、あるいは背後を千葉氏に突かれることを警戒していたためか、そのまま国府台城周辺にいたらしく、結果的に合戦にはほとんど参加せず、小弓軍の敗退を受けてほぼ無傷の状態で戦線を離脱したらしい。このとき北条氏としても、最大の目的であった足利義明を討ち取った今、それ以上の深追いをする必要もなかったのであろう。

合戦後の十月二十一日、足利晴氏は参戦した北条氏の家臣伊東右馬允に感状を与えた〈七一九〉。また十一月十五日、合戦には直接参加しなかったらしいが千葉昌胤《まさたね》は、千葉妙見《みようけん》の禰宜に対し、このたびの戦勝祈願が成就した功績を賞し、左衛門大夫の官途を与えた〈七二〇〉。昌胤にとって小弓公方の滅亡は、まさに神仏を挙げて戦ったことによる勝利であり、悲願だった千葉地域一帯の奪回を意味するものであった。

義明は平時においては、衆望を担うにたる人物だったとみていいが、もともと少ない兵力であったにもかかわらず、兵力を分散させるという致命的な作戦行動をとったうえ、里見軍と緊密に連携をとった様子もないようなことをみれば、武将としての能力には欠けるものがあったのかもしれない。いやそれ以上に、最前線に自らたって武勇を誇示することでしか自軍を鼓舞することができなかったことは、このときすでに義明を本気で支える勢力が思った以上に少なかったのかもしれない。

北条氏の飛躍

一方、古河公方足利晴氏の「上意」に従って勝利した氏綱だが、このことによって事実上晴氏を軍事的に支える後ろ盾という立場を得た。さらにその後、晴氏から本来山内上杉氏の家職であるはずの関東管領職に補任され、翌々年の天文九年には、娘を正室として晴氏に入稼させ、古河公方家の一員という地位を獲得したのである。ここに北条氏は名実ともに関東の最有力大名化を遂げたのである（黒田基樹『北条氏綱』）。したがってこの勝利は、氏綱のみならずその後の北条氏の飛躍を決定づけたものといえ、まさに北条氏にとって、また関東戦国史にとっても大きな画期となったのである〈一―三三〇〉。

その成立から約二〇年、房総を中心に一時は南関東一帯に君臨した小弓公方は、ここにあっけなく滅亡し、義堯の超えられない壁は消滅した。ただ義堯にとってこの事実は、強大化しつつある北条氏との長く険しい全面的対決の始まりを意味したのである。義堯はこのとき三十二歳だった。

二　上総進出と北条氏との抗争

北条氏の侵攻

天文七年（一五三八）の第一次国府台合戦後、義堯は、内乱と小弓公方の滅亡によって衰亡のきざしが顕著になってきた真里谷《まりやつ》武田領と、滅亡した小弓公方の遺産をめぐって、北条氏との抗争に直接晒されることとなった。具体的には、それまで真里谷武田氏が押さえていた境目や地域支配の象徴である城郭、さらには地域に根ざした領主をめぐっての本格的争奪戦が、各地で展開されることになったのである。以後約四〇年にわたる、北条氏との本格的抗争の始まりである。

西上総の城郭をめぐる争い

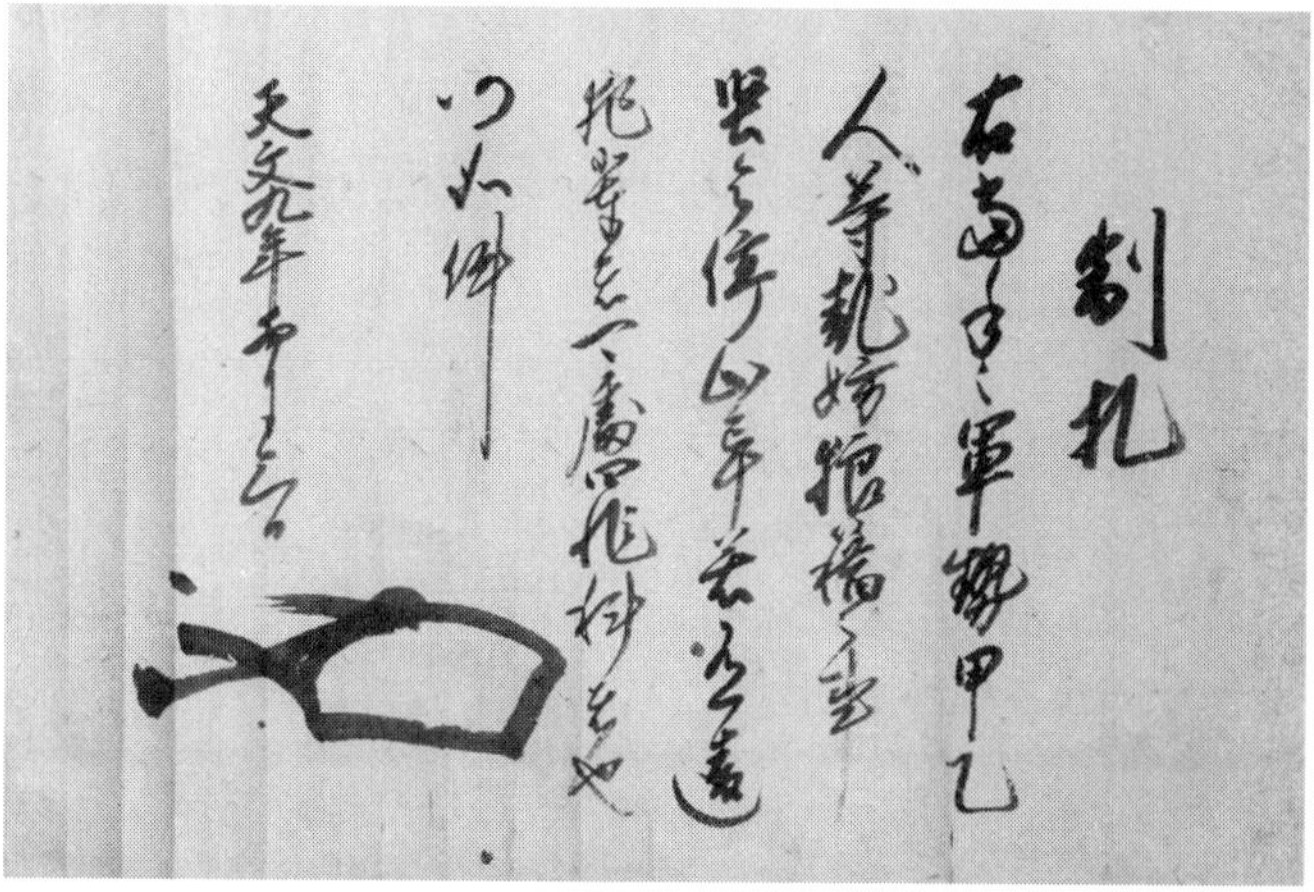

北条氏綱制札（妙本寺蔵）

天文九年四月には、さっそく北条氏綱が江戸湾を押し渡って安房・上総の国境近くに侵攻してきた〈七三三〉。

そのころ西上総の重要な湊町である天神山（富津市）に注ぐ天神山川と、その支流相《あい》川《かわ》の流域各地には、正木《まさき》氏・吉原氏・尾崎《おざき》曲輪根小屋衆《くるわねごやしゅう》・嶺上衆《みねがみしゅう》、といった独立性の高い中小の領主が点在していた。その相川に沿って築かれていた嶺上城は、天神山川水運のみならず、近くに関《せき》地名が残っていることからみても、安房と上総をつなぐ房総内陸の幹線道路を抑える重要拠点だったと考えられ、天文六年（一五三七）からの真里谷武田家内乱では、当初武田信隆《のぶたか》の居城だった。その信隆が、信応《のぶまさ》とそれを支援した足利義明によって敗北した後、新たに嶺上城主となったのは佐貫《さぬき》城主武田全芳《ぜんほう》（信秋）であった。信応の叔父で、後見人的存在だったと考えられている。その際、嶺上城は、武田全芳が義堯に従属したことをうけて与えられたものと考えられ、北条氏綱もそれに同意して起請文《きしょうもん》が提出されたらしい〈一三〇七〉。

ただ、そのことがすぐに義堯による嶺上城の支配ということにはならなかった。天文十一年（一五四二）になっても、佐貫城はなお全芳の居城であったように〈七四五〉、百首城を除いた武田氏領の南端は依然武田全芳が押さえていたのである。しかも嶺上城に実際在城していた横須賀左衛門大夫《よこすかさえもんのだいふ》や、正木兵部大輔（時治カ）は、すでに武田全芳を見限り北条氏寄りの姿勢をみせはじめていた。

夷隅郡侵攻

里見氏はその一方で、江戸湾岸とは反対の太平洋岸夷隅郡《いすみぐん》域にあたる東上総でも動きを活発化させていた。それまでこの地域を押さえていたのは、小田喜《おだき》城を居城としていた武田氏である。この武田氏は真里谷武田氏同様武田信長の子孫のようであるが、具体的系譜関係はよくわからない。

その領域に対して、まず天文十一年以前に、義堯配下の正木時忠《ときただ》による勝浦侵攻と支配がなされた〈七四六〉。同十三年頃には時忠の兄正木時茂《ときしげ》が小田喜城主武田朝信《とものぶ》を刈屋《かりや》原《はら》（いすみ市）合戦で破ってその居城小田喜城に入り、やはり武田領だった一宮（一宮町）

には弟の時義《ときよし》が入部した（「旗本正木氏先祖書」『勝浦市史　資料編中世』）。そしてこれ以後は、小田喜武田氏の所見がなくなるので、天文十三年には正木氏を中心とする里見方勢力によって小田喜武田氏は滅ぼされ、夷隅郡はほぼ正木氏を主体とした里見氏勢力が押さえるところになったとみていいだろう。

またそれより少し前の天文十二年頃には、真里谷武田信隆の重臣であった後藤氏と鶴見氏との間で主導権争いが勃発していた（「さゝこおちのさうし（笹子落草子）」「なかをおちのさうし（中尾落草子）」〈『戦国遺文　房総編』補遺〉）。

このように真里谷武田氏の混乱は、同族である小田喜武田氏の滅亡や、それ以前から続発していた一族や家臣団間における抗争によってさらに拍車がかかり、もはや自力での再興は困難になっていた。

嶺上城をめぐる問題

当然、義堯もこの機を逃さず、真里谷武田領への侵攻を加速させたであろうが、北条氏も天文十三年九月下旬、義堯のこの動きを阻み、さらには嶺上城の接収を狙って、再び安房・上総の国境一帯（内安房）に侵攻してきた〈七五七～八〉。

北条氏の攻撃は、翌天文十四年四月にいたるまで断続的に続いていたが（「中状見聞私」）、その後、義堯は氏康《うじやす》と一時的な和睦をはかったようである〈一三〇七〉。ことの真相はわからないが、当面は両者相まって真里谷武田氏攻略を優先したのであろう。また北条氏はこの年の夏から、駿河国富士川以東の河東地域をめぐって、今川・甲斐武田軍と戦っており、さらに今川軍の動きに連動して、扇谷上杉氏が、武蔵河越城奪回のため北条領へ侵攻していたこともあり（天文十二（五）〈年〉四月日付北条氏康書状写〈「歴代古案」『戦国遺文後北条氏編』二七四号〉）、房総方面に勢力を割く余裕がなかったのであろう。その際、嶺上城の帰属問題が顕在化したが、すでに同城の横須賀左衛門大夫が北条方に属していたことを受けて、氏康配下の伊丹康信が城将になり、周辺にあった地侍・土豪たちも北条方に転じていた。

義堯としてもこの事態に強く反発はしたであろうが、すでに北条方による実効支配がなされているいま、しぶしぶこれを承認せざるをえなかったのであろう。この事態を受けて武田全芳も子息義信とともに、佐貫城に完全撤退したらしい（黒田基樹『戦国の房総と北条氏』）。

三　本拠地久留里城

久留里城を本城とする

天文十四年（一五四五）の秋から翌十五年四月まで、北条氏は武蔵河越城の対応に追われていた。その間隙を突くような形で、この頃義堯は、上総内陸部の拠点久留里《くるり》城（君津市）を奪取し、自身の本城としたようである。久留里城の義堯以前の城主は、武田一族の勝真勝《すぐろしんしょう》だったと伝えられているが、義堯の入部の状況と合わせてはっきりしない。ただ久留里城は、武田氏の本拠真里谷城と正木時茂の入った小田喜城と距離的に近いことからも、当初は真里谷武田氏対策に加え、上総支配の最前線基地として位置づけられた城郭だったのであろう。しかし真里谷武田氏を滅亡させた後も、義堯は久留里に在城し、のちには「久留里」の地名が義堯のことを指すように〈一二九五〉、終生久留里城に居続けたのである。

久留里城の構造

その後、久留里城は江戸時代になってからも、大須賀《おおすが》氏・土屋氏・黒田氏といった譜代小藩の居城として使用された。そのため後世の改変がいたるところでなされ、里見氏時代の規模や実際の姿がわかりにくい。ただ縄張りの面からみると、勝真勝の菩提寺と伝わる真勝寺の背後にも城郭遺構があり、これを久留里城の一部とまで考えれば、房総屈指の巨大城郭となる。

また現在、江戸時代黒田氏のときの天守を模した展望台の建っている平場が、里見氏の時代でも最後の詰めの曲輪で（本丸）、その一段下、いま資料館の建つあたりとそれに接する眺望の利く平場が、いわゆる二ノ丸で、見張りをする役割を担っていたのだろう。さらにそこから北西に伸びる尾根上に、いくつかの堀切りと曲輪群が認められるが、そ

久留里城跡より伝里見・北条古戦場を遠望する

久留里城跡遠景

のあたりが中世の三の丸に相当する場と考えていいという（小高春雄『房総里見氏の城郭と合戦』）。いま山頂から眼下を望むと、一望に開けた平地部分には水田や宅地が広がり、その間をぬうように大きく屈曲した小櫃川《おびつがわ》の旧河道がはっきり認められる。このあたりを地元では里見・北条両軍激戦の地と伝えている。また通常義堯が居住していたのは、江戸時代でも城の主要な機能を果たしていた、山麓部の一画であろう。

内陸交通と経済の要地

では改めて、義堯が久留里城を一貫して本城としたのはなぜだろうか。地図を開いてみると、久留里は房総半島の横幅が最も広くしかも険しくなった丘陵地帯（房総丘陵）のほぼ真ん中に位置していることから、現在の感覚ではやや不便なところのような印象をうける。

ところが、戦国期には確実に存在していた幹線、すなわち江戸湾岸に位置する湊町佐貫・木更津から派生して小糸《こいと》（君津市）経由で房総半島を横断して正木時茂の小田喜や同時忠の勝浦へと抜ける道と、江戸湾岸の湊町姉崎《あねさき》（市原市）から房総半島を斜めに縦断して太平洋岸の小湊に至る久留里街道が交差する、陸上交通上のまさに要衝の地だったのである。さらに、元清澄《もときよすみ》に源を発し、北西に流れて木更津に注ぐ房総一の長さを誇る小櫃川の水運は、江戸期には活発に利用され、その際久留里は小櫃川上流域の物資集散地として機能していた。これがそのまま戦国期につながるかどうかわからないが、その可能性も十分にあったといえる。ならば、久留里はまさに房総内陸交通の要《かなめ》に位置していた、といってよいだろう。

また、久留里城直下の「久留里市場《くるりいちば》」地名が、文禄《ぶんろく》三年（一五九四）には確認される（『角川日本地名大辞典　千葉』）ように、当然このような場所には市・宿などの交易・交流の場が早くから成立し、内陸経済の中心地ともなっていた。したがって久留里は、房総内陸交通・経済の要衝（要《かなめ》）という点と、のちに嫡子義弘《よしひろ》の拠点となった佐貫城や、家宰正木時茂の小田喜城とも連携が取りやすい要に位置することなど、上総の安定的支配をめざし、さらには北上して下総への進出をめざす義尭が、その居城とするのに、いかにもふさわしい地であったのである。ただ、義尭が久留里を選び、また生涯居続けた理由はそれだけだろうか。ここに従来まったく見過ごされていることがある。

豊富な水

現在、久留里の街を歩いてみると、各所で質の高い地下水が豊富に湧出していることに驚かされる。このことは、江戸時代に、久留里城が別名「雨城《うじょう》」と称されたということを合わせれば、周辺一帯が降雨量の多い地域であり、雨水を貯え水質を浄化させるという水源涵養機能をもつ森林が極めて豊かなことを意味する。そしてこの状況は、そのまま戦国時代にも適用できると思われ、豊富な水資源は前述した小櫃川の存在と相まって、生産性の高い肥沃な穀倉地帯を育み、それが久留里城下やその周辺に豊かな恵みをもたらしていたに違いない。

それと同時に、戦国時代において質の高い水をもたらす豊かな森林資源は、極めて重要な意味をもっていた。いうまでもなくこの時代は、日常的に合戦が起こっていた戦争の時代であり、戦国大名は常に経済力と戦力の充実を求められた。その戦力として、矢の材料や槍の柄をはじめ、防御柵や鉄砲除けといった戦争用具に、それこそ膨大な量の木や竹が常時必要とされた。また木や竹は、寺社や家屋のみならず、城郭や船舶を構築・建造する建築資材としても必需品であった。しかも日常的には、闇夜を照らす明かりや、燃焼資材、すなわち直接人々の生活を支えるエネルギー源（薪炭）としても極めて大量に利用された。つまり木や竹に代表される森林資源は、戦国大名の戦争や領国の経済活動を支え、維持する最重要の資源だったのである（盛本昌広『軍需物資から見た戦国時代』）。

中世における森林資源

そのため、早くから久留里周辺の森林資源は注目されていたようで、久留里からさらに山一つ奥に入った亀山郷は、鎌倉時代から鎌倉の寺社領とされ、その年貢として極めて大量の炭や木材が製造・搬出され、消費都市鎌倉を支えていたのである（盛本昌広『草と木が語る日本の中世』）。また鎌倉鶴岡八幡宮再建の際にも、山一つ隔てた地の木材が大量に必要とされていた（「快元僧都記」）。したがってこの地の森林資源は、かつて湾岸領主として栄えた真里谷武田氏の経済力の源泉になっていたとも考えられ、義堯も当然その権益の継承を目指したのであろう。

このように久留里は、小櫃川水運を含む内陸交通の要衝という利点からくる軍事・経済・政治の枢要の地という要素に加え、当時最重要であった森林資源を直接管理し、さらにその流通を統制する役割を担った場所でもあったに違いない。これらが、義堯が生涯久留里城を拠点とした大きな理由ではないだろうか。

四　激化する北条氏との抗争

佐貫城の位置

里見氏が、安房から上総へ侵攻するなかで、久留里城と同様に一貫して重要な拠点に位置づけていたのが佐貫城である。この城をめぐって里見氏は、長期にわたって真里谷武田氏や北条氏と争奪戦を繰り広げるのである。

佐貫の地は、房総半島を南北に走る政治・経済上の主要道と、江戸湾を利することで鎌倉へも繋がる政治・経済・宗教・文化の道が交差し、さらに河川・海上交通の発着点でもあったことから、西上総における交通の要衝であった。それに対応する物資が集まり、関連する施設も早くから存在していた。そして当然それを担う運送業者や宿泊業者を含む商人・職人が集い、やがて宿と市が形成され、富の集積と人の交流が行われる場を形成していた。そしてなにより佐貫は、江戸湾を介することで、関東の首都にして聖地たる鎌倉を、房総において一番意識できる地だったと考えられる（滝川「戦国期の上総国佐貫に関する基礎的考察」）。

義堯が生まれた永正《えいしょう》四年（一五〇七）十一月の鶴峯八幡宮《つるみねはちまんぐう》（富津市）再興棟札銘〈四三七〉によれば、その頃この地一帯は真里谷武田氏の領有下にあり、武田信秋が佐貫城主だったと考えられている。その後天文十一年（一五四二）段階では、出家した信秋とみなされる真里谷全芳が領主であることから〈六八七〉、そのまま佐貫支配は維持されていたらしい。ところがそれから四年後の天文十五年には、一転して、里見義堯の居城となって北条氏との抗争の舞台となっているのである〈一三〇七〉。では具体的にそれはどのような経過を辿ったのであろうか。

佐貫城をめぐる政治動向

天文十四年八月、前述したように義堯は安房一国の惣社である鶴谷八幡宮の修造事業を成し遂げた。この事業は里見氏の当主となった歴代が、原則的にその在世中に一度だけ行う重要行事だった。そしてこの時に掲げられた棟札銘文〈七六九〉によると、ここで義堯は古河公方足利晴氏《はるうじ》の武運長久を祈願していることがわかる。問題はこれが単に名目上のものか、あるいはそこに重要な意味が込められているかだが、実はこの直後、足利晴氏は扇谷上杉氏らとともに北条氏の武蔵支配の拠点となっている河越城（埼玉県川越市）を攻撃しており、それが翌年の有名な河越城夜戦にもつながったとされているのである（ただし、近年の研究によってその夜戦自体は後世の創作の可能性が高いとされる）。それはともかく、足利晴氏が天文十四年の後半ころには反北条氏の姿勢を鮮明にし、実際に行動に移していたことは間違いない。

そしてこの前年の六月、義尭から上野国の上杉憲政《のりまさ》に送った使者三人が、途中の下総戸ヶ崎辺り（埼玉県三郷市）でその地の匝瑳《そうさ》氏によって捕縛されるという事実があったことからみれば〈七五五〉、この時期、義尭から反北条氏の中核となっていた上杉憲政への連絡が頻繁になされていたらしいことが推測できる。

佐貫城を奪取

よってこの時、義尭は、北条氏康《うじやす》との一時的和睦を解消して、古河公方足利晴氏を盟主とする反北条勢力の一員として動き始めたとみていいだろう。佐貫城、そして久留里城の奪取から真里谷武田領へのさらなる侵攻のためには、北条氏に対抗する態勢作りが必要であり、そのためには反北条勢力と広く連携することが必要と判断したのであろう。

そのようななかで、先にも触れたように、天文十四年後半から翌年にかけて、北条氏は反北条氏勢力による河越城攻撃を受け、しばらくそちらに集中せざるをえない状況に追い込まれた。しかもその直前には駿河において今川氏との抗争も展開していたことから、この時期房総に兵力を割くだけの余裕は無かったとみていい。義尭はこの時を逃さず、真里谷武田領に向けて侵攻し、久留里城のみならず、武田全芳・義信父子を佐貫城から追い、初めて西上総の要衝佐貫城を奪取したのであろう。先にみた鶴谷八幡宮の修造事業の披露や、石堂寺多宝塔の落成供養もこのような時だったからこそ可能だったのかもしれない。したがって、義堯にとってまさにこの天文十四年という年は、彼の生涯でも一つの画期となる年だったのである。

ただし、はるか後年のことになるが、義堯はこのときのこととして、駿河で戦う北条氏を支援するための援軍派遣なども企図していたと氏康に言い訳しているが〈一三〇七〉、もちろんそれは詭弁であろう。

翌十五年四月、北条氏は河越城合戦に勝利すると、九月には武田全芳の子義信の復権を名目として佐貫に侵攻してきたが、義堯はそれを撃退している。里見氏による佐貫城支配は、それ以後もしばらく続いたらしい〈一三〇七〉。

室町幕府との関係

ところでこれより少し後の天文十九年（一五五〇）頃のことだが、義堯は室町幕府が構築した秩序体系のなかに自身を置くことで、その正当性や領国内での優位な立場を得るとともに、他国との抗争においても大義・正当性を主張できるような地位を獲得しようとしていたらしい。史料的にはやや検討の余地を残すが、義堯は室町幕府との間を周旋してくれた幕臣彦部《ひこべ》雅楽頭《うたのかみ》に対し、多額の礼金・進物をもってその労をねぎらっているのである〈一四八一〜八二〉。

その周旋によってもたらされたものや、期待されたものの具体的な内容はわからない。ただこれよりは少し後、幕府将軍側近の大館晴光《おおだちはるみつ》が、里見氏の対外交渉を担当していた正木時忠に宛てた書状〈九六五〉では、義堯の嫡男義弘に「官途が必要な場合にはその斡旋をしよう」と、申し入れてきている事実がある。その書状は、晴光の花押型からみて弘治〜永禄初期頃のものと思われるが、それに倣えば、おそらくこの時対象としたものも官途・受領といった社会的地位を表すものだったのではないか。あるいは義堯は「刑部少輔」に代わる新たな家の指標を求めていたのかもしれない。

この時期、凋落の一途を辿る室町幕府から、全国各地の諸勢力に対してこのような誘いが多くなされ、また自身の権威づけのためにそれを欲していた大名たちがいたこともよく知られる。義堯の場合は自らが欲したものか、幕府側からの働きかけだったのかはわからないが、それはとりもなおさず、この頃になると義堯の存在が、幕府からもある程度承認されたものだったことを示すものといえよう。

第五　江戸湾周辺に生きる人々

一　境界の海江戸湾と海城

戦国期の江戸湾の姿

戦国期の江戸湾は、里見氏、北条氏という権力領域のちょうど中間に位置していたため、政治的には軍事境界領域（境目）となり、両者の海上勢力による武力衝突や、湾岸に開けた都市・郷村に対する無差別的な攻撃・略奪が頻発していた。しかしその一方で江戸湾は、河川交通と太平洋海運とを介することで、東国における流通の大動脈として機能していたのである。そのため湾岸各地には、湾内の経済活動を直接的に支える湊町がめり、莫大な富を生み出す場でもあった。つまり日常的には人・物が交流する場でありながら、常に軍事的緊張に晒されている場、というまったく異なった二つの顔をもっていたのが戦国期の江戸湾の姿だったのである。

江戸湾岸の海城

湾岸各地の湊を見下ろす地や流通の拠点に築かれた城郭は、人々の日々の活動や、海上交通を管理・守衛する装置であった。ここでこれらの城を、海を特に意識した城、もしくは湊を意識した城として「海城《うみじろ》」あるいは「湊城《みなとじろ》」と呼ぶことにしよう。それだけに、このような性格をもつ城郭の帰属をめぐって、里見氏と北条氏は激しい攻防戦を繰り広げたのである。

天文《てんぶん》二年（一五三三）、父を殺害された義堯が身を寄せた百首《ひゃくしゅ》城は、江戸湾に睨みをきかした海城として知られ、十五世紀後半から十六世紀前半では真里谷《まりやつ》武田氏の城郭だった。天文六年から始まった同家内乱終結後の天文十年十二月には、早くから義堯とともに行動していた（「堯我問答」）正木《まさき》左近将監実次が、この地域の領主となっていることから〈七四三〉、どうやら内乱が小弓公方義明《おゆみくぼうよしあき》の裁定によって収まった直後に、義堯の直接支配下に置かれたらしい。これによって義堯は、江戸湾交通に大きな影響力をもつ拠点的海城を手に入れ、以後五〇年以上の長きにわたって、百首城は基本的には里見氏の江戸湾支配における最重要城郭として機能したのである〈二二二〇〉。

湾岸の要衝金谷城をめぐる攻防

実堯《さねたか》・義堯父子のかつての居城で、上総・安房の国境に位置する鋸山《のこぎりやま》の中腹に所在する金谷《かなや》城は、一九八〇年代に実施された二度の発掘調査によって、房総では珍しい虎《こ》口《ぐち》（出入り口）の切石積《きりいしづ》み遺構や高楼建築物のものと思われる深い柱穴などが発見されたことで、改めて防御と監視機能を重視し、またその立地からみても眼下の金谷川河口にあった湊を管轄する城郭、すなわち湊城だったことが明らかになった。この点「里見九代記」などが伝えるところでは、この城郭の一画で海に突き出た「みやうかね」（明鐘崎）には太鼓打ち場が設置され、北条方の水軍が侵攻してきた際は太鼓を打ち鳴らして周囲に危険を告げたという。また距離的にも、岡本・勝山・百首といった城郭と連携して機能していたと考えられる。

したがって、里見氏が上総に進出して百首城や佐貫《さぬき》城・久留里《くるり》城を奪取して領域を伸ばしているこの時、そのほぼ中間に位置する金谷城の重要性に北条氏が目を付けたのは当然だった。天文十年代から、この地域を対象とした北条氏の攻撃が激化し、この金谷城と至近距離にあった妙本寺《みょうほんじ》も、攻撃の一つの目標になり、たびたび戦火に巻き込まれたのである。

吉原玄蕃らの武装蜂起

天文二十二年（一五五三）六月、江戸湾岸の安房と上総の国境付近一帯で、日我《にちが》が「逆乱」（「一流相伝の大事私　奥書」『富士宗学要集』八）と呼んだ戦乱が起こった。嶺上《みねがみ》城の尾崎曲輪《おざきくるわ》に拠った吉原玄蕃《よしわらげんば》をはじめとするこの地域の地侍・土豪たちが、里見氏に対して一斉に武装蜂起したのである。

北条氏はこの前年には、百首や久留里城を除いてほぼ真里谷武田領の接収を遂げ、嶺上城周辺の土豪たちは証人を差し出し（嶺上証人衆）北条氏に従属していたらしい。そしてこの年、玉縄《たまなわ》城（神奈川県鎌倉市）主の北条綱成《つなしげ》が海路安房へ侵攻し、上陸後の四月三

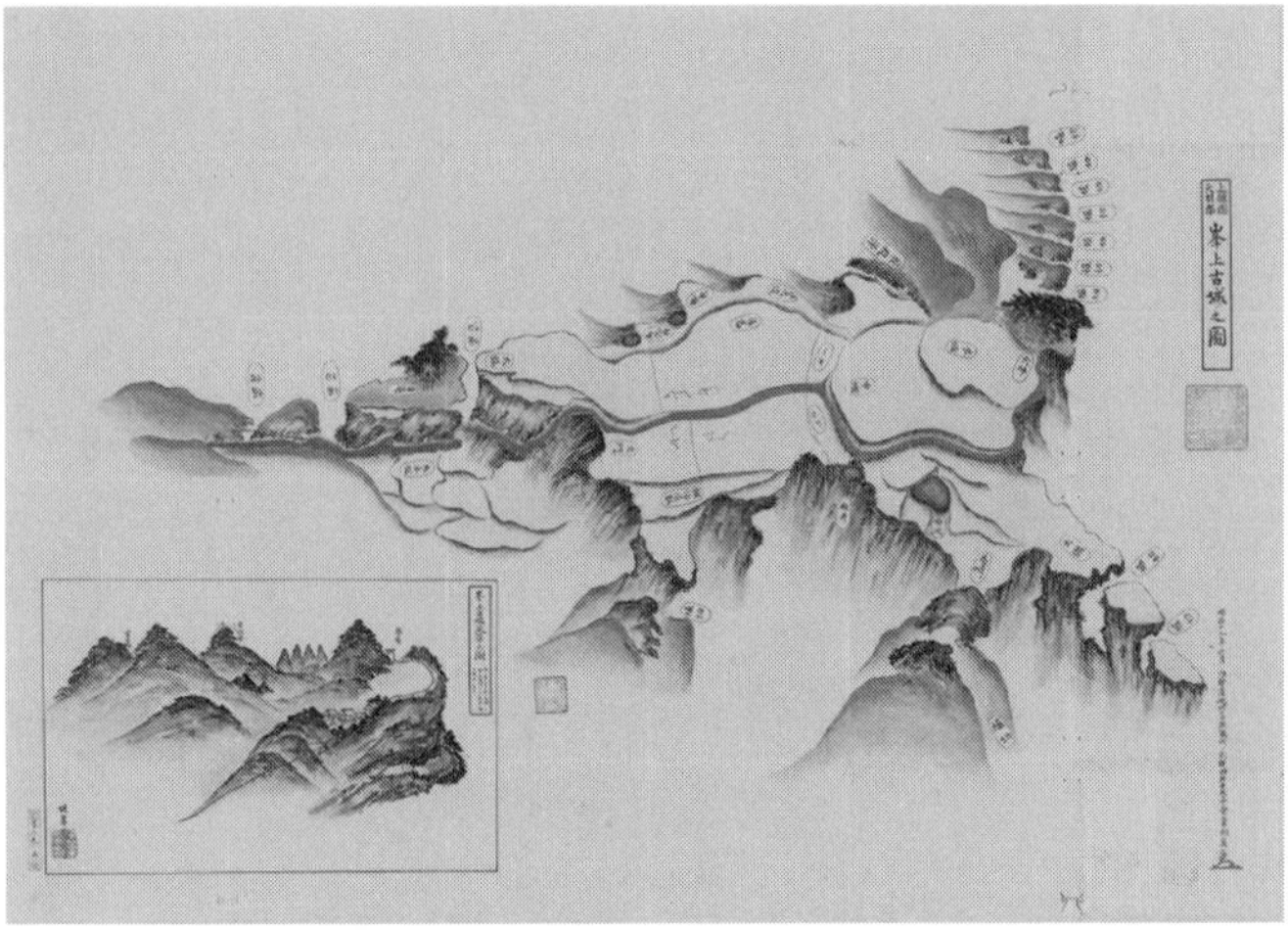

峯（嶺）上古城図（國學院大學図書館蔵）

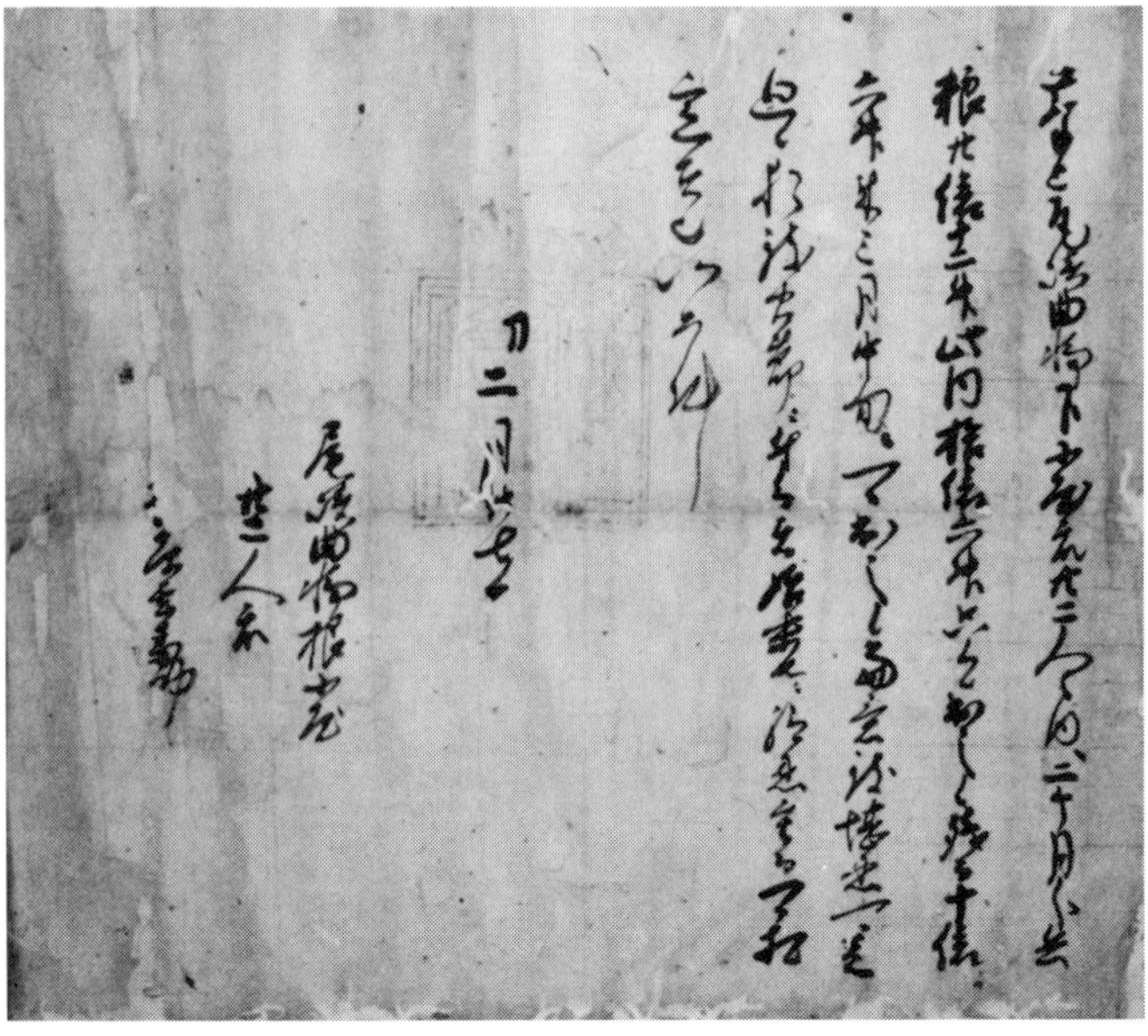

北条家朱印状（鳥海文書，館山市立博物館蔵）

日には、妙本寺に制札を掲げていた〈八七四〉。その動きに呼応して、吉原玄蕃らは同年六月二十六日に、一斉蜂起したのである（小笠原長和『中世房総の政治と文化』）。北条氏の今回の狙いの第一は金谷城奪取にあったと考えられる。しかもその動きと連動して、西上総各地で反里見氏運動をゲリラ的に展開させることで、里見氏に反撃の暇を与えない作戦だったのであろう。

この事態を受け日我は、妙本寺に伝えられていた重宝・聖教《しょうぎょう》（仏教の経典）・典籍などを櫃《ひつ》・皮籠《かわご》・笈《おい》に収めて牛十駄の背に載せ、地域の避難所たる金谷城に籠城したのである。妙本寺は、戦乱の際、要害や陣所に取り立てられるような好立地だっただけに、戦禍に巻き込まれ、略奪に遭う危険性を常にはらんでいた。もちろん安全保障の制札〈八七四・八七八〉を獲得していたとはいえ、必ずしもそれは絶対なものではなく、また日我が里見義堯とごく近い存在であることはすでによく知れ渡っていただけに、彼自身危険を強く感じたのであろう。ところが同年七月十三日、その金谷城が北条方の夜襲を受け、運び込んでいた典籍のほとんどが焼失してしまった。日我はさらなる難から逃れるために城を脱出し、沖合に浮かぶ孤島浮島に身を隠しそこで弟子たちに後事を託す置文《おきぶみ》〈八八一～二〉を認《したた》めた後は、安房国内各地を約三年の間転々とせざるをえないような事態に追い込まれたのであった（「いろは字」下奥書『千葉縣史料　中世篇諸家文書』）。

このときの北条方にあって重要な役割を果たしていた吉原玄蕃らは、水上交通能力に裏づけられた機動力や運輸・通信能力を駆使して、嶺上の地から天神山川、さらに江戸湾交通にも関わる存在だった。そして彼らを束ねていたキーマンといえるのが、天神山川流域一帯を押さえる正木兵部大輔《ひょうぶのたいふ》（時治ヵ）である。彼は正木姓を名乗っているだけに、義堯に忠実に仕える正木時茂《ときしげ》らと元をたどれば同族とは思われるが、その系譜的位置づけははっきりしない。しかも早くから政治路線が異なっていたようなことから、いま内房正木氏と仮称する一族の一人であった。この正木兵部大輔は、対岸（向い地）三浦半島の海賊衆永島氏とも姻戚関係を結んでいることからみても（『新編相模国風土記稿』）、まさに江戸湾をまたにかけて活躍していた海の領主的存在であった。

したがって、江戸湾岸の里見氏や北条氏といった大名にとって、この正木氏や吉原氏といった自立性が高い者たちを、どのようにして味方に取り込むかが重要な課題だった。一方、情勢判断に鋭敏な彼らは、その時その時の情勢で右にも左にもつく存在で、この時点では北条氏の優勢と判断して北条方へ帰属したのであろう。

翌天文二十三年になってもこのような状況は続いていた。二月に北条氏康は、再び尾崎曲輪上下の小屋衆と吉原玄蕃に対して、敵地の者を討取り、敵地の情報を知らせた者には恩賞と兵糧を与えることを約束している〈八九四〉。

金谷城落城

天文二十四年（一五五五）の秋は、義堯にとって、その存立をも脅かされる危機的な局面に立たされた時だった。ついに金谷城が、北条氏によって落とされたのである〈九一九～二〇〉。里見氏にとって、ここにいわば楔を打ち込まれることは、安房・上総にまたがった里見氏の勢力を分断され、さらにここから安房・上総それぞれ侵攻される際の橋頭堡となる意味でも、この事態は極めて深刻な意味をもつものであった。

それだけに北条氏にとってはまさにその逆のよろこぶべきことであり、この事実を伝え聞いた陸奥白川《しらかわ》（福島県白河市）の白川晴綱《はるつな》が、氏康やその家臣岩本定次《さだつぐ》に慶賀の使者を送り、わざわざ名馬を贈ったほどのことだったのである〈九一九〉。

西上総国衆の動向

またこの時、北条氏の攻勢は、軍事力による力攻めだけでなく、当時の常道として懐柔工作や裏切り・乗っ取りといった、いわゆる調略も進められていた。小糸《こいと》城（君津市）を拠点にしていた秋元氏の場合、北条氏は、有力庶家を支援して本家を横領させ、最終的には一族本体を呑み込んで従属させてしまったのであった〈九〇四・九四七〉。北条氏の房総への攻勢は、硬軟織り交ぜたかたちで着々と進められ、義堯（里見氏）の劣勢は誰の目からみても明らかだった。

二　流通商人の活躍

北条氏の兵站基地天神山

弘治年間（一五五五～五八）になると、北条氏による房総への攻勢はさらに続き、このなかで佐貫城は再び北条氏に押さえられ、旧真里谷武田領で里見氏が確保しているのは、久留里・百首城領域くらいとなった。このとき上総天神山の地は、北条氏の房総攻略における兵站基地となっていた。ちょうどその状況を彷彿とさせる史料がある〈九五九〉。

それによれば、北条氏は三浦半島長坂（神奈川県横須賀市）を拠点とする小林新助等に命じて、上総へ進軍している自軍兵士の兵糧調達のために、「浦賀」（神奈川県横須賀市）より船出して「下総船橋津」（船橋市）に行かせ、そこで買い付けた米などの物資を天神山に送り込んでいるのである（滝川「戦国期江戸湾における小林氏の動向」）。

この小林氏のように、このころの江戸湾交通において極めて大きな役割を果たしたのが、商人や職人といった生業をもつ一方、水上交通や陸上交通の能力を駆使することで権力の境界にあって、兵糧その他の物資や人の運搬や通信といった流通業を担いながらさまざまな面で活躍した人々である。彼らは、先に見た吉原玄蕃などと同様、時によっては姿を変え、水上における兵士＝いわゆる海賊そのものにもなりうる存在だった。ここでこれらの存在を流通商人と仮称したい。いま江戸湾や香取海《かとりのうみ》周辺で活躍したそのような者たちを史料上から抽出すると、小林氏をはじめとして新井氏・岩崎氏・山口氏・宮内氏・石渡氏など枚挙にいとまがないが、なかでも注目されるのが、上総天神山を拠点にして江戸湾一帯で活躍した野中氏である。

野中氏の活躍と湊町天神山

この野中氏は、鋳物業を生業としながら、対岸の北条氏とゆるやかに結びつくことによって、商売上の安全保障や商圏の確保などの特権を手にいれていた存在である。

中世の房総において早くから鋳物業が盛んに行われていたことは、その遺品や史料からよく知られている。その鋳物業を成立させるためには、原材料である銑鉄と、それを溶かす燃料の存在が不可欠であった。房総でも、銑鉄は商品として海上交通を介して運ばれていたらしい。また燃料にしても、大量消費するだけに、自己で獲得するためには伐採・運搬などの経費・労力は莫大なものだったはずである。したがってこのように大規模な鋳物業を成立させるためには、なによりその資本と労働力が必要だったのである。

また野中氏が扱った商品は、その市場が武蔵・相模・上総といった東国における大消費地だっただけに、鋳物業と連動する生活必需品の薪・炭といった燃料や材木までを対象にしていた可能性が十分にある。そして獲得した富は、湊や鋳物業に関わるさまざまな人々・階層に投下され、その結果、新たな製品が生産され、またそれを広範囲な市場で販売するという、地域で循環する経済のしくみが成立していたらしい。したがって野中氏は、多くの労働力と多様な商品を扱い、広範な機能を有する現在の総合商社的機能をもつことで、地元にもたらした経済波及効果は莫大なものがあったはずである。そうなると野中氏のような存在こそが、武田氏や里見氏が重視した森林資源の活用を、直接担っていた存在かもしれない。

仲人と伝承された野中氏

そのなかで湊町天神山では、野中氏を筆頭に、官途受領名を自称した人々が一揆・結合してその経済発展を担い、またその経済力によってある程度の自治的活動も行っていたらしい〈一四九六〉。したがってこの地が戦争に巻き込まれそうになった時には、彼らは地域の防衛を担う人にもなったのである（「岩坂志」）。つまり天神山は野中氏を中心とした一揆（連合体）が主体的な運営をする町場であり、湊町としての繁栄もそこにあったのである。ただ同時にそれは、天神山が攻撃・略奪といった惨禍を日常的に招く危険性も極めて高かったことを意味する。

そこで天神山では、自己防衛の一つの手段として敵対する双方に年貢を払うことで安全保障を得る半手《はんて》（後述）を成立させた。そのとき野中氏は、里見氏と北条氏の交渉窓口となり、年貢徴収・輸送の責任者ともなったのである〈一五六八〉。それだけに在地の人々にとっては、野中氏をとおして里見氏と北条氏との間で最終的な妥協が締結され、町は一時的な平和を獲得したことになる。そのことから、のちのちまで野中氏が「里見・北条和睦の際の仲人《ちゅうにん》」と語り継がれたのである（滝川「海の境界を生きる商人・職人」）。この頃の江戸湾の実態を物語る一つの例である。

三　里見水軍の実像

地生えの人々

里見氏が強大な実力を有する北条氏と江戸湾を挟んで対峙できたのは、実際には、ここまでみてきた江戸湾で活動する野中氏や吉原氏のような地生えの人々の多くを、その配下として握っていたためであろう。

北条側の傭兵水軍

一方、北条側については、傭兵水軍として活躍した紀州梶原氏の家伝文書や、山本氏の家伝文書が発見されたことで、その実態が大分明らかとなり、またそこから里見水軍の実態も一部垣間見られるので、それをみてみよう。

梶原氏は、北条氏が江戸湾対策のために、紀州広村（和歌山県有田郡広川町）から傭兵として、天文末から弘治年間（一五五五～五八）頃関東に迎え入れた水軍の将で、永禄《えいろく》五年（一五六二）には、相模三浦郡内で一一〇貫余の知行を宛行われ、「海上儀一途」を任された存在だった。そしてその後もたびたび加増されているが、梶原氏が繰り返して行った帰国要求

（実際は賃上げ要求）に対し、そのたびごとに北条氏は破格の条件をもって引き留めていることは、それだけ里見氏の水軍が北条氏にとって脅威だったためであろう。

一方、山本氏は西伊豆田子《たご》（静岡県富士市）を出身地としていたが、やはり北条氏の里見氏対策のために招聘され、江戸湾を拠点に活躍することになったらしい。その史料上の初見は、先にもみたように、天文二年（一五三三）、安房妙本寺における戦功を賞されたものである。その後、里見氏と北条氏が断交し、江戸湾における両者の抗争が激化すると、山本氏の活躍の頻度も高くなった。彼らの海上での働きの一端は次の史料からうかがえる（北条氏康感状写〈一二一七〉）。

今度金沢船三艘海賊に取らる処、渡中に於いて追い落とし取り返すの由に候、殊に敵船と出合い、勝利を得、風津浦へ追い上げの由、心地好き動《はたら》き、比類無く候、自今以後、いよいよ相稼ぎ走り廻るべくの状、件の如し。

六月三日　　氏康（花押影）

山本左衛門太郎殿

ここにみえる「金沢船《かねさわ》」は、武蔵六浦《むつら》の金沢湊（神奈川県横浜市）に関係する船と考えられる。また「海賊」「敵」だが、それを使い分けていることからみても、「海賊」はいわゆる房総沿岸で海を生業とする海民といった存在、「敵」は里見氏の常備水軍と考えられる。ここに里見水軍の姿が断片的ではあるが、はじめて史料上から確認されたのである。となると、この文書の内容は、「江戸湾を航行する北条側の商船が、房総の海民に略奪された。そのことを察知した山本水軍はすぐに駆け付け船を取り戻そうとしたものの、今度は里見水軍の哨戒圏内まで侵入したためか、海民の支援に駆け付けた（あるいはパトロール中偶然遭遇したものか）里見氏の水軍と戦闘になった。しかし山本水軍はそれを里見側の根拠地である風津（富津《ふっつ》）浦（富津市）に撃退した」と理解できる。まさに当時の海上における里見・北条氏の衝突を彷彿させてくれる史料である（滝川「房総里見氏と江戸湾の水上交通」）。

江戸湾を蹂躙する里見水軍

そしてここから北条氏が日常的に抱えていた大きな問題もよくわかる。当時江戸湾内では今津（東京都台東区）・品川・神奈川（神奈川県横浜市）・金沢（六浦）など、流通・交易機能を備えて、東国社会の経済活動の拠点となった湊や津の大半が、西岸の北条領国内に所在していた。そして何よりも、武蔵・相模といった東国の大消費地が北条領国であったことから、江戸湾上で略奪の脅威にさらされた商船の多くは、北条側の経済活動に寄与するものであったと考えられる。

北条氏にとって房総側の水上勢力の跳梁は、江戸湾水上交通上の大きなネックとして、常に問題視されていたことであろう。このことから、北条氏が梶原氏・山本氏などの水軍に常に期待した働きは、自領の日常的な経済活動を守るため、里見氏やその下にあった海賊からの略奪行為を防ぐ「海上備え」、すなわち海上警備・哨戒活動だったのである。

そして里見氏の水上勢力の実態とは、このように日常的には他の漁業や流通業などの生業に従事する地生えの海民たちと、それを緩やかに統率する常備の水軍衆であり、それがいざ合戦ともなれば、一体となって水軍衆として活動するようなものだったと考えられるのである（以下、これらを里見水軍と総称する）。

海賊行為の応酬

里見水軍の脅威は、北条側の人々にとってこれだけではなかった。北条氏旧臣だった三浦浄心《みうらじょうしん》の「北条五代記」によれば、里見水軍が「夜になれば、ある時は小船一・二艘にて盗みに来て、浜辺の里を騒がし、ある時は五十艘、三十艘渡海し、浦里を放火し、女・わらべを生け捕り、即刻、夜中に帰海」するような行為で、湾岸の人々を恐怖のどん底に陥れたという。

だが「里見代々記」や「里見九代記」といった里見側の軍記物にも、房総沿岸の村々では「海上に北条方の軍船か、または財物の略奪か人さらいの船など来たら、合図の太鼓を打って、百姓・町人・海人等に限らず、財宝・妻子を山野に隠し置き」戦うことを里見義弘から命じられていたという。おそらくこのような被害については双方の沿岸各所で常態化していたのであろう。

それを裏づけるように、北条氏が山本氏に対し、「凪《なぎ》の日には敵方に渡海し、小さな郷村でも襲撃し、焼き払う（焦土化する）ことが肝要である」と、その行為を督励した史料も残されている〈一六二九〉。

四　沿岸に生きる人々

江戸湾沿岸に暮らす人々は、このような状況への対策として、双方の勢力（この場合は北条・里見）に年貢を納めることでその脅威をなくし、ひとまず安全を獲得するような自主防衛の措置をとることもあった。これを当時「半手《はんて》」とか「半済《はんぜい》」と呼んでいた。そしてその行為は、軍事的境界にあった村が自らの主体的な情勢判断に基づいて行った行為、または状態を指すものであった。

北条氏は「半手稼ぎ」として、房総側の沿岸部に林立する湊町に対して、襲撃・略奪といった暴力行為と北条方への勧誘を表裏一体にして押し進めたが、天正期《てんしょう》（一五七三〜九二）に入るとこれが激化し、結果的にそれは里見領を疲弊させた。天正四年（一五七六）の時点では、房総側には天神山はじめ一七ヵ所もの半手湊が成立していたのだった〈一五六八〉。

そのことと関係しているかどうかわからないが、横浜市寺尾に所在する松陰寺《しょういんじ》の一

半手

横浜市寺尾の義高堂

里見義高像
（松蔭寺蔵，横浜市歴史博物館提供）

画には、義高堂《よしたかどう》と呼ばれるお堂があり、ここに「里見義高像《（ママ）》」が祀られている。この義高堂の存在は江戸時代から有名だったようだが（「江戸名所図会」）、「義高」については、慶長期の里見氏当主忠義《ただよし》の叔父で、上野国板《いた》鼻《はな》（群馬県高崎市）城主となった里見義高（実名は忠重）と結びつけて考える説もある（「里見入道義高について」寺尾郷土研究会、一九八二年）。ただこの義高像に伴う位牌には、里見義堯のものとほぼ一致する「東陽院殿泰叟《（ママ）》正五居士」という法号が刻まれているので、これが里見義堯その人を意識して祀られたものであることは間違いない。

房総の対岸の地である寺尾に義堯が祀られたその理由だが、可能性として考えられるのは、これも半手と同じように、里見水軍が襲来してくることに備え、里見氏の象徴である義堯を祀ることで、その災禍から少しでも免れようとした人々の知恵の痕跡か、あるいは、一時的にせよ、この地が里見氏の武蔵経営における拠点だった名残とも考えられる。が、それはともかく、このお堂がこの地域の安全を守護する施設として、周辺の人々によって現在まで大切に守られてきたことだけは間違いない。

太平洋海運

江戸湾のことばかりに目を奪われがちであるが、この時期、房総沖の太平洋海運も機能していたらしい。東北地方の中世遺跡から瀬戸（愛知県瀬戸市）・常滑《とこなめ》（愛知県常滑市）産の大量の陶磁器が出土することは、効率からいっても海上交通を利用することで運ばれたと考えられているが、その場合、大きな障害となっているのが房総沖太平洋海運の存在だった。

この点、戦国時代の房総半島太平洋岸に白浜・磯村・勝浦・一宮などの湊町が確実に発展していることや、後に触れる小田原から勝浦まで北条氏の補給ルートが存在していた事実、さらに正木氏（里見氏）による香取侵攻が長期間にわたって断続的に繰り広げられていた事実をみるならば、房総半島の先端を迂回し、九十九里浜《くじゅうくりはま》沖を通過する海上ルートは戦国期には確実に存在していたとみていい。ただ、それが東北地方まで続いていたかどうかについては、まだ議論の余地は残されている。またこの時期の海運は、季節や天候によって大きな制約をうけており、太平洋海運が常に安定的な物流ルートだったとはいえない。したがって太平洋海運を含む東国の海上交通は、陸上交通や河川交通を併用し、さらに季節や天候も見据えながら機能していたとみるのが実情に近いだろう。とはいえ、後述のごとく東国の水運掌握を目指していた義堯もそのことに深い関心をよせていたことは十分に考えられる。

五　義弘への家督委譲

正木軍による千葉の宿中への放火

ここで話しを戻そう。天文末から弘治（一五五五～五八）にかけて、北条氏の房総への大攻勢は断続的に続いた。ただこのようななかでも、房総東部に位置する小田喜《おだき》城は、北条氏の直接的脅威には晒されていなかったため、正木時茂《ときしげ》は各方面で活動していた。弘治元年（一五五五）十月、時茂は小田喜から江戸湾に至るルートの確保と、さらに北条氏の里見領攻撃の矛先をそらす意味もあってか、生実《おゆみ》から千葉一帯へ乱入し、宿中を放火したのである。そのため千葉家では、十一月十五日に千葉妙見社《みようけんしや》で行うはずだった千葉親胤《ちかたね》の元服式が執行できず、同年十二月二十三日に日延べして執行せざるをえなかった（「千学集抜粋」『戦国遺文　房総編』補遺）。

那古寺梵鐘の銘文

また時茂は、弘治三年に大檀那として安房那古寺《なごじ》（館山市）の梵鐘《ぼんしよう》を再鋳したが、義堯の師僧でもあった吉州梵貞《きつしゆうぼんてい》の撰文になるその鐘銘には〈九六二〉、義堯を「房総両国太守」としたうえで時茂を「源義堯公の柱石」と讃えている。義堯を支える最大の存在が正木大官令〈大膳大夫〉時茂であることは衆目の一致するところだった。

ただそのとき、義堯の嫡子義弘《よしひろ》の「股肱」である鷹野時盛《こものときもり》が、同じく吉州梵貞に依頼した別の銘文〈九六三〉や、金谷城の至近に位置する日本寺《にほんじ》の梵鐘銘文〈九六四〉には、ともに義弘のことを「房総刺史《しし》　源義弘公」としているのである。どうやらこれより少し前に里見家では、義堯を「房総両国太守」としたうえで、義堯から義弘への家督委譲が行われ、それに伴う政権の移行「房総刺史＝国守」が始められたらしい。ちょうどその前年の弘治二年には、義堯は五十歳という人生節目の年を迎えた一方、義弘はすでに三十歳を超えた働き盛りの年になっており、その意味からすれば、これも規定路線だったといえるだろう。また

吉州梵貞像（光明寺蔵）

先にも触れた、室町幕府将軍側近大館晴光による義弘への官途斡旋仲介の働きかけも〈九六五〉、このような事情を受けてのものであろう。とはいえ、里見氏の最高権力者は義堯という図式は変わらなかった。またこのとき上総を義堯がおさえていた一方、義弘はおそらく岡本城にあって安房を管轄していたのであろう。里見氏にとって上総はともかく、安房は本国だけに比較的安定していたにちがいない。

義弘による鶴谷八幡宮の修造

そして永禄《えいろく》元年（一五五八）の十一月吉日には、里見義弘によって家督継承の内外への披露ともいうべき鶴谷《つるがや》八幡宮の修造事業がなされたのである〈九八七〉。ただそれはつかの間の平和的出来事にすぎなかった。北条氏による房総侵攻はこれ以降も止むことなく続いたのである。

第六　上杉謙信の越山と反転攻勢

一　久留里籠城と謙信の越山

久留里籠城

永禄《えいろく》三年（一五六〇）五月、ついに義堯の拠る久留里《くるり》城が北条氏の軍勢によって包囲される事態に陥った。このとき北条氏康《うじやす》が白川晴綱《しらかわはるつな》に出した手紙〈一〇〇六〉には、「久留里城攻略の基地として構築した陣城《じんじろ》が完成したので、近日中に将兵を入れる予定である」とあるように、久留里城を本格的に攻める準備は万全で、すでに落城は時間の問題と認識されていたようである。また氏康が言う陣城については諸説あるが、久留里城からの距離やその規模からみて、いま岩室《いわむろ》城跡（君津市）と呼ばれている地が一つの候補地とされている（『千葉県所在中近世城館跡詳細分布調査報告書Ⅱ　旧上総・安房国地域』）。久留里城から直線距離にすれば三キロほどのところである。

略奪された雲版

ところで、戦争の際の軍勢は、寺社などを仮の陣営として使うことがよくあったが、その際、兵士たちによって寺社の一部が破壊され、所蔵の什器などが持ち去られることは、当時頻繁に起こった事実である。

いま東京都品川区の海晏寺《かいあんじ》に所蔵されている「上総国葛原辺般若寺《くずはらべはんにゃじ》」と刻まれた雲版《うんばん》（寺で合図のために打ち鳴らす器具）は、般若寺のもとあった場所が北条氏の陣城推定地である岩室城跡のすぐ近くだったことからみれば、この時の久留里城包囲戦の際、北条軍に略奪されたものである可能性が十分にある。戦国時代における乱暴・狼藉や略奪、それを運搬する商人・職人といった当時の戦争の実態を物語る遺品とみていいかもしれない（滝川「交流を仲介する海『江戸湾』と海晏寺の雲版」）。

それはともかく、このとき義堯は、本拠地を直接脅かされるという、かつてないほどの危機を迎えたのであった。義堯はこの事態を打開するため、越後の長尾景虎《ながおかげとら》（以下煩雑さを避けるために上杉謙信《うえすぎけんしん》で統一する）のもとに身を寄せていた関東管領《かんとうかんれい》上杉憲政《のりまさ》に救援を願い出た〈一〇一二〉。憲政とは天文《てんぶん》十年代にともに反北条連合を構築していた以来の縁であった。ただこのことはもちろん憲政を介して、事実上謙信に救援を求めたことを意味する。またその一方で謙信に対しては、里見氏の対外交渉を担っていた正木時茂《まさきときしげ》を介して直接関東侵攻を要請したのである〈一〇一二・一〇一六・一〇一八〉。まさに事は急を要していたのである。

謙信への要請

一方、謙信は、かつて天文二十年代に小規模な出陣はしたものの、かねてより本格的な関東進出を考えていた。この前年の永禄二年には上洛して、将軍足利義輝《よしてる》より憲政を奉じて関東出兵することの大義を得ており、その意味からしても義堯からの救援要請はまさに好都合であった。しかもこのとき謙信への救援要請は、里見氏以外の関東諸氏からもあり、その上で庇護する上杉憲政からの強い要請もある。謙信はこれによって、関東侵攻の正当性を主張するに十分な大義名分を得たのである。

謙信の関東侵攻（越山）

永禄三年八月末、謙信は上杉憲政を推戴して万余の将兵を率い、「逆徒」北条氏を退治すべく一気に上野国へ侵攻した。その後の関東政治史を大きく変えることになる謙信の関東侵攻、すなわち越山《えつざん》である。

この報を聞いた北条軍は、急遽上野方面への備えを余儀なくされ、久留里城の囲みを解いて撤退した。まさに正木時茂が謙信に「年来の願望この時に候」と謝意を述べた通りであった〈一〇一八〉。これにより義堯は存亡の危機を脱することができたのである。その後、上杉憲政からは、謙信を供奉して越山した旨を伝える文書が義堯のもとに届いた〈一〇一七〉。

このことで義堯が謙信に大きな恩義を感じたことは間違いない。だがその一方、謙信が動いたのは義堯の要望だけではなかった。またこれによって謙信も関東侵攻の大義や正当性という果実を得たことを義堯はわかっていた。したがって最初のうちはともかく、今後すべて謙信の言いなりになることだけは避けたいとの思いが次第に芽生えていったのであろう。この両者の微妙な感情のズレは、結果的にこののち大きな問題となっていくのである。

ただ、この時はそれ以上に、北条氏が撤退したことで義堯は危機を脱しただけでなく、反転攻勢に転じることが可能となり、それまで北条氏が押さえていた真里谷《まりやつ》武田氏旧領をほぼ手中にし、さらに下総国内までの侵攻が実現したのである。そしてこれまで里見氏の勢力拡張の動きは、対立する北条氏の動向によって規定されてきたが、その北条氏の動向を左右するのは上杉謙信や武田信玄《たけだしんげん》といった存在であり、それらとの連携が非常に重要なことがここで明確になったのである。このときの経験は、義堯や義弘《よしひろ》にとって今後の基本戦略として長く記憶されることになった。

加勢観音

ところで久留里城下の正源寺《しょうげんじ》に伝わる観音像は、「加勢観音《かせいかんのん》」と呼ばれ、地域の人々から今も篤い信仰を集めている。この像については、あるとき里見氏が北条氏に押し込まれて窮地に陥ったとき、この観音像が加勢してくれたことで里見氏が大勝利を収めたとも、その御加護によって、里見義堯に矢が刺さらなかったとも伝えられている。その合戦については、同寺に伝わる縁起にも具体的なことは記されていないが、北条氏に久留里城を包囲された、このときに関わる伝承であろうか。

愛宕社の勝軍地蔵

また久留里城から北西の方向に、現在もそれとわかる小高い山（愛宕《あたご》山）があるが、その山上に義堯が厚く崇敬したという愛宕社がある。あるとき義堯の夢枕に、黄金の甲冑に身を固め、左手に宝珠を持ち、右手に錫杖《しゃくじょう》を帯し白馬に乗った霊神が立ち現れ軍略を授け消えた。その後、義堯はその軍略を奉じて合戦に臨み勝利を得たので、お告げのあった山上に社を建立して祈願所としたのが愛宕社のはじまりとされ、その本地仏《ほんじぶつ》こそ夢枕に立った勝軍地蔵だったという。

この愛宕社はその後、里見氏が義堯の孫の義頼《よしより》の代で安房国岡本城（南房総市）を本拠地にしたとき、安房に勧請《かんじょう》され、さらにその後、館山城の竣工が成ったのちは、館山

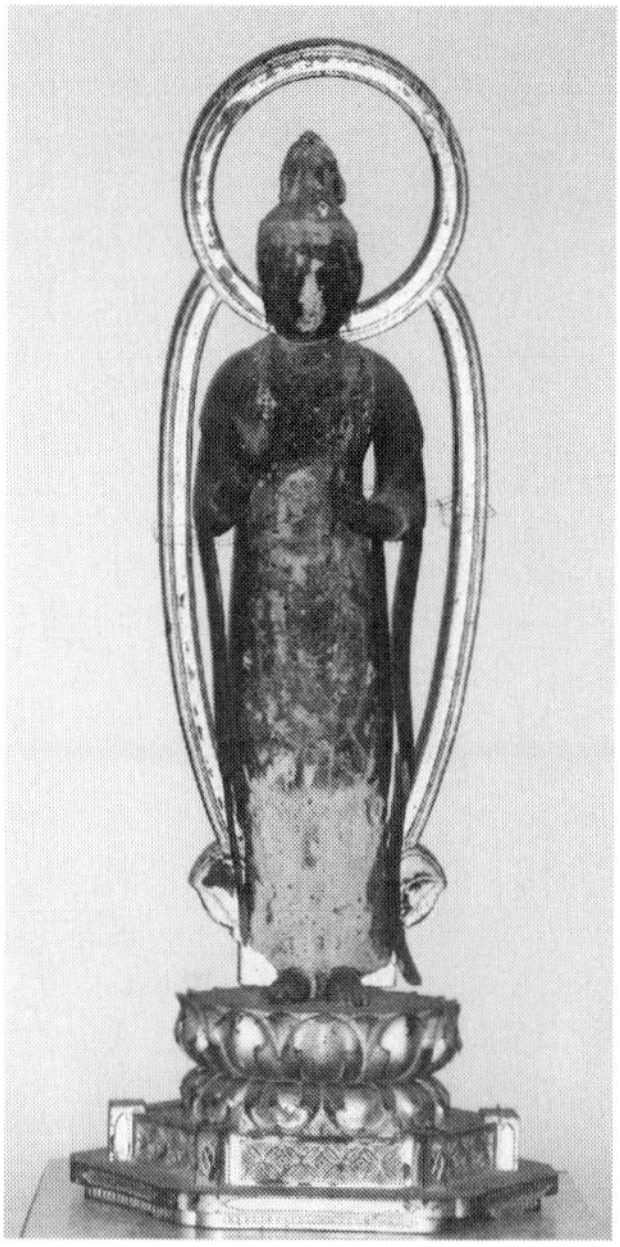

加勢観音像
（正源寺蔵，久留里城址資料館提供）

城の鬼門の位置に勧請され、厚く崇敬されたという。現在その勝軍地蔵像は、南房総市富浦町正善院のなかの小祠に安置されているという。

里見氏の反転攻勢

永禄三年八月末、上野国に侵攻した上杉謙信は、総社（高崎市）長尾氏や白井（渋川市）長尾氏といった山内上杉氏配下の重臣・国衆《くにしゅう》たちの支持も得て、まさに破竹の勢いで北条方の諸城を攻略し、あっという間に関東諸将の大半を従えた。そしてその勢いで十万余の将兵を率い、翌四年三月末には北条氏の本拠地小田原まで侵攻したのである。

しかしこの時、里見氏は、自ら救援要請したにもかかわらず、謙信のもとにすぐに参陣はしなかった。北条氏の勢力が房総から消えた今こそ絶好のチャンス到来と判断したのだろう。その矛先は房総各所に向けられ、正木時茂・時忠《ときただ》兄弟は、前々からのいきさつもあって千葉に侵攻し原氏との抗争を繰り広げた。

これは里見軍のすみやかな参陣を期待していた謙信にとっても、大きな誤算であった。そこで謙信は、岩付《いわつき》城（埼玉県さいたま市）の太田資正《おおたすけまさ》を介して正木時茂に、原氏との抗争を停止して、すぐに参陣することを促したが〈一〇三二〉、時茂は義堯・義弘の意を受けて香取《かとり》まで侵攻し、そこを弟時忠に任せたあと、ようやく時忠の子十郎時通《ときみち》や一宮城主の正木大炊助時定《ときさだ》を率いて謙信のもとに向かった〈一〇六八〉。

一方、義弘も謙信の参陣要請に応じて出陣し、自ら水軍を率いて相模湾を押し渡り腰《こし》越浦《ごえうら》（神奈川県鎌倉市）に上陸〈一〇三八〉、そこから柏尾川《かしおがわ》水系を遡上し、玉縄《たまなわ》を経由して鎌倉に攻め入った〈一〇三七〉。義弘はさらに同年閏三月、鶴岡八幡宮で行われた謙信の関東管領の就任式にも参列し、ここで謙信や関東諸将とも直接対顔したのである〈一一二四〉。

このような勢威をみて、それまで房総で北条氏に従属していた高城氏や東金《とうがね》酒井氏などの諸将も、謙信の指揮下に入った。さらにこの時謙信は、古河《こが》公方《くぼう》足利義氏《あしかがよしうじ》を擁立する北条氏に対抗するため、みずから関東管領に就任しただけでなく、独自に公方を擁立する必要性に迫られ、義氏の異腹の兄で本来正嫡であった藤氏《ふじうじ》を擁立して古河城に入れ、公方とした〈一〇四一〉。この時の謙信の勢いは、まさに関東を席捲したのである。

嶺上証人衆

こうなると、北条氏から天文末以降の房総攻略の功労者として厚く遇されていた正木兵部大輔も里見方に転じ、その配下で活躍していた吉原玄蕃《よしわらげんば》たちも里見方となった。そのうえで彼らは、時の嶺上《みねがみ》城将である北条方の伊丹《いたみ》康信を、里見勢とともに攻略したのである。北条氏としてはこの裏切行為に対する報復として、人質としていた嶺上証人衆を殺害し、その知行地を没収地とした〈一〇五九〉。吉原玄蕃らは大勢力の狭間にあってしたたかに生き抜いていた人々だが、自立性を維持する代償は当然大きかったのである。

なお、嶺上城は以後、里見氏の属城化した。しかしその戦略的価値は、江戸湾沿岸の百首《ひゃくしゅ》・天神山《てんじんやま》・佐貫《さぬき》の地位が相対的に上がる分低下し、上総における重要拠点としての役割を失っていった。

二　東国の水運掌握を目指した義堯

葛西城を奪取

前述のように、謙信の越山によって危機を脱した義堯は、一転して攻勢に出た。かねてより念願だった江戸湾奥の一大要地下総葛西城の奪取に成功し、占領後は城将として正木氏配下の網代某を置いたらしい（「太田家記」『岩槻市史　古代中世資料編Ⅱ』・「三浦系図伝」）。

さらに義堯の目は別のところにも向けられていた。同年十月中旬、正木時茂率いる里見軍は、長駆下総富田台《とみただい》に上陸して陣地を構築し、そこを拠点に常総国境地域に広がる広大な入り海、いわゆる香取海《かとりのうみ》の攻略にも乗り出したのである〈二二六八〉。この香取海とは、現在の利根川下流域一帯と霞ケ浦《かすみがうら》・北浦《きたうら》・手賀沼《てがぬま》・印旛沼《いんばぬま》、さらにはその源を下野国に発する鬼怒川《きぬがわ》にまでつながっていた一大水系の入り海を汎称する歴史用語で、当時はこの水域を媒介にして下総・常陸・武蔵が交互に結ばれ、また沿岸には、早くから水上交通の拠点たる湊が開け、多くの富と人が集積される一大世界を形成していたのである（「常陸国富裕人注文」他）。

富田台は現在の香取市小見川《おみがわ》の富田付近の台地上に比定されているが、小見川は香取海と太平洋をつなぐ喉元に位置していた要衝の地である。このときの里見軍の主力をなしていたのは、ここでも水上勢力を駆使する正木時茂・時忠兄弟の兵だった。その後、里見軍は、富田台からさらに香取海に接する小見川相根塚《あいねづか》（香取市）を城郭として取り立て、以後数年間にわたって香取地方に猛威を振るったのである。

東国の水上交通権掌握構想

このような事実から、義堯が描いていた大きな構想・戦略がみえてくる。すなわち里見氏にとって普段直面している江戸湾交通権の掌握は生命線ともいうべきものだが、さらにこの香取海の権益に深く食い込むことができれば、東国の二大水系たる二つの内海の権益を里見氏が直接握ることになる。それに加え、房総沖太平洋海運の安定と支配権を握れば、まさに里見氏は東国の主要水系をすべて牛耳る存在として東国社会で確固たる地位を築くことになる。この時の義堯の江戸湾奥と香取侵攻という二方面作戦は、東国の水上交通権掌握という、彼の描いた大いなる構想の一端とみていいのではないか。

その後、里見軍はしばらく海上郡《うなかみぐん》から香取郡にかけて駐屯するが、この間海上郡野尻《のじり》（銚子市）の流通商人宮内氏や佐原《さわら》の香取神宮は、その権益を保障し戦禍から逃れるための安全保障の制札を獲得することに奔走するのだった〈一〇二三～一〇二六・一〇二九〉。そして年が明けた永禄四年（一五六一）三月三日、「房総の軍旅」（里見軍）は、千葉氏配下で香取大戸庄を領していた国分氏の本拠地矢刎《やはぎ》（矢作）城（香取市）を攻めたてた。このとき矢刎城には、大龍寺《だいりゆうじ》（現香取市）の僧大蟲《だいちゆう》和尚《おしよう》はじめ近辺の人々が避難していたが、里見軍は籠城軍の激しい反撃にあって撤退したという（「大蟲和尚語集」『千葉県の歴史　資料編』中世5）。この地域では一進一退の攻防がこれからしばらく続いたのである。

日我の西国下向

ちょうどその頃、妙本寺日我《にちが》が九州の日向国（宮崎県）にある末寺のさまざまな問題を解決することを目的として、西国へ下向することになった。北条氏が房総から退いている今こそ、比較的容易に移動が可能と判断したのかもしれない。その出立前、久留里《くるり》城へ挨拶に来た日我へ義堯は、西国の政治情勢や、諸大名の「政道・文武・器用・君臣」といった政治思想、さらには大名夫人・家臣・修行僧・商人にいたる幅広い人々の情報を、後日まとめて教示してくれるよう依頼したらしい（佐藤博信『安房妙本寺日我一代記』）。義堯は為政者としてあるべき姿を、古典や周囲から学ぶだけではなく、日我の目を通して現在に生きる全国各地の人々から学び吸収しようとしたのである。そこからも、義堯は間違いなく為政者としてのあり方を常に模索していた人物とみてよく、また義堯にとって日我は、信頼あつい相談相手、かつ師僧といってもおかしくない存在だったのである。

またこのとき義堯の夫人正蓮は、法華経のなかでももっとも重要な「如来寿量品《にょらいじゅりょうぼん》」の意義を日我から直接説いてもらうことを所望したらしい。ただ日我は、西国下向を急ぐあまり、それを断ったが、そのことは日我にとってのちのちまで後悔することになった。二人の間にそのような機会は二度と訪れなかったのである（「里見義堯室追善記」、佐藤博信『中世東国日蓮宗寺院の研究』）。

三　正木時茂の死と関東足利氏

時茂の死

北条氏の撤退を受けて行われた永禄三年（一五六〇）から四年の里見軍の房総各地への侵攻は、一時的にせよ里見氏にこれまでにない領域と権益の拡大をもたらした。ところが、義堯にとっていいことばかりは続かなかった。

永禄四年四月六（七）日、義堯が最も信頼し、里見家の柱石とされた小田喜《おだき》城主正木時茂が没した（滝川「正木時茂の没年について」）。死因はよくわからない。あるいは、この直前にあった三月の小田原城攻略戦に時茂が参加したという記録もあることから（「太田資武状」『岩槻市史　古代中世資料編Ⅱ』）、その際に負傷し、それが元になったのかもしれない。

時茂は、里見家天文《てんぶん》の内乱以来、義堯を支える最大の存在として誰しもが認める人物であり〈九六二〉、また「正木大膳《まさきだいぜん》」あるいは「槍大膳《やりだいぜん》」という通称でその名を内外に轟かせていた。その名声のほどは、北条氏康が八州（関東）の弓取り（武士）のなかで真っ先にその名を挙げ〈一〇五四〉、越前の戦国大名朝倉宗滴《あさくらそうてき》が同時代の全国の武将を評したなかで、「国使いの名手」として特に称えているほどである（「朝倉宗滴話記」『勝浦市史　資料編中世』）。

彼こそまさに、義堯と並ぶ里見家の顔ともいえる存在だったのである〈一〇一六・一〇一八他〉。その死は義堯にとって、また里見家中にとって、極めて大きな打撃だったに違いない。「外は武勇、戦軍の擬を察して敵情を恐れず、内は三綱五常（君臣）の道正しくして君命に違ふことなし」（「日我御談義」）と称えられた彼の死であった。その死を悼んだ日我は、独自に「正膳」という法号をつけ百ケ日の法要を営んだのである（「日我御談義」）。

時茂の没年をめぐって

これまで彼の没年については、その事実を明記する関係史料が江戸時代以降のものを含めてもまったく存在しなかったうえに、上部に獅子の姿と彼の実名「時茂」を印文とした印判が永禄末年から元亀年間に登場し、さらにこの家の歴代の当主が、正木大膳を名乗っている事実もあって多くの混乱がみられていた。しかし近年、それが永禄四年の四月六日であったことがほぼ確定された。そのことによって、正木信茂《のぶしげ》や憲時《のりとき》といった人物の歴史上の位置づけがはっきりし、さらにこれまで明確ではなかった多くの史料の年次比定が急速にすすんだのである（滝川「正木時茂に関する一考察」）。

時茂死後の正木一族

　時茂の家督は、後継者に位置づけられていた弥九郎時泰《ときやす》がこの前年に死亡しており〈一〇二七〉、もう一人の子房王丸はまだ元服前であることから、時茂の弟平七信茂が、兄時茂の養子になる形で継いだ（〈一〇七六～七七・一〇九四他〉、「旗本正木氏先祖書」「柳営婦女伝《りゅうえいふじょでん》系《けい》」『勝浦市史　資料編中世』）。しかし一族一門の頭として威望に満ちていた時茂の死は、その後の里見氏や房総の政治史にも大きな影響をもたらすことになる。

　家督を継いだ平七信茂は引き続き香取に進駐したが、時茂に次ぐ兄の正木時忠《ときただ》も、依然小見川「大根塚（相根塚）」に城郭を構え、香取郡一帯を占領していた。ところが永禄五年（一五六二）三月、千葉胤富《たねとみ》が小見川城を攻撃してきた（「海上年代記」『戦国遺文　房総編』四巻）。これは年次からみても、上杉謙信が関東から撤退したことによる北条氏の反攻と時を合わせての行動とみていいだろう。以後しばらく、正木氏と千葉氏の間で一進一退の攻防が続くのである。

　このように謙信の越山によって里見氏は房総各地で攻勢を強めたが、その影響は思わぬところにもでていた。

高野山檀那場をめぐる争論

　義堯の発給文書は今のところ、写しや疑問のあるものを含めて一七通ほど確認されているが、そのうち五通〈一四七五～七九〉は、紀州高野山（和歌山県高野山町）西門院《さいもんいん》に残されているもので、いずれも西門院のような高野山内の子院の檀那所を巡る争論に関するものである。

戦国期においても高野山に対する信仰は全国各地で盛んだったが、金剛峯寺の子院は各地の戦国大名や国衆と直接師檀関係を結ぶことで、その家臣や領民を檀那として、高野山参詣の折りには宿坊とするように定めてもらうようにしていた。

当時房総でも高野山参詣が盛んだったが、同時期に出された正木信茂書状〈一〇七七〉との関連から永禄五年と推定される義堯の書状〈一四七五〜七八〉によると、このとき本来安房を檀那所とする万智院《まんちいん》が、上総国においても檀那所獲得を目指したため、もともと上総を檀那所としていた西門院と争論になった。そしてこのことについて高野山全山の院家の協議が行われたが、やはり先規のように万智院は安房、上総は西門院と決着し、この決定事項を義堯と小田喜の正木信茂に伝えてきた。このことを受け、義堯はその裁定に「義堯父子」ともに異存ない旨を伝え、その証拠として出したこのときの関係文書が一括して西門院に伝わったのであろう（口絵参照）。またここから義堯は、すでに義弘に家督は譲っているものの、相変わらず里見家の最高権力者として内外に認識されていたことがわかる。

そして実はこの万智院の動きは、檀那たる安房里見氏のこの時期の上総への勢力拡大を背景にした事態だった（吉田政博「上総国における高野山檀那所争論の背景」）。北条氏が撤退しているいま、義堯率いる里見氏は安房・上総を押さえ、さらに下総へも勢力を拡大しようとしており、その事実は遠く高野山にも逸早く伝わっていたのである。

正木時忠の香取進駐

ところが、この頃から香取に在陣している信茂と時忠の間で、確執がみられるようになったらしい。ことの真相はよくわからないが、どうやら千葉胤富が信茂に働きかけて、正木一族の間に亀裂を生むような状況を作ったらしい〈一〇八〇〉。しかしこの状況も、信茂が永禄七年（一五六四）正月の国府台《こうのだい》合戦で戦死し、時忠を除いた里見氏勢力が下総より撤退に追い込まれたことによって大きく変わった。香取占領軍の指揮権のすべては正木時忠が握ることになったのである。実はそれ以前から時忠は北条氏に通じていたため、国府台合戦の結果にかかわらず時忠軍だけは引き続き香取に留まることができたのであろう。しかも北条氏に従属した一個の国衆として里見氏と決別した時忠は、自身の権益拡大のために香取占領を継続しようとしたのである。そこで今度は「下総国と専《もっぱ》ら弓矢」〈一二七〇〉といったように、千葉氏と正木時忠との抗争が展開されることとなった。千葉氏にとって依然大きな脅威は続いていた。そこでこれらの事態に対応すべく胤富が選択したのが、姻戚関係を通じて北条氏と深く結びつくことだった。だがこの北条氏との強い連携は、千葉氏が事実上北条氏に乗っ取られる端緒となったのである。

千葉家略系図（滝川作成）

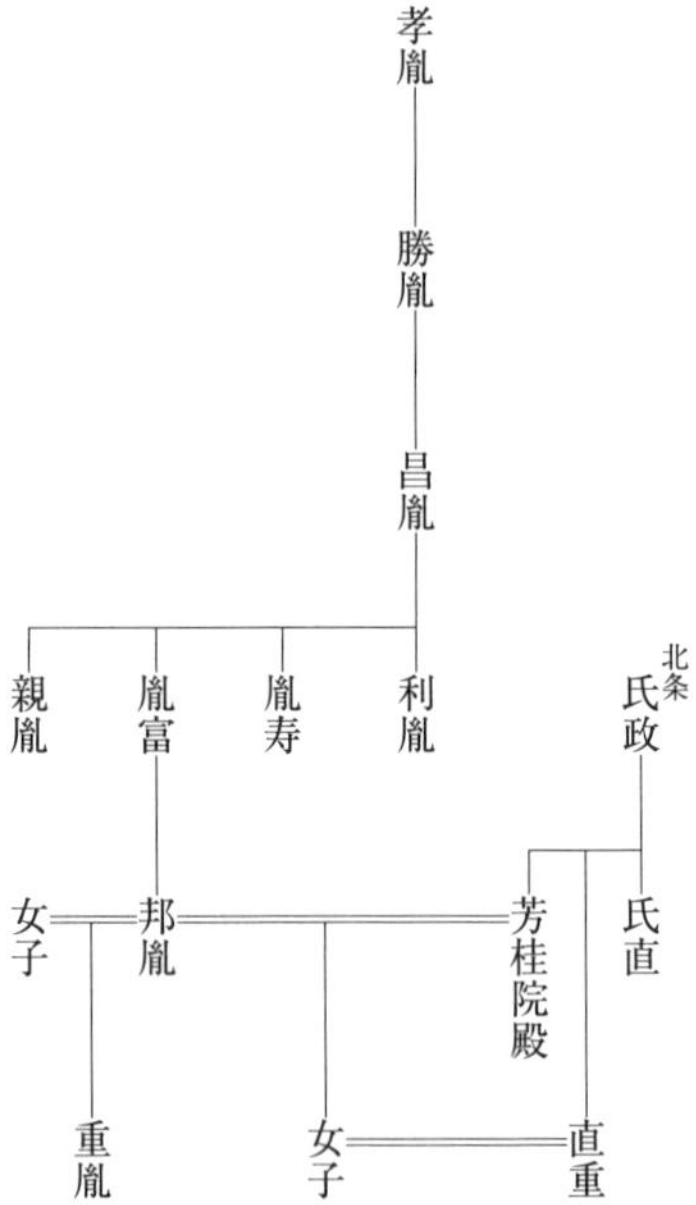

香取神宮（香取市）では、正木時忠軍が神宮を襲撃するとの情報がしきりにもたらされ、緊急事態に備えて神輿を担ぎだし、前殿の大床にたてておくことが二ヵ月にも及んだという。さらにまた、正木軍は神輿でもみさかいなく打ち破るとの噂も入った〈一二六八〉。このような風説が流布されたことで、正木時忠が香取の人々に悪逆非道の人物として長く記憶されることになったのであろう。

ところが永禄八年末以降になって、房総全面で再び里見氏の反攻がはじまり、時忠自身の本拠地勝浦も里見氏によって次第に圧迫されるようになると、時忠も香取方面に勢力を割き続けることはかなわず、ついに永禄九年七月七日撤退した〈一二六八〉。これで永禄三年以降続いた里見氏・正木氏による香取侵攻は終わったかにみえたが、天正《てんしょう》三年（一五七五）には元服して房王丸改め正木憲時が再び矢矧城を攻撃したのである（「大蟲和尚語集」)。しかも天正十八年の小田原合戦の際にも、正木時茂(二代目)による香取侵攻があったと伝えられる(「伊能文書」『勝浦市史　資料編中世』)。まさに里見氏や正木氏にとって、香取海の支配は悲願だったのであろう。

謙信帰国後の政治情勢

話しを少し戻すが、謙信の越山によって大きく動いた関東の政治情勢も、謙信が関東管領の就任式を終え、永禄四年六月、越後に帰国するとまた変化した。北条氏はすぐに反攻に転じ、それによって下総小金《こがね》城主の高城胤吉《たかぎたねよし》や武蔵忍《おし》城(埼玉県行田市)の城主成《なり》田長泰《たながやす》・下野唐沢山《からさわやま》城(栃木県佐野市)の城主佐野昌綱《さのまさつな》らは、たちまち北条方に帰参した。

一方、謙信らに擁立され古河城にあった足利藤氏《ふじうじ》は、北条方の圧迫に耐えられなくなり、古河城を離れ弟藤政《ふじまさ》・家国《いえくに》らをともなって義堯・義弘父子を頼って房総に避難してきた。そして安房那古《なご》寺に居場所を構えた永禄七年後半頃になると、里見氏の支援を背景に再び復権運動を活発化させるのである。永禄八年三月上旬、家国が那古寺に対し、それを誦することで一切の除災と所願成就がなされるという「孔雀王咒経《くじゃくおうじゆきょう》」を寄進しているのも〈一一六七〉、彼ら兄弟の復権への強い想いを込めた行為に違いない。

関東足利氏の避難所

このとき里見氏のもとには、天文《てんぶん》七年(一五三八)の第一次国府台合戦で敗死した小弓公方足利義明《よしあき》の遺児たちも庇護されていた。また、もう少し後のことになるかもしれないが、武蔵国蕨《わらび》において「蕨御所」と称された渋川氏一族(一類)も里見氏のもとにあったらしい〈一七四六〉。これによって、あたかも里見領は、抗争に敗れた関東足利氏の避難所の様相を呈したのである（佐藤博信「関東足利氏と房総里見氏」『中世東国政治史論』）。このことを可能にしたのは、里見氏が関東足利氏の一族（御一家）を自負する家系であるうえに、里見領国内には彼らを実際に下支えしうる関東足利氏関係の土地や人が厳然として存在していた事実があった。そのうえで、里見氏が関東において常に北条氏に対抗するなかで最大勢力だったことや、強力な海上勢力を保有しているだけに、避難するだけでなく、再起する場所としても適していたことによるものであろう。

一方、義堯・義弘父子にとって、彼ら足利氏貴種の存在は、北条氏が擁立する古河公方足利義氏に対抗するための大義としての必要性がある。そのうえで、里見氏とすればすでに本国化した安房は無論、上総の安定支配を目指すためにも、安房・上総国内に深く根を張る伝統的な足利氏根本被官《ひかん》層や、各所に散在する鎌倉府以来の所領や諸権限を取り込む必要からも彼らの存在は重要だったに違いない。

藤氏兄弟のその後

なおこのとき里見氏のもとに逃れてきた、藤氏兄弟のその後だが、義堯・義弘父子は最後まで可能な限り庇護したようである。ただそのうち、一時とはいえ古河公方として擁立された藤氏は、永禄九（一五六六）年に北条氏との関係のなかで死亡したらしいが〈一三三〇〉、そのあたりのところはよくわかっていない。また藤政は、元亀《げんき》三年（一五七二）十二月の「鶴谷八幡宮棟札」〈一四四八〉によって、兄藤氏に代わるかたちで、里見氏より関東足利氏の正嫡と位置づけられていたことがわかる。そしてその前後に義弘や佐竹氏の支援を受けて関宿《せきやど》城に帰還がかない〈一四一七〜一八・一四五六〉、天正二年（一五七四）正月までは生存が確認できるが〈一四六二〉、その後の消息は不明である。一説に同年末に関宿城が北条氏によって落とされた際、殺害されたともいう。さらに、家国は里見氏との緊密な関係を築いて天正年間の里見氏の内訌（天正の内乱）も乗り切るが、やはり里見氏のもとに庇護されていた小弓公方足利氏の血筋に最後は収斂されるかたちで、その歴史的役割を終えたらしい（佐藤博信『中世東国政治史論』）。

また、小弓公方足利氏の血筋は、北条氏が滅亡した天正十八年（一五九〇）の小田原合戦後に、豊臣秀吉の処置によって、古河公方家と合体したうえで下野喜連川《きつれがわ》家として再興され、その血脈を後世に残している。

第七　第二次国府台合戦

一　葛西城をめぐる攻防

葛西の歴史的位置

謙信が本国越後に帰国後、北条氏は反転攻勢に出て、里見氏は岩付城《いわつき》（埼玉県さいたま市）の太田氏とともに、北条氏と再び抗争を繰り広げることになった。このとき、まず攻防の中心となったのが下総葛西城《かさい》である。その葛西の地は、先にも触れたように、軍事的要衝というだけでなく、水上交通・陸上交通によってもたらされた経済権益と深く結びついていたのである。

したがって葛西城を押さえることは、この地域の経済活動に直接介入できることのみならず、河川・陸上交通によって結ばれたその背後に存在する武蔵・下総内陸部の経済活動や軍事活動をも掌握することを意味する。

公方領の要の地

ただ葛西城を中心とするこの地の重要性は、それだけに留まらなかった。当時の古河《こが》公方《くぼう》領は、古河のある北下総を中心に南下野・東武蔵を含み中央を旧利根川《とねがわ》水系が流れる地域と、西上総で江戸湾に注ぐ養老川《ようろうがわ》の沿岸に位置する真野郡《まの》（千葉県市原市）を含む地域の大きく二つにわかれ、これらの地域は旧利根川水系と江戸湾交通、養老川水運という水上交通で比較的容易に結ばれていたという。そして葛西の地は、両地域を結びつける要の位置にあり、上総にあった足利根本家臣との連携をとるうえでも、不可欠な地域であったという（長塚孝「葛西公方府の政治構想」）。となれば、鎌倉府や足利氏の旧領がもたらす諸権益を吸収し発展してきた里見氏にとっても、このような地理・政治上の要地に位置する葛西地域の掌握は、まさに悲願とするものだった。

葛西城をめぐる争奪戦

その葛西城は、山内《やまのうち》上杉氏の宿老家大石氏の持城だったが、天文《てんぶん》七年（一五三八）の第一次国府台《こうのだい》合戦の直前に北条氏によって攻略され、以後は、北条氏の下総国内における最重要拠点城郭として位置づけられてきた。ところが先にも触れたように、謙信が侵攻してきた年の永禄《えいろく》三年（一五六〇）末頃、里見氏（正木氏）は岩付太田氏とともに、これを攻略していた。謙信は翌四年の六月下旬にはいったん帰国したものの、同年十一月には当時古河城にあった関白近衛前久《このえさきひさ》の要請によってまた関東に出馬し、北関東で越年したが、同五年四月、それ以上南下することはなく越後に帰国した。一方、北条氏康《うじやす》は、その前の二月以降から葛西城を奪回する作戦を開始したのである。

そのときの戦況を伝える「本田文書」「吉田文書」（『戦国遺文　後北条氏編』七五〇・七五九・

七六五号）などによると、氏康の意向を受けた本田氏は、配下の「忍《しのび》」に加え、北条方江戸衆の強襲によって、同年四月二十四日には奪回に成功したらしい。ここでいう「忍」とは、夜の闇に紛れて城の一画に忍びこみ放火や攪乱戦術をとった者、すなわち忍びの者たちのことであろう。当時とくに攻城戦における忍びの者たちの活躍は頻繁にみられた事実で、決して江戸時代以降に想像でつくられた絵空事ではない。それはともかくとしても、葛西城が北条方によって再び奪取されたという事実は、このあたり一帯をめぐり、里見氏・太田氏と北条氏の間でさらなる争奪戦が激化することを意味した。

岩付太田氏

このころ関東の謙信方にあって、里見氏と政治的に深く結びついていたのが、岩付太田氏だった。その家系は、江戸城を築いたことで名高い太田道灌《どうかん》の養子資家《すけいえ》から始まり、五代にわたって武蔵国岩付城周辺地域を支配しており、ときの当主は資正《すけまさ》（三楽斎《さんらくさい》）だった。彼は天文十年代から北条氏に従属していたが、謙信が関東へ侵攻してきた永禄三年頃に、北条氏康の必死の引き留めにもかかわらず離反し、上杉氏方についた。そして同年十二月には、謙信と里見氏の間の取次を務めていることが確認される〈一〇三二〉。その後、謙信に従軍し、小田原城攻囲戦やその後の一連の軍事行動に参加し、またこの過程で、かつて自身の属城であった武蔵松山城（埼玉県吉見町）の攻略にも成功していたのである。

ところが、謙信が永禄五年四月に帰国するや、ここでも北条氏の反攻がはじまった。同年末から北条氏は、当時同盟関係にあった甲斐武田氏とともに松山城を包囲したのである。その報を聞いた謙信は救援のために再び上野国に向けて出陣し、さらに小田喜城の正木《まさき》信茂《のぶしげ》を通じて里見氏にも出陣を促した。義堯・義弘父子はその要請に応えて下総「市川十里之内」に陣を取り、さらに松山城の近く武蔵国内まで出陣したが〈一〇九三~九四〉、松山城は翌永禄六年二月に陥落し、里見氏の軍勢はいったん上総に帰陣した。このとき葛西城周辺で里見・北条両勢力の一部による小規模な戦闘があり、後年それが第二次国府台合戦と混同された可能性もあるだろう。

二　謙信からの出陣要請

情報戦の様相

松山城を落とした北条氏は、次いで太田氏の本拠岩付城への圧力を強めてきた。このような情勢のなか、関東では北条氏に従う者、上杉氏に従う者、また武田氏の動向を気にする者、どちらとも決しかねない者など、それぞれが自身の立ち位置を決めるため必死になって情報収集に努めていた。そのためこの時期にやりとりされた手紙は多く残されているが、憶測やデマ・誤報・偽情報というものも散見され、一つ判断を誤れば自身の存亡にもつながるだけに、それぞれがより正確な情報を求めて活発な動きをみせており、さながら情報戦の様相を呈していたのである。

そして永禄六年（一五六三）も十二月になると、いよいよ岩付城が危なくなってきた。そんなころ久留里《くるり》城の義堯のもとに謙信からの手紙が届いた〈一一一五〉。

謙信からの手紙

ここで謙信は、「岩付の太田氏救援のためにも、武田氏と結んだ北条氏を討つためにも、今が絶好の機会であり、急いで精兵を率いて参陣し、その際は岩付の太田資正と連合すべきだ」ということを、義堯に要請してきたのである。

常陸の佐竹義昭《さたけよしあき》からも、これと一日違いの手紙が義堯のもとに届いた〈一一一六〉。その内容は謙信の越山があったことを伝え、かねての約束通り義堯に出陣を促すが、一方小田氏や那須氏の動向といった佐竹氏の関心のあることを述べるなかで、義堯の本心をしきりに探ろうとしていた。佐竹義昭も今後謙信とどのように関わっていいのか、考えあぐねていたのだろう。そうこうしている間に時日ばかり過ぎていったが、義堯は動かなかった。義堯もここが切所《せっしょ》と判断し、慎重になったのであろう。

義堯の矜持

義堯は、永禄三年に謙信が関東に越山してきて以降、窮地を救ってもらった恩義に報いるためにも、毎年のように繰り返される謙信の出陣要請、すなわち事実上の参陣命令に従ってきた。このことは謙信からすれば、里見氏の窮地を救ったことに対する自負心や、また山内上杉氏の名跡を継承して関東管領《かんとうかんれい》に就任したいま、里見氏本国の安房国をのちのちまで自身の分国と見なし、里見氏を自身に従属する国衆の一つのようにみているこ とからすれば（前出三頁「上杉輝虎願文」）、当然のことであった。

とはいえ、義堯には義堯の矜持があった。ややもすれば義堯の自尊心を傷つけるような態度による謙信からの要請は、次第に心情的に受け容れがたいものになってきた。しかもたび重なる大規模出兵は、経済的にも軍事上からも極めて大きな負担であるにもかかわらず、里見氏にとって直接的な利益はほとんどなかった。

さらに、それとは別に、義堯にはもともと江戸湾交通の要衝たる江戸湾奥に重大な関心があったが、謙信の要請はそれとはまったく異なるものだった。したがって、どうせ出馬するなら、その際には、自身の関心事の方も合わせてどうにかしたい、と義堯が考えたのも無理のないところだろう。ただそのようなことは、謙信からすれば出陣を躊躇しているようにしか見えなかった。しかも何度も送っている手紙に対し、義堯だけでなく義弘も返事をしなかったらしい。苛立ちを募らせた謙信は一ヵ月後、再び義堯父子に督促の手紙を認めた〈一一二四〉。

義弘の出陣

そこで謙信は、北条と武田の連合軍が上野へ攻めてきたので好機と思ったが、あまりにあなたたちの参陣が遅かったので「擒《とりこ》同然の凶軍を取り遁《のがす》すこと無念至極」であったと恨みっぽく告げ、ただ氏康は松山城にあり、信玄は西上野にまだいるので、「夜を以って日を継ぎ着陣あり」と大至急の参陣を促してきたのである。その上で「（永禄三年の）久留里御籠城難儀におよばれ候刻《きざみ》、自讃ながら、輝虎ふところの口へ打ち越し」たことであなたたちは助かったのではないかと強調し、「今般南敵（北条氏）を根切枝葉断絶の稼《かせ》ぎ、この辰《とき》にきわまり候」と断じ、「今のままでは先祖代々の名誉に傷がつくし、このような態度をとり続けるなら今後は一切お便りしない」と、脅しともすかしともつかぬ言葉を並べ立て、義堯・義弘に対し武蔵への参陣を強く求めてきたのである。

このことに対して義堯・義弘がどのような反応をしたかわからない。ただそれからまもなくして里見軍は動いたが、どうやら義堯は出陣しなかったらしい。すでに自身は齢《よわい》五十八になっており、一方、子息の義弘は三十九歳の経験豊富な堂々たる武将に成長していた。義弘にすべてを任せてもまったく心配はなかったのであろう。あるいは義堯は謙信の執拗なまでの要請に、嫌気が差したのかもしれない。

したがってこれらのことからみれば、直後に起こるいわゆる第二次国府台合戦の構図は、大局的にみれば上杉氏と北条氏の関東覇権をめぐる抗争のなかの一幕だったともいえる。ただ里見氏としては、そのなかに埋没するのではなく、当然独自の判断と利害を計算しての出陣だった。

里見軍の国府台着陣

義弘が市川まで進軍し、北条方の葛西城を川一つ隔て臨む市川国府台に陣を敷いたのは、永禄六年（一五六三）も終わろうとする閏十二月の末だった。このとき義弘が国府台に陣を敷いたことは、約四半世紀前と同じく、その地が太日川《ふといがわ》の水上交通を利することで、関宿《せきやど》、さらに上流にあって危機的状況にあった岩付城を視野に入れることが可能な場所だったからであろう。ただそれ以上に大きな理由は、この時期（グレゴリオ暦では二月末）は渇水期で、太日川の水位も下がっていたので、渡河して指呼の間にある葛西城を狙うにしても、兵糧その他の軍事物資の調達という側面からいっても、最適の場であったからだろう。

永禄の飢饉

またこの年を含む永禄年間（一五五八〜七〇）は、現在歴史用語として「永禄の飢饉」という言葉も生まれるほど、関東では慢性的な飢饉が続き、食料不足はどこでも深刻だった。この時期に毎年のように関東へ越山してきた謙信の目的の一つが、端境期における自国の口減らしと他国での略奪という飢餓対策の一面もあった（藤木久志『雑兵たちの戦場』）といわれるゆえんである。

ただし、そのようななかで太平洋岸を除いた下総では、永禄九・十年（一五六六・六七）から元亀年間（一五七〇〜七三）に至っても、比較的米・麦の収穫があった。またそれらの物資が集積されていたことで、飢饉に陥っていた隣国常陸に米や麦を売るぐらいの余裕がまだあったようである（「烟田旧記」『千葉県の歴史　資料編』中世5）。このように下総は、生産性においても、また物資の集散地としても関東経済における最重要な地であり、とりわけ船橋・市川・小金《こがね》・葛西といったところはその中心に位置していた。したがって義弘がここに陣を敷いたのは至極当然のことであった。またこの時点で謙信は上野国和田城（群馬県高崎市）あたりにいたとはいえ、謙信と連携をとる際にも国府台はそれほど不便ではなかった。

義弘の狙い

だが義弘の真の狙いは、この機会を利用して再び葛西城を奪うことだったらしい。しかしそのことは当然のことながら北条側も読んでいた〈一一二六〉。

ところが年が明けたか明けないころ、双方に驚くべきことが起こった。江戸地域最大の領主である太田康資《やすすけ》が、北条氏から離反して里見氏の陣営に走ったのである。この太田康資は、江戸城を築いたことで有名な太田道灌の支流の子孫で、今は北条氏配下になって北条家中でも屈指の大身となっていた人物である。ただどうやら自身の家中で政治対立があったことや、所領のことで北条氏に不満があったらしく、この機会に里見氏側に寝返ったとみられる（黒田基樹『北条氏康の家臣団』）。氏康はその報せを受けて、康資の行動に従わなかった太田家家臣の恒岡氏らに対し、葛西城の備えを固くすることや里見氏が攻めてきたときの対応について指示した〈一一二六〉。そしてこのとき氏康も決戦の場が葛西周辺になると予想し、急ぎ江戸近辺にいる遠山氏らの諸将に葛西への出兵を指示した可能性が高い。

米商人との交渉

一方、市川国府台に着陣した義弘は、さっそく米の買い付けに奔走した。これから戦争をするにしても兵糧の確保が重要であったし、同盟軍たる太田資正父子の岩付城に救援物資として送ることも喫緊の課題となっていたのである。その噂を聞きつけて、この時、市川や隣接する船橋には、米を調達し売りさばく商人たちが集まってきたに違いない。ただここで義弘にとって大きな誤算があった。米商人たちは里見氏の足下を見透かして法外な値段を要求してきたのである。ここから里見氏側と米商人とのあいだで値段の交渉が始まったが、その折り合いがなかなかつかぬまま、いたずらに時間がすぎていった。そしてこの様子は、市川に隣接する小金城の高城胤吉《たかぎたねよし》や江戸在城衆から、北条氏康のもとへ逐一報告されていたのである〈一一二八〉。

三　国府台の激闘

国府台合戦に関わる史料

年が明けて永禄七年（一五六四）の正月早々、このような状況を知り、北条氏康は里見氏との決戦を決断した。いわゆる第二次国府台合戦である。ただご多分にもれずこの合戦についても、戦いそのものに関する史料は残されていない。したがって今なおほとんどが江戸時代以降に成立した軍記物や系図によって戦いの様子は語られているのである。ただそのなかで、「北条五代記」の国府台合戦に関する記述は、同書によれば、合戦の翌日（つまり一月九日）氏康が小田原の留守を預かる伯父北条幻庵《げんあん》へ合戦の一部始終を書いて送った文書に拠るものだという。それを信ずるとすれば、「北条五代記」が描く合戦の様子は、軍記物といえどもかなり正確なものといえるが、残念ながらその根拠とする文書については、原本はおろか、写しの形でさえ伝わっていない。

ところが近年、それに類似するような（同年）正月八日付で北条氏康・氏政父子が北条幻庵らに戦況を伝えた文書写〈二七六八〉が見つかった。だがその内容を詳細に検討する限り、疑問点や不審なところがあり、今の段階では基本史料になるとは断じえない。

そこでここでは、それとは別の確実な史料や、状況証拠なども駆使して少しでも合戦の実像に迫ってみたい。

西原文書

このとき氏康が配下の伊豆衆西原・秩父両氏に対して発した出陣要請書が残っている〈一一二八〉。従来から国府台合戦の具体的状況を示す唯一の史料とされているものである。

> 房州衆五、六百騎にて市川に陣取り、岩付へ兵糧送り候、しかるにねたん（値段）問答にて、今に指しのび候、この時打ちて取る所のよし、江戸衆・高城以下数度申し越す間、

明日五日当地より具足にて、腰兵糧を乗馬に付け、おのおの懸け候、しからば、必々明日昼以前に当地へ打ち着くべく候、兵糧無調候わば、当地にて借るべく候、もとより三日用意に候間、陣夫一人も召し連れず候、人数馳せ着き次第、馬上にて鑓を持ち、必々明日五日昼以前、打ち着くべく候、一戦儀定むる間、中間・小者なれ共、達者の者共、残らず召し連るべく候、土屋・大見衆へ、この分堅く申し遣すべく候、恐々謹言、

正月四日　　　　　氏康（花押）

秩父殿

西原殿

ここで氏康は「必ず明日五日の昼まで参陣してくるように、もし兵糧が準備できなかったらこちらで貸す。三日分の準備だけで良いので、荷物運びの人夫はいらない。槍を持って必ず明日の昼まで小田原に来い。決戦と決まったのだから、たとえ下働きの者でも腕が利くなら連れて来い」と命じており、ここから彼の決戦にかける具体的な指示と、一刻を争う緊迫感が伝わってくるようである。

一方、里見氏側でも、前述のごとく江戸衆の太田康資が北条氏から離反して里見氏の陣営に入り、また岩付城の太田資正もようやく里見軍に合流するなど、好材料が揃った。

そしてここに、北条・里見両軍の合戦となったのである。

合戦の日にち

その合戦の日について、江戸時代半ば以降に成立した「北条記」(『北条史料集』)・「関八州古戦録」(『改訂関八州古戦録』)・「房総里見誌」などの軍記類では正月七日から八日の二日間にわたったとするものが多いが、「北条五代記」では正月八日の一日だったとする。

また、この合戦で戦死した江戸城将遠山綱景《とおやまつなかげ》の子孫で、幕臣となった家系では、直景(正しくは綱景)は永禄七年の正月七日に戦死した(つまり合戦は七日～八日の二日間)と寛永《かんえい》二十年(一六四三)に成立をみた「寛永諸家系図伝(紅葉山文庫旧蔵冊一〇四)」所収「遠山氏系図」にある一方、同系図集の別伝では、その年代自体を永禄六年とするものもある。しかも同じ遠山家でも、尾張徳川家に仕官した系統が藩に提出した家譜「尾張藩藩士名寄」(寛政九年〈一七九七〉成立)によれば、同人は永禄七年正月八日に戦死したとあるように、同一家の所伝でもすでに江戸時代初期から混乱がみられているのである。

さらに房総側の史料である「海上《うなかみ》年代記」では、合戦日を正月七日とするように、この点については各史料まちまちでどうもはっきりしない。

先制攻撃による緒戦の勝利

しかし合戦の概要については、緒戦において里見軍が大勝し、北条方は遠山・富永といった頭立つ武将が討ち死にした。その後、北条軍が反攻に転じ、最終的には里見軍が大敗を喫した、という粗筋については、軍記・系図類ともに一致しているのである。

そして確実なことは、この合戦が極めて大規模なもので、北条方も大きな犠牲を出したことである。北条方は、遠山綱景・隼人佐《はやとのすけ》父子や富永康景、本来古河公方足利義氏の家臣でありながら事実上北条氏の家臣となっていた土肥中務太輔《ママ》など、実に多くの戦死者を出しているのである（〈一一四二〉、「寛永諸家系図伝」・「御府内備考」他）。なかでも遠山綱景は、直近の北条氏の家臣団名簿ともいえる「（小田原衆）所領役帳」（『戦国遺文　後北条氏編』別巻）で家臣中第三位の役高を有した北条家中屈指の大身であり、また富永康景も江戸城代として房総対策を担った中心的存在だった。北条軍がこれほど大きな犠牲を出した合戦は、戦国期を通じて他に例がないほどである。

では実際の合戦だが、里見軍の緒戦の勝利がほぼ動かない事実で、北条方の戦死者の主な顔ぶれをみると、遠山・富永・土肥など、もともと葛西地域を管轄する江戸城関係の人たちが多い。それに加えて、氏康率いる本隊は、五日に小田原を発った後、いったん江戸城に集結してから国府台に向かったと考えられる。そうすると国府台への到着は移動距離的に見て、どうしても八日以降になることなどを考慮すれば、実際のところは、北条軍の陣容が整わないうちに義弘の方から先制攻撃をしかけ、それが緒戦における里見軍の勝利という結果になったのではないだろうか。

この義弘の決断の背景には、江戸から葛西周辺の事情を熟知する太田康資が自陣営に加わったことも大きかったに違いない。またそのことによって、刻々と小田原から氏康本隊が接近している情報は、当然義弘も手に入れていたに違いない。ただ、里見軍は勝利をそれ以上拡大することはできなかった。

義弘の敗北

一方、緒戦において里見軍の先制攻撃に手痛い敗北を喫した北条方だが、その後各地から兵が続々到着・合流し、そのことに力を得て義弘の拠る国府台に攻め込んだ。なかでも武蔵油井《ゆい》領（浄福寺《じょうふくじ》・滝山《たきやま》城、東京都八王子市およびその周辺一帯）を領していた北条氏照《うじてる》率いる部隊は移動距離からみてもいちはやく現場に到着し、国府台合戦における最激戦を担い〈一一三六～三九〉、さらに戦いの最終盤になって氏康の率いる本隊も駆け付けたことで数の上でも里見軍を圧倒した。そして最終的に里見軍は、小田喜正木《おだきまさき》家を継いだばかりの正木信茂《のぶしげ》や正木左近将監（平六）時邦《ときくに》ら、正木一族中の有力武将の多くが戦死し大敗を喫した、ということではなかったか。なおこの構図は、合戦が一月七日から八日の二日間にかけてのものでも、あるいは八日だけの合戦だったとしても変わらないだろう。

合戦の実際

要するにこれまでは、「西原文書」から推測された氏康の電撃的行動ばかりが強調されてきたきらいがあった。しかし実際のところは、北条方が揃わないうちに短期決戦を仕掛けたものの決めきれなかった里見方に対し、北条方は緒戦で大きな犠牲を出しながらも、かろうじて踏みとどまった。そして終盤になって氏康をはじめとした本隊が到着したことで兵力が里見軍を大幅に上回り、最終的に里見軍は敗れ、北条方の大勝利となった、というのが実状に近いのではないだろうか。

この戦いによる両軍の死者は、「関八州古戦録」では里見方「五千三百人余」で北条方「三千七百」、「海上年代記」では里見方「二千余騎」、北条方「一千余騎」と伝える。

下総に進駐した北条軍

戦い敗れた里見軍は、市川から船橋筋へと敗走したと思われる。一方、北条軍は、そのまま深追いはせず、中山《なかやま》法華《ほけ》経寺《きょうじ》（市川市）などの寺社を陣所として市川・船橋・松戸一帯に一ヵ月近くも駐留していた。このとき各地に下した禁制がいくつか残っている（〈一一三〇〜一一三二〉、「遠山家文書」）。

おそらく氏康は、このあと謙信が下総に侵攻してくる危険がまだあると判断したのであろう。事実、謙信は一月末には佐竹義昭と合流して、小田氏治《おだうじはる》の拠る小田城（茨城県つくば市）を攻略したので（「烟田旧記」「千妙寺文書」他）、さらに南下して下総近辺に侵攻してくる可能性も十分あったのである。また氏康・氏政父子としても、戦前までこの領域の差配を任せていた遠山・富永の両将を失ったことに加え、この葛西や市川・船橋・松戸といった地域の重要性を考えると、急ぎ強固な支配体制を再構築する必要もあり、すぐにこの地から引き上げるわけにはいかなかったのであろう。

しかも北条軍の大半は、戦場到着のためのスピードを重視したこともあって、兵糧その他の準備が不十分なまま合戦に駆けつけていた。また予想以上に犠牲が出たため、里見軍を追撃するだけの準備も余力も残っていなかったに違いない。そのため比較的物資が充足されていたこの地に留まり、ここで陣容を整備し直す必要もあったのである。北条氏としてもギリギリの勝利だったのであろう。

その後、謙信が下野佐野（栃木県佐野市）に退却し、下総襲来の可能性が無くなったことを受けて、氏康はこの地域の支配を現地事情に明るい高城氏に委ねて、二月上旬にようやく江戸城に帰還がかなった（「（永禄八年）二月十三日付北条氏康書状」〈山梨県立博物館所蔵文書〉）。さらに小田原への凱旋はその後だった。

したがって、軍記物などにあるように、このとき北条軍がそのまま里見軍を追撃して上総まで侵攻したというのは事実ではない。再度北条氏が房総へ侵攻するのは、その約半年後の同年七月あたりからのことである〈一一四七～四八〉。

現在第二次国府台合戦といわれている戦争はこのようにして終わった。ただこの合戦の結果によって、江戸湾奥の経済拠点の争奪戦、という構図の最終的な決着がついたわけではなかった。その後も里見氏は、断続的に市川・船橋近辺を攻略し、葛西城奪取の望みも捨ててはいなかったのである。そしてそのような状況は、基本的に北条氏が滅亡するまで続くのであった〈二二六八〉。

第八　混沌とする関東の争乱

一　正木時忠の離反

時忠離反の動き

国府台《こうのだい》合戦敗戦の余燼がまだ消えていない永禄《えいろく》七年（一五六四）五月、義堯・義弘父子のもとに驚くべき報せが飛び込んできた。勝浦城主の正木時忠《まさきときただ》が北条氏の陣営へ走ったのである〈一一四六〉。時忠は兄時茂《ときしげ》とともに常に里見軍の主力を構成し、永禄四年に時茂が死去した後は一門の長として、また対外的にも里見氏を支える中心的人物だった〈一一二六他〉。

しかもこのとき、時忠とともに里見氏を支える中核的存在であるはずの小田喜《おだき》正木家では、家督を継いで間もない信茂が第二次国府台合戦で戦死し、すぐに後継者も決まっていない状況だった。それだけに、敗戦で傷ついた義堯・義弘父子に追い打ちをかけるようなこの衝撃は、その情報を義弘からの手紙で伝え聞いた謙信《けんしん》が「言語に絶し候」と表現したほど大きなものだった。

ただ、おそらくかなり以前から時忠のもとには、里見氏を背後から脅かす時忠の実力が欲しい北条氏からの強い誘いがあったに違いなく、また時忠とすれば、一度手に入れかけた太平洋海運を含めた香取《かとり》の海の利権を、国府台合戦の敗戦によって、簡単には手放したくない事情もあったのであろう。

時忠離反の動きは、領域を接する同族正木大炊助の拠る一宮城（一宮町）を攻略したことで一気に表面化した〈一一四六〉。時忠・時通《ときみち》父子が一宮正木氏を攻撃した理由は、里見氏か北条氏どちらに付くかという政治路線の違いに加え、同族とはいえ、日頃から所領争いがあり、さらに一宮は観明寺《かんみょうじ》や玉前神社《たまさきじんじゃ》とその門前に成立していた宿《しゅく》が一体となって大いに発展していた様子がうかがえるので〈一一五六・一二二二〉、そこからもたらされる富を巡っての紛争が生じていたことも想定される。

北条氏による房総侵攻

同年七月、正木時忠の動きに呼応して北条氏政《うじまさ》が上総に侵攻してきた。その矛先は上総一宮に隣接する高根（長生村）付近や〈一一四七〉、池和田《いけわだ》城（市原市）へ向けられた。またさらに氏政が時忠の要請を受けて万喜《まんぎ》城（いすみ市）に「押し寄」せ、次には一転して西上総の佐貫《さぬき》城を攻めてくるなかで、安房には北条氏繁《うじしげ》が率いた船二〇〇艘からなる水軍が、館山湾の西荒井の島（高の島カ）湊から上陸してきた。このとき館山平野は「十里の間悉く亡郷」し、里見氏所縁の那古寺《なごじ》や延命寺《えんめいじ》などが焼き払われるなど、氏繁率いる北条水軍衆によって館山平野一帯を蹂躙された〈一五八一〉。義堯・義弘父子としては、ここはじっと耐えているしかなかった。

かくして真里谷《まりやつ》武田領だった西上総の大半は、北条氏によって再び接収されてしまい、北条氏はそれらの大半の地を、千葉氏に従うなかで最大国衆である原胤貞《はらたねさだ》に任せたのである〈一一七六〉。千葉氏はこれ以前、里見氏や正木氏の香取侵攻に対抗するために、北条氏に支援を受けるという政治的選択をしたが、それは多分に千葉氏の独立性を損ない北条氏の政治介入を受ける危険性を伴うものであった。このときの北条氏による原氏への処遇は、まさにそのことを端的に表すものであった。

国府台敗戦の痛手

そしてこれらの事実によって、この時点における房総の勢力図は、里見氏と小田喜正木氏が確保していた安房と上総の中東部、それに土気《とけ》酒井氏の支配領を除けば、ほぼ全域が北条氏の影響下に塗りつぶされたのである。なお、このとき久留里《くるり》城も一時的に北条氏によって攻略されたとする説もあるが、その根拠となる史料（「安得虎子」『小田原市史資料編中世Ⅲ』小田原北条2、一九一九号）は、年代・内容ともに問題があることから、それは事実ではない。

それはともかく、永禄七年という年は、義堯・義弘父子にとってこれまでにない大きな試練の年となったのである。

太田資正、岩付城を追放される

一方、第二次国府台合戦の敗北で、里見氏とともに一時的に上総への撤退を余儀なくされていた岩付《いわつき》城主の太田資正《おおたすけまさ》は、その年の四月から五月になって上総土気城（千葉市）の城主酒井胤治《たねはる》の尽力によって、ようやく岩付城に帰還がかなった〈一一四四〉。酒井胤治は、北条氏の戦後処遇を不満として、国府台合戦後に北条氏から里見氏側に転じた数少ない存在だった〈一一五九〉。その酒井氏は水上交通機能に加え、陸上交通にも優れた能力を持っていたことから、資正の帰城が可能となったのであろう。

しかし同年七月、その資正は、北条氏と通じた嫡子氏資《うじすけ》によって岩付城から追放され、城は北条氏によって攻略されてしまった。その後、資正は出家して三楽斎道誉《さんらくさいどうよ》と名乗り、二男の梶原政景《かじわらまさかげ》とともに、佐竹義重《さたけよししげ》に客将として迎えられ、常陸国片野《かたの》城（茨城県石岡市）の城主となった。その後も終生岩付城への復帰の機会をうかがい、また反北条氏勢力を糾合して北条氏と対決し続けたのである。とりわけ三楽斎道誉は、その抜群の知名度や情報収集能力の高さから、後年「関東の策士」と評されたように、里見氏をはじめとする関東諸氏の間にあって交渉を取り次ぐような役割を果たし、長い間活躍し続けた。

また、国府台合戦直前に里見氏の陣営に入った太田康資《やすすけ》も、敗戦後は、里見氏とともに房総に撤退し、久留里城の義堯のもとにあって、しばらく今の外交顧問のような役割を担っていたが、義堯死後は正木憲時《のりとき》からの要請で小田喜に移り、そこでも同様に対外交渉の一翼を担って活躍した。

二　臼井城合戦

酒井胤治の奮戦

翌永禄八年（一五六五）二月、国府台合戦後に里見方に与した土気城の酒井胤治は、北条氏政とそれに従う原氏や東金《とうがね》酒井氏の激しい攻撃に連日さらされていた。

そのとき彼が上杉謙信に送った手紙が残っている〈一一五九〉。それによると胤治は、二月十二日、土気城内宿城《しゆくじろ》において、攻め寄せてきた原氏配下の原弥太郎以下五〇余人を討ち取った。翌十三日には、金谷口に攻めてきた東金酒井氏の軍を、息子左衛門尉康治が迎え討ち、河島新左衛門尉など名のある武士をはじめ一〇〇余人を討ち取った。さらに同日、善生寺口においても一〇余人を討ち取るなど、必死の防戦につとめていたが、胤治が期待した里見氏からは「一騎の合力」もなかった。

義堯としては、援軍を送りたいのはやまやまであったろうが、正木時忠の叛乱と北条氏の侵攻を受けた直後のいま、土気城に援軍を送る余裕はまったくなかったのである。

そこで胤治は謙信に、「たとえ関東中の諸氏が悉く氏康・氏政へ従おうとも、自分だけは義堯父子を守るつもりである」と、自身の窮状と謙信にとっても重要なパートナーであるはずの里見氏の状況も伝え「急速」なる越山を懇望したのである。

しかし謙信もすぐには動けず、その時は河田長親《かわだながちか》らの家臣の出馬にとどめただけだったが、その年末には謙信自身が春日山を出て、関東に入ってきた。これは胤治のような関東諸氏からの要請があっただけでなく、里見氏のもとに身を寄せていた足利藤氏《ふじうじ》から、自身の古河《こが》城帰還を強く要望してきたことを受けての出陣だった〈一一九一・一一九三〉。

藤氏は謙信出陣の報を受けると小躍りして喜び、下野国の小山秀綱《おやまひでつな》に宛てて十二月三日には「其の方の年来の忠信もこの時」であるとし〈一一九二〉、さらに同十二月二十六日には「自身下総に向け動座するつもりである」こと、その際は「かねての手筈通り秀綱の父高朝《たかとも》とともに里見義尭・義弘父子と協力して自分を助けてほしい旨」を伝えている〈一一九四〉。反北条勢力の人々にとって、謙信の越山こそ、まさに待ちに待ったものだったのである。

謙信からのたび重なる出陣要請

その謙信は上野国内で越年、翌永禄九年（一五六六）二月には常陸小田氏を攻略後、下野佐野（栃木県佐野市）から上野館林《たてばやし》（群馬県館林市）に移陣、そこからさらに関東諸氏との約束通り下総に入り、北条方にあった高城氏の拠る小金《こがね》城を包囲したのである〈一一九九～一二〇〇、一二〇七〉。

この一連の軍事行動には、結城《ゆうき》氏をはじめとして、このとき謙信に従っていた関東諸氏がほとんど動員されていた〈一二〇二〉。もちろん里見氏もその例外ではなかった。このとき謙信側に動員された面々を書き上げた史料〈一一九八〉には、里見軍を意味する「房州衆」が、関東諸氏のなかでも最大の五〇〇騎の参陣を期待されていたことがわかる。

義弘はこれより少し前、謙信の参陣要請に充てる費用を捻出するため安房国内の家ごとに棟別銭《むなべちせん》（臨時税）を課したが、ここで妙本寺は前例をあげてその赦免を訴え、最終的には義弘にそれを承諾させた〈一一九〇〉。おそらくこのような事例は他にもあったはずである。謙信のたび重なる参陣要請は、莫大な出費を伴うだけに、里見氏にとっても、それを下支えする者たちにとっても大きな負担になっていた。それだけに、義弘としても謙信の要請に応えてすぐに出陣することには、たとえそれが足利藤氏の古河帰還、すなわち古河公方擁立という大義を掲げたものとしても、実際のところどうしても消極的にならざるをえなかったのであろう。

小金城攻撃

しかし里見氏参陣の有無は、全体の動向に関わる大問題だった。謙信からすれば二年前の国府台合戦の直前も、自分の思い通りにならない里見氏の様子に苛立ちを募らせ、しかも北条氏からの要請もあってか甲斐武田氏の背後の動きなどで結局連携がうまくいかないうちに里見氏が敗戦、自身も撤退の止むなきに至った苦い思い出がある。そこで謙信側も、なんとか里見氏を一刻も早く戦線に引きずり出すために、今回の動員の主目的は「金口《こがねぐち》」、つまり小金領攻撃だということを義弘に示したらしい〈一一九八〉。里見氏にとって、小金や葛西・市川・船橋といった江戸湾奥の権益獲得は悲願であることを謙信もよくわかっていたのである。

　このとき謙信に応じて参加した結城晴朝《はるとも》が、合戦後に家臣の小塙氏に宛てた感状〈一二〇七〉が残っている。そのなかで晴朝は「今度総州金《こがね》並びに臼井《うすい》の両地に於ける動《はたらき》」を「神妙」と賞しているように、確かに小金城に対する攻城戦もあったのである。ただ謙信は小金城を本気で攻める気はなく、まもなく矛先を臼井城に変えた。おそらく謙信にとって、下総侵攻は房総諸氏からの強い要請に応えたものであるが、彼とすれば千葉氏と北条氏を分断し、下総全域から北条氏の勢力を追い払うことさえできれば、今回の目的は十分と踏んでいたのであろう。

臼井城攻略戦に参加

　したがって、元服して小田喜正木家を継いだばかりの正木憲時らを率いて〈一四七三〉、ようやく参陣した義弘に対し、謙信が下した要請（命令）は、千葉氏勢力の中核である原氏の臼井城を、結城氏や土気酒井氏らとともに攻略することであった。小金城攻めはすでにとっくに終わっていたのである。また謙信はこの時、自軍の消耗をできるだけ避けるため、参陣してきた地元の兵を優先的に使おうとした。これは義弘の思いとは全く別のものであった。したがって、もともと臼井城の攻略に里見氏の戦意がないのは明らかだった。ただ里見氏に限らず、このとき関東各地から動員された兵によって構成された上杉軍の実態は、おおよそそのようなところだったに違いない。

富と人の集積地船橋

その頃、江戸湾の最奥部に位置する湊町船橋は、米を中心とする物資の集散地であることから、兵糧を調達する船や売りさばこうという商人などが湊に集まり、またそれらを対象とした市も開かれていた。そしてこの地に所在する船橋大神宮は、当時船橋湊に関する大きな権限を持っていたのである。

永禄九年三月、この地に河田長親をはじめとする上杉軍の一隊が駐留した。おそらく上杉軍はここで兵糧などの物資を調達し、現在の成田街道を通じて臼井方面にいる自軍に搬送していたのであろう〈一二〇五〉。

またこの頃、船橋と何らかの関係を持っていたのが近藤万栄《まんえい》（「満栄」とも）である〈一〇一三〉。彼は、これより少しあとの永禄十二年、里見氏の軍勢によって葛西城が攻められようとしたときには、北条氏から「鉄砲・玉薬」を葛西城に搬入するよう求められた人物でもあった〈一三一四〉。「鉄砲・玉薬」は、当然畿内から太平洋海運を通じて購入してきたものであろうことから、彼はそれらを調達し、運送する能力を持っていたことになる。おそらく近藤万栄は、巨大な商圏と輸送力を持ち、そこから築き上げた富を背景に、江戸湾屈指の湊町船橋に対して、大きな影響力を発揮していたのであろう。彼こそ

臼井城側の反撃

臼井城跡本丸堀跡

当時の湊町船橋を象徴する人物の一人だったに違いない。

さてその臼井城だが、現在城跡に登ってみると、本城とされる部分と、それを中心に周囲をぐるりと取り囲むように中小の城郭を配置する外郭ラインを構成していたことがわかる。したがって、これらをすべて一つの城郭と考えれば、臼井城は当時、房総屈指の大規模城郭だったことになる。またさらにその外側の一画には現在、「謙信一《けんしんいち》夜《や》城《じょう》跡」との伝承を残す地が存在する。この一夜城跡は発掘調査によれば、ほとんど生活痕がないものの、堀切などが明確に残され、いかにも一時的に使用した陣城《じんじろ》の遺跡と推定されている。

おそらく謙信は、ここを陣所として攻城軍の采配を振るったのであろう。

そして三月二十日頃には、上杉軍は兵力に物を言わせてとうとう本丸に相当する「実《み》城《じょう》」に「堀一重」までに迫っていた〈一二〇一〉。ところが籠城軍もそれからよく耐え、以後しばらく双方の攻防相半ばする激戦が続いた。そして三月二十三日、籠城軍の必死の反攻で攻城側は多数の死傷者をだし、とりわけ最前戦にたたされていた義弘や酒井胤治などが率いた房総将士は大きな犠牲をだしたらしい。こうなると、寄せ集めでもともと戦意がない集団のことである。その日の夜半になると逃走する将兵が続出し、ついには攻城側の「房州衆（里見軍）・酒井の陣は悉く明き」だらけの状態になってしまうありさまであった〈一二〇三〉。そして引き続き二十四日の戦闘も籠城側の勝利に終わった〈一二〇八〉（外山信司「上杉謙信の臼井城攻めについて」）。

このような状況を受けてか、謙信は同二十五日、突如臼井城より撤退し、そのまま厩《まや》橋《ばし》を経由して越後へと帰国してしまった。ちょうどそのころ、次代の将軍候補と目されていた足利義秋（昭）から、執拗なまでの上洛要請が謙信本人やその重臣たち宛に届いていた（「上杉家文書」『新潟県史　資料編3中世』1、九五六〜七号）。この知らせが謙信のもとまで届いていたかはわからないが、少なくとも謙信は、この地にいつまでもとどまるのは得策ではない、と判断したのだろう。また謙信としてみれば、これは単なる局地戦にすぎず、これ以上無駄な消耗を続ける意味もなかった。さらに、もともと謙信は、足利藤氏や義堯・義弘父子が求めていた藤氏の古河城帰還と公方への復帰、といったことにはそれほど関心はなく（黒田基樹「上杉謙信と関東足利家」）、ただ関東出陣と参陣要請の名分に利用した程度にすぎなかった。したがって、この時の撤退についてもそれほど躊躇はなかったのであろう。しかしこの敗戦と撤退は、謙信にとって大きな代償を伴うものとなった。

三　謙信敗退の波紋

「謙信敗れる」の報

案の定、「謙信敗れる」の報は、関東諸氏の間で大きな波紋を呼んだ。籠城側を支援していた北条氏は、この時とばかりに謙信の敗退をことさら強調して、謙信に従属する関東諸氏に動揺を与えようとしたのである。

そのうちの一つに、氏政から松田肥後守に宛てた文書がある〈一二〇八〉。宛名の部分は後世の改ざんとみていいが、それを除けば氏政の文書として十分使用できるものである。それによると、数日前には本丸を堀一重まで追い込んでいた上杉側だが、三月二十三日の合戦では、逆に「五千余」の死傷者を出してしまったというのである。ところが現存する臼井城跡本丸部分を囲む堀の規模や、当時の合戦の常識からみても、一日の合戦で五〇〇〇人もの死傷者がでたとするにはどうみても無理がある。攻城側の死傷者については、やはり「海上年代記」が語る「三百余人」あたりが妥当なところであろう。

ただ誇張とはいえ、この「五千」という数字は、謙信敗退の事実とともに、またたく間に関東中を駆け巡った。もちろん謙信側でも、のちの上杉景勝が出したものをはじめ、感状をいくつも出して敗戦という事実を覆い隠そうとしているが〈一二〇～一二〉、それらはいかにも型どおりのものでインパクトに欠けている。

情報戦にも敗れた謙信

結局、謙信のこの敗戦は、単なる局地戦の敗戦ということではすまなかった。敗戦、そして関東からの撤退という衝撃の事実は、「五千」という数字とともに広く知れ渡った。しかも先の足利藤氏の書状にみるように、期待が大きかった分、関東諸氏からの大きな失望を招き、謙信の関東における威信は大いに傷ついた。その結果、去就を迷っていた者のみならず、結城氏など合戦の際は上杉軍だった将士の多くが、雪崩をうつように北条方に寝返ってしまった。謙信は実戦のみならず、第二ラウンドとでもいえる情報戦にも敗れ、彼が想定した以上の大きな痛手を蒙ったのである。

佐貫城の奪取

かくして第二次国府台合戦後の房総は、勝浦正木氏の離反も手伝って北条勢力が大きく拡大したが、里見氏も本国安房と上総中央部を基盤に挽回につとめ、さらに上杉謙信の直接の侵攻があって一時的には里見の勢力も回復した。ところが臼井城合戦の敗北によって謙信の威信が大いに失墜し、里見氏も勢力を後退させるというように、その政治情勢は目まぐるしく変化したのである。こうしたなかにあって房総では、北条側に与する者、上杉（里見）側にたつ者、その判断・駆け引きは難しかったに違いない。また義弘としても、ここが生き残りをかけた分かれ道でもあるところから必死であった。

そのようななかで義弘は、北条氏が永禄九年五月から武田軍の上野国侵攻に対応している間隙を縫って、西上総の要衝佐貫城を奪取したようである。それまで北条方が押さえていた佐貫城は、一時期は、古河公方足利義氏が動座していたともされるが、義弘はそれを再び取り戻し、そこを拠点に今度は北条氏から真里谷武田氏旧領を任された原氏の領域へと侵攻した。そのことがまた新たな展開を生んだのである。

四　三船山合戦の勝利

窮地に陥った勝浦正木氏

翌永禄十年（一五六七）八月、このような情勢のなかで起こったのが上総三船山《みふねやま》（君津市・富津市）合戦である。この合戦が起こる直前の六月二十七日付の北条氏政の書状がある〈一二四七〉。これは勝浦城の正木時忠父子が現下の窮状を氏政に訴えてきたことに対する返書にあたるが、これによると、里見氏の圧迫によってこのとき時忠父子は、勝浦城に籠城せざるをえない状況に追いこまれていた。そのため氏政は補給線を確保するために、難所として知られる房総半島沖を経由する太平洋海運を利用して伊豆の船を送り、どうやらその船は無事に勝浦に到着したらしい。それを受けて氏政は、「例え何年の籠城になろうとも、北条氏の支援ルートは確保できているので安心するように」とし、そして「いざという時の救援要請に応える準備はできている」と時忠父子を安心させようと努めていた。

里見氏の攻勢に晒された房総諸氏

このような状況は、おそらく原氏など房総における北条方の諸氏にも共通するものであったろう。ここにきて里見氏は再び勢いを盛り返していたのである。

このことからも、三船山合戦が起こった直接的な原因は、里見氏の攻勢によって窮地に陥った正木・原といった房総諸氏が、氏政に救援を要請したことによるものだった。そしてもしこの要請に氏政が応えねば、「氏政は頼りにならない」という風評がたちまち広まり、いったんは北条氏に従属していた者たちはもちろん、日和見していた諸氏までが、一斉に里見氏側に与することは火を見るより明らかだった。そして、さらにこのことが関東各地に伝われば、北条氏に従属している関東の国衆たちの動揺をも招き、これまで長年にかけて構築してきた北条領国の経営に大きくひびが入ることになる。北条氏にすれば、このまま正木父子や原氏からの救援要請を放置することや躊躇していることは許されない状況になったのである。ついに氏政は、江戸湾の制海権と房総半島における北条氏の基盤を確たるものにするため、里見氏との一大決戦を決意したのである。

この年の七月に、北条水軍衆間宮主水助《まみやもんどのすけ》の戦功を賞した氏政の文書が、最近確認された（永禄十年七月十七日付北条氏政判物写「間宮家文書」）。この直前の「去夏」に北条水軍は「内《うち》安房《あわ》」へ侵攻し、その際間宮氏が「敵（里見氏）の早船一艘」を捕獲する戦功をたてた。そこで、「来る調儀」（出陣＝三船山合戦）でもその活躍が大いに期待されていることがわかる。氏政としては、迫りくる一大軍事作戦を前にして、里見側の防御態勢を一ヵ所に絞らせないための攪乱戦を各地で仕掛けていたのであろう。また氏政は合戦に備え、急遽江戸湾最大の港湾都市品川で兵糧の買い付けを命じ（〈永禄十年〉六月十五日付北条家朱印状「中山福太郎氏所蔵潮田文書」『戦国遺文　後北条氏編』一〇二五号）、また三浦半島における水軍拠点浦賀においては、戦船《いくさぶね》の修理や武器・武具の製造まで行わせた（〈永禄十年〉七月十九日付北条家朱印状写「武州文書」『戦国遺文　後北条氏編』一〇二九号）。間違いなくこのとき氏政は、これまでにない大規模かつ周到な作戦と準備をして合戦に臨もうとしたのである。

そして永禄十年（一五六七）秋、氏政は大軍を率いて出陣した。攻撃の主目標は、里見北条両軍が争奪戦を繰り返してきた佐貫城の奪回と、その周辺における補給線の確保であったと考えられる。佐貫城は西上総領域を象徴する城郭であるが、いまは、里見氏歴代でも特に対岸の三浦半島、さらにその延長上の鎌倉を強く意識していた里見家当主義弘の居城となっていた。それだけに北条氏は義弘の息の根を止めるくらいの意気込みで大軍を送り込んできたのである。

北条軍の作戦

北条軍の作戦は、いつものように江戸城を拠点として、まずは下総市川で船橋を設置する手はずを整えることから始まった。その後、大軍を擁して下総から江戸湾岸に沿って上総を南下し、途中の姉崎（千葉県市原市）あたりで軍勢を大きく二手に分け、一手は北条氏照《うじてる》を主将として原氏などが待つ真里《まり》谷《やつ》要害《ようがい》城（木更津市）に向かわせた。そこを拠点に義堯の拠る久留里城へ侵攻する一軍としたのである〈一二六〇・一二六二〉。一方、それとは別に氏政が率いた主力軍は、海岸沿いにさらに南下し一挙に佐貫城を狙うこととし、また別動隊として、三浦半島から海上を押し渡って佐貫城を攻撃する水軍も用意したらしい。

三船山合戦

久留里と佐貫に兵を分けたこの作戦が、果たして二方面作戦だったか、久留里方面のそれが陽動作戦だったかどうかはわからない。ただこのとき里見軍と北条軍の主戦場となったのは、佐貫城を背後に抱く三船山（富津市・君津市）付近だった。

戦いそのものの詳細については、例によって「里見代々記」「里見九代記」「延命寺源氏里見系図」といった軍記物や系図類にしか記されていないので確かなところはわからない。ただ参考までにそれらによると、戦いが始まってから里見軍の消極的な戦いが目につき、しかも本来なら里見軍の主力を形成しているはずの正木軍の兵も一人も見えない。ということで侮った北条軍が我先にと攻めかかってきたところ、まさしくそれは義弘の術中にはまったもので、途中から切り返した里見軍や伏兵としてあった正木軍の一斉攻撃によって、北条軍は散々に打ち負け、多数の死傷者を出して敗退したというのである。

殿を担った太田氏資

このような話がどこまで真実なのかわからないが、里見軍の攻撃に敗れた北条軍が総退却に追い込まれたことだけは事実である。その最終局面で、北条全軍を逃がす盾となって最も困難な「殿《しんがり》」を担い全滅したのが、武蔵岩付城主太田氏資《うじすけ》以下の岩付衆だった。太田氏資の戦死に関しては確かな史料がいくつか残されている〈一一六四〜六六〉。

氏資の供養塔

それらによると、太田氏資が戦死したとき、氏資とともに討ち死にした家臣の功績に対して、氏政ができる限りのことをしようと奔走している姿がみてとれる。その後氏政の子が氏資の名跡を継いだことから、氏政の陰謀によって太田氏資軍が全滅に至った、などとする説もあるが、それらは結果からみた後世の創作にすぎない。

また埼玉県さいたま市岩槻区の芳林寺《ほうりんじ》には、このとき戦死した太田氏資の供養塔が現存している。芳林寺は氏資を開基旦那とする寺で、この供養塔は、その型式からみても当時のものとして間違いないものとされる。そしてその基礎部には「当寺開基昌安道《しょうあんどう》也《や》」と氏資の法号が刻まれ、側面には「永禄十一（あるいは十二）年八月二十三日」という銘文が読めることから、これは故人の一周忌（十二とすれば三回忌）供養の祥月命日を期して建てられた塔とみていい。

ここから氏資の戦死した日は八月二十三日であり、また三船山合戦の年が永禄十年として間違いない以上、三船山合戦で北条方が最大の犠牲者を出した退却の日は、永禄十年八月二十三日であったことが確定されるのである（滝川「北条氏の房総侵攻と三船山合戦」）。一方久留里方面での戦線については、史料上の所見がないので詳細はわからないが、三船山敗戦を受けて早々に退却したのではないだろ

太田氏資供養塔
（芳林寺内，さいたま市教育委員会提供）

うか。

この三船山合戦の勝利は、里見氏に再び大きなチャンスを招いた。北条氏は上総より全面撤退せざるをえない状況に追い込まれ、それに伴って北条氏から真里谷武田氏旧領の大半を与えられていた原氏も、本来の根拠地である下総小弓・臼井城へ退去した。またそのとき原氏に従っていた上総村上氏なども原氏と行動を共にしたと考えられる。その結果、里見氏は再び西上総全域を掌中に収めたのである。またその事実を受けて、ほどなく勝浦正木氏も里見氏のもとに帰順した。

三船山合戦の影響

里見氏はその後、さらに北進を続け、江戸湾沿岸部をはじめとして、上総・下総の国境線あたりまでその勢力を押し上げたらしい。翌年にはそのような情勢に士気はもとより、東金の酒井氏も里見氏の傘下に入ることを「悃望《こんもう》」してきた〈一二九五〉。このように里見氏は、三船山合戦の勝利を機に、西上総のみならず、上総のほぼ全域の主導権を手にいれ、さらに下総一帯にも進出したのである。

永禄三年から四年にかけて上杉謙信の越山によって北条氏が房総から全面撤退し、その機に乗じて下総葛西までを押さえたときと比べ、今回は里見氏自身の勝利による結果であった。したがってこのような情勢は、里見家当主義弘にとって大きな自信となっただけでなく、その高揚感を否応なく高めたはずである。

一方、北条氏とすれば、今回の上総攻略は、周到な準備をして臨んだ決戦だったにもかかわらず、手痛い敗北を喫して上総より全面撤退やむなきにいたり、主目標とした佐貫城は完全に里見氏の属城化してしまった。また合戦後、勝浦正木氏や酒井氏といったそれまで北条氏に与していた房総諸氏の大半が一転して里見氏に帰順してしまい、それまで長年築き上げてきた房総攻略の成果の大半を失ったのである。そしてさらにこのことが、江戸湾の制海権の行方にも大きな影響を与えた。これからしばらく、江戸湾上においても里見氏の優位が続いたのである。したがって、北条氏にとって、三船山合戦の敗戦は、従来の政治路線に大きな変更を迫るほどの痛手となった。

五　義堯の隠居と正蓮の死

出家と表舞台からの引退

義堯は前にも述べたように永禄五年（一五六二）三月以降永禄六年一月以前の間に出家（入道）し〈二〇九三〉、道号岱叟《たいそう》、御名正五《しょうご》を称し、それによって以後は里見入道、あるいは岱叟院などと称されるようになった〈二一一五〜一一六〉。出家の直接の契機はわからない。ただ義堯から義弘への家督の委譲は、前述のごとくすでに弘治《こうじ》三年（一五五七）以前には行われていた。

そして出家した以降も内外ともに義堯が里見氏における最高権力者として認識されていたようで、永禄半ば頃まではこの父子をさして、「義堯父子」とか「義堯・義弘」と記された史料がよく見られる。困難な状況に直面しているときだけに、たとえ家督を譲ったにせよ、威望に満ちていた義堯が表舞台から引退することは周囲が許さず、またできなかったのであろう。したがって、里見家では長期間にわたって、義堯と義弘が並ぶ二頭政治が続いたのである。

ところが、どうやら永禄八・九年頃になると、例外はあるが、史料上ではこの父子を指して義弘を主体に「義弘父子」といったように表記されることが多くなり、また義弘のみが単独で登場する史料も多くなる。義堯の居城久留里に隣接する平山集落大原神社の「永禄十年二月十八日」付の棟札〈一二三三〉には、活字本にはみえない「当地頭里見太郎源義弘」という文字が明確に記されている。さらに永禄十一年八月五日に、簗田道忠《やなだどうちゅう》（晴助）が義堯に送った書状〈一二九五〉は、義堯が「御閑居（世事を離れてのんびり暮らす）」の身であることを認識したうえで出したものであり、ここからもこれ以前の義堯の隠居が知られる。

したがって、どうやら義堯の隠居は永禄七年後半から九年の間くらいのことで、時期的にみて第二次国府台合戦の敗戦、正木時忠の反逆、という事態を受けての政治上の完全引退、すなわち隠居だったのではないか。またそこには、数年経ったとはいえ、家臣というより盟友ともいうべき正木時茂の死という現実が少なからず影響していた可能性もあろう。さらに永禄九年で義堯は、人生の大きな節目ともいうべき還暦を迎えていた。義堯としては、このあたりで自ら完全に身を引くことで人心を一新し、義弘に権力を一元化することでこの難局を乗り切ろうとしたのではないか。

それを受けてこのたびの三船山合戦の勝利だった。義弘の家中における立場は揺るぎないものとなったはずである。ただそれでも義堯の完全な引退は周囲も義弘もそれを許すことはなく、これ以後も段階を踏んで政権の完全委譲は進んでいったらしい。

「国母」正蓮の死

そのような時の永禄十一年（一五六八）八月一日の早朝、里見義堯の正妻正蓮（妙光院殿貞室梵善大姉）が五十五歳で他界した。このとき義堯はすでに六十二歳になっていた。日我が「国母《こくぼ》」と尊称したように、里見家菩提寺の延命寺で行われた彼女の葬儀には、安房・上総両国から多くの老若男女が集まり、その嘆き苦しむ声は周辺の谷峯に響き渡り、草木まで嘆きの色を示すほどであったという。なかでも一際目を引いたのは、義堯・義弘父子が人目もはばからず、声をあげ涙にむせび悲しんでいた姿である。その悲しみを共有すべく、日我はそれを「夫婦・親子の恩愛の中程、哀なる事は世にあらし」と書き留めている（佐藤博信『安房妙本寺日我一代記』『中世東国日蓮宗寺院の研究』『中世東国の権力と構造』）。

その後、延命寺内には、彼女の塔頭「妙光院」が建てられ、義堯の曾孫にあたる義康《よしやす》のときに至っても「妙光院殿為御霊供分」とあるように〈二四七六〉、正蓮に対する日々の供養が執り行われ、また一二石の寺領が寄進されている〈二五七四〉。義堯とともに彼女は、後期里見氏の世界でも格別な存在として語り継がれたのである。

日我による正蓮の追善供養

また先にも触れたが、日我は日我で、彼女の死を深く悼み、独自に法名を「正蓮」と名づけ、内々に初七日・三十五日・四十九日の法要を執行した。その事の次第をまとめた記録が今日妙本寺に伝わる「里見義堯室追善記」である。ここで日我が内々としたのは、里見氏には家としての菩提寺延命寺（曹洞宗）があるところから、あくまでそれは日我個人による追善供養であったのである。

日我がそのような行為に及んだのは、「三十余年蒙御緒志・御重恩」に報いるためであった。日我は義堯のみならず、その夫人である正蓮とも親密な個人的関係を築いていたのであった。それだけに、正蓮三十五日の法要の際には石の卒塔婆《そとば》を作らせ、そこに題目を自ら書いて妙本寺の背後にある御石山《ごいしやま》に建立し、百ヶ日には法要の際の法華談義を大巻物にまとめた。以後、そのことは法要の際に行われる前例となったのである。

そして正蓮からの手紙を大切に保存したうえで、日我は西国下向の際にもそれを持参し、西国の大名夫人に進上したり、正蓮が死去したのちは、残った手紙を妙本寺に奉納したのであった。おそらく手紙には、彼女の法華信仰への篤い帰依を示すさまざまな記述があったのであろう。ただ日我がここまでしていることは、義堯夫婦がともに法華経に大いなる関心を示すなかで、正蓮が特に熱心であったという事実のみならず、記録の表面には表れない正蓮の人となりに、日我が大いなる尊敬と憧憬を抱いていたからに違いない。

妻を失った喪失感

決して政治の表舞台にたつようなことはなかったが、常に義堯のもとにあって彼を精神面から支え、義堯・義弘の政道（仁政）や思想にも大きな影響を与え、そして万民に慕われた正蓮は、まさに国母にして家族を護った賢夫人・賢母そのものであったのである。その死は、義堯にとって大きな打撃となり、強い喪失感に襲われたことであろう。義堯自身、その年齢からいっても、いよいよ人生における最終章が近づいてきたと意識したに違いない。ただすでに子息義弘は四十四歳、対外的にも三船山合戦以降、北条氏との関係も有利に進んでおり、その意味では義堯にとって心配なことは何もなかったであろう。

第九　策謀渦巻く関東情勢

一　越相同盟と里見氏

謙信と義弘の間の齟齬

里見氏と上杉謙信との直接的関係は、先にみたように久留里《くるり》城の危機を謙信《けんしん》の関東侵攻（越山）によって切り抜けたことからはじまった。現在これ以降の両者の関係を里見氏と上杉氏との同盟関係と評価するのが一般的である。ただ同盟とすれば、姻戚・養子縁組といった関係を構築したり、人質交換をしたりすることで、そのつながりをより強固なものにするような努力をするところだが、今のところ両者の間でそのような関係を結ぼうとした徴証はない。

またその一方で、三船山《みふねやま》合戦で勝利した義弘は、その実績に加え、関東足利氏の庇護者という立場、さらにこの頃には足利晴氏《はるうじ》の娘を継室に迎えていたことから（後述）、関東足利氏の一族（御一家）という自負心も生まれていた。そのようなことから、謙信からの出陣要請がたび重なるにつれて、義弘としても感情的な問題や、実際の負担の重さからいっても、謙信の要請に常に応じるわけにはいかなくなった。だからといって、北条氏への対抗上、上杉氏との盟約関係を破棄するわけにはいかなかった。

この時期の里見氏は、上杉氏の関東侵攻に北条氏が対応している隙をみて、北条氏勢力が手薄になった地域に侵攻するということを基本戦略としていたのである。

越相同盟の成立と里見氏

ところがこの構図に大きな変化をもたらしたのが、北条氏の対外方針の大転換だった。三船山合戦に敗北した北条氏は、上総からの全面撤退という大きな痛手を蒙った。しかも翌永禄《えいろく》十一年(一五六八)十二月の武田氏の駿河侵攻によって武田・今川氏とのいわゆる三国同盟が破綻したが、北条氏は今川氏を支援していただけに、武田氏との対立も不可避のものとなった。北条氏としては、ここで武田・上杉両者を敵に回すことはどうしても避けなければならないことから、否が応でも従来の対外政策を改める必要に迫られたのである。その局面を打開するため同年末頃から氏康《うじやす》主導のもと秘かに進められたのが、いま戦国期関東の政治史上の一つの画期と評価される北条氏と上杉氏との同盟、いわゆる越相《えつそう》同盟である。

ただ、これまで激しく対立していた両者間の同盟だけに、この成立には多くの難問があった。なかでも、古河公方《こがくぼう》の名跡問題と、里見氏をはじめとする国衆との関係をどうするかが大きな問題としてクローズアップされたのであった〈一三三一〜三二〉。

だが実はその裏で、上杉謙信と武田信玄《たけだしんげん》は密かに和睦交渉（甲越和与《こうえつわよ》）を進めていた（丸島和洋「甲越和与の発掘と越相同盟」）。これは信玄が謙信との正面衝突による損害の大きさを考え、織田信長《おだのぶなが》や将軍足利義昭《あしかがよしあき》までを巻き込んで行った交渉だった。謙信としても、北条氏との同盟交渉を有利に進めるためにもこれは拒否すべきものではなかったことから、その提案を受け容れていたようで、結果、越相同盟で氏康が謙信に期待した武田領侵攻ということは事実上なくなった。このことからみても、この時期の大名間における外交交渉は、まさに策謀が渦巻き、表面上からは理解できない実に複雑な様相を呈していたのである。

懸案となった里見氏の処遇

それはともかく、越相同盟の成立に際し、謙信としては、関東における最大の味方勢力であるうえに、これまでのいきさつや関東諸氏との関係からいっても、里見氏と断交することはなんとしても避けたかった。ちょうどその頃、義弘も水面下で進められている越相同盟の情報をつかみ、謙信にその真偽を問い詰めた。それに対し謙信は、「今度の和平もまったく考えておらず、またいざというとき氏政《うじまさ》は表裏の仁であるからこれを信用してはいけない。たとえ和平を結ぶとしても必ずあなたの意見を聞き、抜け駆けをすることはないから、御疑念は無用である」と書き送ったが〈一三一九〉、これは明らかに虚言だった。同盟交渉そのものは、その裏で着々と進められていたのである。

もっとも義弘のほうも、謙信の一連の行動を疑いの目でみていた。そのため、さらなる情報収集に心がけるとともに、謙信に対しては北条氏との同盟に対する大いなる懸念を再度伝えクギを刺したのである〈一三二四・一三二八〉。そうなると、謙信としてもどうしても義弘の同意を得る必要が出てきた。そこで謙信は、自身が仲介役となって上総は里見氏の領国と認めたうえで下総の領有権のことで氏康に譲歩を迫り、一方で義弘側にも同様の提案を示して、北条氏との同盟への理解を得ようとした〈一三四八〉。北条氏にとっても、里見氏とは江戸湾を挟んで長年抗争が続いているうえに、江戸湾の制海権では劣勢を強いられていることもあり消耗しきっていた〈一三〇五〜〇六〉。したがってこれを機に里見氏と和睦することで、越相同盟成立によるさらなる果実を得ようとしたのである。

謙信の提案を拒否

ところが義弘は、謙信からの提案を突っぱねただけでなく、むしろこの状況を絶好の機会と捉えた。かねてから執念を燃やしている江戸湾奥の船橋・市川・葛西《かさい》の地を奪回するため、永禄十一年十二月以降、これらの地域へ断続的に侵攻したのである〈一三〇二〉。なかでも、葛西城は父義堯以来、里見氏が最も執着していた城であったことから〈一三二一〜一三〉、義弘の主目的は葛西城奪回にあるようにみえた。その報せを聞いて驚いた北条氏康は、前述（一七一頁）のごとく急ぎ江戸衆を葛西城へ派遣し、近藤万栄に「鉄砲・

玉薬」を調達させ、葛西城へ至急送り届ける指示を出したのである〈一三一四〉。

そのような状況を察知した義弘は、素早く方針を転じて市川・松戸方面一帯の田畑の作物や土地そのものを「相散らし」、さらに臼井筋に移動したかと思えば郷村に放火し、あっという間に上総椎津《しいづ》に引き上げた〈一三一五〉。義弘としても、今回は機動力を重視したために、本格的な戦闘とするには兵力も少なく、敵領の郷村を疲弊させ、ダメージを与えれば十分と判断したのであろう。

とにかく義弘としても、これ以上謙信が主導する一方的な都合や枠組みによって振り回されるのは避けたかった。また義弘に対する謙信の姿勢に、その矜持を傷つけられたとの思いもあった〈一三四八〉。しかも江戸湾や上総・下総の権益をめぐって、常に敵対関係にあった北条氏との抗争は今後も避けられないことから、謙信が斡旋する北条氏との和睦は義弘の選択肢にはなかったのである。

二　義弘の絶頂期

武田信玄からの働きかけ

越相同盟は、どうしてもそれを成立させたい北条方のかなりの譲歩もあって、永禄十二年（一五六九）六月成立に至った。その事態を受けて義弘がとった方策は、甲斐武田氏と結ぶことだった。もっとも、それ以前から武田信玄側から義弘へ、積極的な働きかけがあったらしい。

信玄は、越相同盟成立直前の四月、「里見氏・佐竹氏・宇都宮氏らの関東諸大名との交渉がほぼ成立し、北条氏を攻撃するためまもなく動き出す」といったことを、徳川家康《とくがわいえやす》に伝えた〈一三二七〉。さらに六月には梶原政景《かじわらまさかげ》に「里見義弘や佐竹義重《さたけよししげ》とともに、里見氏のもとに庇護されている足利藤政《ふじまさ》を鎌倉に還御させ公方に擁立する意向である」ことを伝えている〈一三四四〉。

もとよりそれは、政景から義弘に伝わることを計算に入れた信玄のリップサービスにすぎなかったであろうが、室町幕府や織田信長はじめ、対外交渉にあたってはあらゆるチャンネルと方策を駆使する武田信玄が、ここでは北条氏を背後から常に牽制することが期待できる里見氏を味方にし、しかもそのことが、これまで関東で上杉氏に従属していた諸氏に対しても、模様眺めの彼らの動向を決める好材料になりうると判断したのであろう。

このとき里見・武田両者の交渉を仲介したのは、常陸柿岡《かきおか》城（茨城県石岡市）にいた梶原政景だった。政景は父太田《おおた》三楽斎道誉《さんらくさいどうよ》とともに、反北条連合形成を常に画策するなど、この頃の関東情勢に大きく関わった人物であり、ここでも彼が一枚噛んでいたのである。

それとは別に、信玄は里見氏の対外交渉の窓口は、正木時茂《まさきときしげ》以来小田喜《おだき》正木氏当主が担っていたところから、正木憲時《のりとき》にも働きかけた〈一三四二〉。憲時は、時茂の家督を継いだ信茂《のぶしげ》が、永禄七年（一五六四）の第二次国府台《こうのだい》合戦で戦死したときにはまだ元服前で、幼名房王丸を名乗っていた少年だった。だがその後、永禄九年十一月までには元服して父の仮名弥九郎を襲用し、実名は憲時と名乗って小田喜正木家の家督を継いでいたのである〈一二二六〉。信玄らしくいくつもの外交チャンネルを使って義弘に積極的に働きかけたのである。

義弘としても、対外政策の基本方針として北条氏と結ぶことはできないため、この誘いを渡りに船と受け取ったのだろう。このように対武田氏との交渉には義弘が全面に出ている。ただ久留里城にあった義堯のもとにも、少し後の駿河久遠寺《くおんじ》の問題だけでなく、本国安房国内の問題についても、相変わらずその判断を仰ぐような連絡がきていた〈一四〇三〉。

義堯はとうの昔に家督を義弘に譲り、しかもこの頃には政務全般からも退いて隠居し久留里城にあったが、やはり内外における影響力はいまだ健在であり、また義堯のもとに結集している家臣たちも依然存在していたであろう。そのなかで、義弘が武田氏と結んだことは、義堯と義弘との間というより、両者を支えていた者たちの間に、微妙な温度差を生じさせるようになったとしてもおかしくない。義堯のもとには根強い親上杉派の家臣もいたであろうし、活躍の場を失ってやや不満を持つ者もいたであろう。

だが、このとき武田氏は、北条氏との戦いを有利に進めており、それに対応するため北条氏が房総方面に兵を割くことができなかったこともあって、里見氏の優勢は続いた。したがって、里見家中においてこのとき生じた若干のズレがそれ以上大きくなることはなかった。

義弘の再婚

越相同盟成立の少し前、義弘は四十代半ばで再び正妻となる人を迎えていたらしい。先にも触れたが、その正妻とは、古河公方足利晴氏の娘（実名不明、法名松雲院殿花馨彭英大禅定尼）で、おそらく足利藤氏《ふじうじ》・藤政《ふじまさ》・家国《いえくに》兄弟たちとともに、里見氏のもとに庇護されていた女性であろう。このことによって義弘は、関東で最も家格が高い古河公方家の「御一家（一員）」となり、また北条氏が擁立する義氏とは別の古河公方家を支える、中心的立場の資格を得たのである（市村高男「越相同盟と書札礼」）。そのことを受けてか、この頃から義弘は、足利家にとってのみ任官可能とされる格別な官途である「左馬頭」を自称した形跡もある〈一三二八・二六〇一〉（木下聡『中世武家官位の研究』）。公方家の一員となったことで、里見家をしてさらなる家格の上昇を目指したのであろうか。

ただ、これ以前、義弘には、小弓《おゆみ》公方足利義明《よしあき》の娘で鎌倉太平寺《たいへいじ》の尼（青岳尼）から還《げん》俗《ぞく》したという女性があり、太郎義継《よしつぐ》（のちの義頼《よしより》）をもうけていたらしい（滝川「里見義頼と青岳尼」）。

したがって、このときはすでにその青岳尼が死去していたのか、あるいは別な境遇にあったのか、今回の婚姻は義堯をはじめ周囲にすんなり受け入れられたのかどうか、わからないことが非常に多い。またこのことが、後に述べる義弘の後継者問題の遠因になったとも考えられる。しかしこのあたりのところは、史料がほとんどといっていいほど残っていないことから、今後の研究に委ねるしかないだろう。

駿河富士久遠寺

この頃の義堯の立場の一端が垣間見られる出来事がある。戦国時代、駿河国は今川氏の領国だった。だが、永禄三年（一五六〇）の桶狭間《おけはざま》合戦で当主義元《よしもと》が織田信長によって討たれて以降、衰退の一途を辿り、永禄十一年十二月、武田信玄が駿河に侵攻したことによって駿河を放棄、その後まもなく戦国大名として滅亡した。

その駿河国の小泉（静岡県富士宮市）にあった富士久遠寺の住職は、安房妙本寺《みょうほんじ》の住職が代々兼帯することが習わしとなっていた。したがって、この時の住職は日我《にちが》であった。富士久遠寺は、これまで今川氏の保護を受けていたが、武田氏が駿河を支配することになると、今までと同じ保護を武田氏に求める必要がでてきた。

折しもこの頃、里見氏は武田氏と結ぶことになったのである。このことをうけ日我は、武田氏との盟約を主導する里見家当主義弘に、富士久遠寺に対する乱暴狼藉を禁止する禁制や、守護不入の証明書を武田信玄から出してくれるように取り計らってもらいたい旨を願い出た。義弘も父義堯以来の他ならぬ日我の頼みなので、すぐにこれを承諾し、交渉ルートを通じて信玄に、日我の要望の内容を伝えた〈一四二八〉。またその意向を受けて、元亀《げんき》三年（一五七二）四月には富士久遠寺の僧日長が甲府（山梨県甲府市）まで赴き、信玄に直接そのことを願い出ることになったのである。

ところが信玄は、久遠寺の寺号が甲州身延《みのぶ》（山梨県身延町）の久遠寺と同じところから、それらの証明書は出しにくい、という意向を内々示してきた。実は、どうやら膝下の有力寺院である身延久遠寺の支持を得たい信玄が、すでにこれより前に自分の方から身延久遠寺にそのような考えを伝えていたらしいのである〈一四二八〉。そうとは知らず、このような信玄の内々の意向を受けた日長は、日我とも相談のうえ、富士と身延の違う点や富士久遠寺の正当性を五ヵ条にもわたって訴え、このことは義弘だけでなく「御屋形義堯」も関わっていることを強調したうえで、再度信玄に申し入れたのである〈一四二九〉。

また義堯は義堯で、太田康資《おおたやすすけ》を介して、信玄家臣で関東日蓮宗寺院の折衝役ともなっている日向《ひなた》玄東斎（宗立）へ、また信玄には彼の側近土屋昌続《つちやまさつぐ》を介して義堯自身が直接働きかけるなど、あらゆる交渉ルートを駆使して事を運んだ〈一四三〇〉。

一方この頃の信玄は、甲・相・駿の三国同盟を一方的に破って駿河に侵攻したことで、北条氏康の怒りを買ったが、その氏康が元亀二年（一五七一）十月に死去したことを受けて、ようやく北条氏との同盟が復活されようとする時だった。また今川領国だった駿河国内では、このとき彼に対する不信・不満が充満していたという。さらに、里見氏との和親は自分の方から働きかけただけに、ここで里見氏との関係もこじらせるわけにいかない。しかもこの場合、相手は義弘に代わって義堯が前面に出てきたのである。こうなるとさしもの信玄とはいえ、ここはひとつ義堯の面子をたててその意向にしたがうことが得策と判断したのであろう。

かくて富士久遠寺に対し、日我の望み通り寺内門前沙弥屋敷の安堵と、諸役免除の証明書が「前々のごとく」出されたのである〈一四三〇〉。このとき義堯はすでに六十六歳。政治的には引退していたが、依然義堯は里見氏の顔として健在だった。

三　義堯・義弘の花押と印判

義堯の花押と印判

里見義堯の発給文書は明らかに疑わしいものまでを含めても、現在のところ一七通ほどが知られる（『房総里見氏文書集』）。そのうち花押が据えられて、年代がほぼ推定できる

義堯使用里見家家印（安房神社文書）

義康花押
（西門院文書）
曾祖父義堯の花押を模倣したもの

正五（義堯）花押（上杉家文書，米沢市〈上杉博物館〉蔵）

義堯出家後の私印（延命寺文書）

確実な文書の終見は、（永禄六年）二月朔日付の上杉謙信（山内殿）宛の書状である〈二〇九三〉。そこにみられる義堯の花押は前年の高野山宛て書状（口絵）に据えられていたものと同型で、現在知られる彼の花押の基本型もすべて同一である。したがって義堯は、生涯花押の基本型を変えなかった可能性が高い。なお義堯の曾孫にあたる義康の使用した花押は、明らかに義堯の花押を模倣したものとみられ、後期里見氏の歴史における義堯の存在の大きさがここからもうかがえる。

次に、義堯の使用した印判は、安房神社に宛てた天文《てんぶん》十三年（一五四四）十月日付の印判状〈七六〇〉に捺された黒印が初見である。ところが当該文書は写しの可能性が高いうえ、内容についても検討を要するものとして従来扱われていたためか、ここに捺された印判も従来研究の対象からは除外されていた。しかし一九九〇年代に発見された後掲（二〇五頁）の葛《く》田《ず》家《たけ》文書中の永禄《えいろく》十三年（一五七〇）三月六日付印判状〈一三五九〉に、ほぼ同様の印判が捺されていたので（ただしこちらは朱印）、当該印判も復権をみたのである（滝川「里見氏の西上総支配と民衆」）。そして本印判は二例とも民政関係の文書に使用されていることから、義堯期に家の印と同様の意味で使用されたらしい。その印文については明確ではないが、佐藤博信氏は「龍」とする（「房総里見氏の花押と印章」『中世東国の権力と構造』）。その他義堯の印判としては、出家後に個人印（私印）として使用されたと考えられる印文「五公」印がある。

義弘の花押と印判

義弘の花押は、現在二種類が知られる。Ⅰ型は、ほぼ永禄初年頃と推定される禁制〈二〇四七〉に所見されるのみで、義弘が安房を管轄していた時期に使用されたものと考えられる。以後はすべてⅡ型である。義弘の花押の大きな特徴は、明らかに関東足利流を意識していることであろう。このことは先にも触れたが、義弘は当初小弓公方足利義明の娘とされる女性を娶ったとされ、さらに永禄年代後半には古河公方足利晴氏の娘にあたる人物を継室に迎えていることから、自身を関東足利氏の一員に位置づけていることからくるものといえるだろう。

鳳凰印の創出

義弘花押Ⅰ（妙本寺文書）

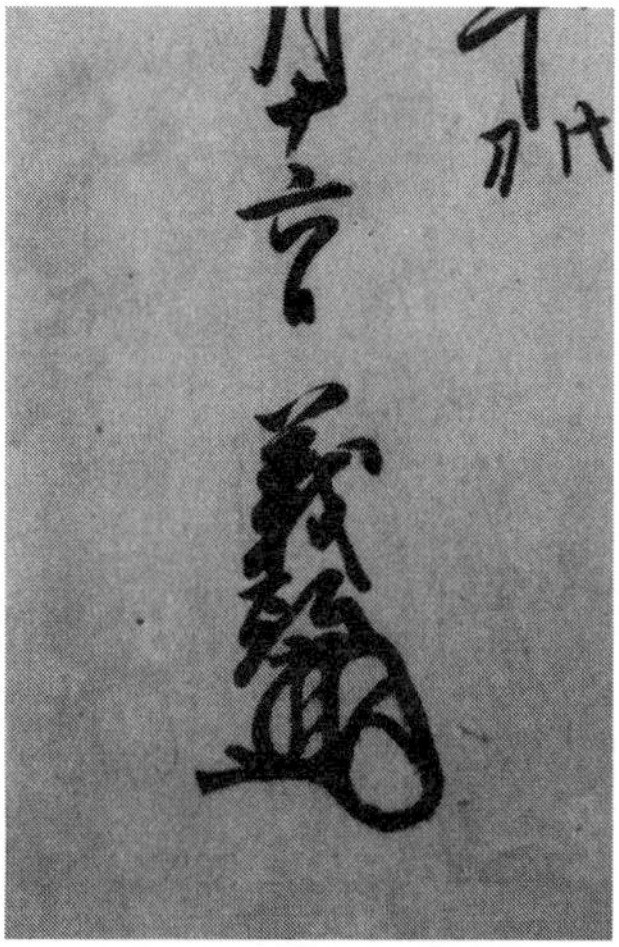

義弘花押Ⅱ（西門院文書）

では義弘の印判だが、注目されるのは「里見」の二文字を独特の籠字《かごじ》で記し、上部に鳥の姿を表した印判である。それが使用された時期は、ほぼ永禄末期から天正《てんしょう》前半に限定され、しかも武州金沢の流通商人山口氏に宛てられたもの〈一七〇六〉を除けば、分布も西上総一帯に限られている。そのことからみて、この時期、西上総の要衝佐貫《さぬき》城にあった里見家当主義弘がこの印を創出し使用し、彼の死後は子息梅王丸に継承されたとみて間違いないだろう。

戦国大名の使用した印判に、使用者の政治意志や願望が深く込められ、それは特に印文や印の形状によく表れていることが明らかにされている〈佐藤博信『中世東国の支配構造』『中世東国の権力と構造』）。では義弘の印判の場合はどう考えたらいいのであろうか。

そこで改めて義弘の印判をみてみると、まず印文に「里見」の二文字があることは、里見家の印、といったことを強くアピールしたと考えるのが妥当だろう。では上部にある鳥

里見家（義弘）鳳凰印
（葛田家文書，個人蔵，袖ケ浦市郷土博物館提供）

だが、その容姿からみても、これは実在の鳥を表したものではなく、「麒麟《きりん》」や「龍」などと同様に想像上の動物（鳥）であるとわかる。そして先にも述べたように、里見氏歴代の意識の底流に古代中国思想が濃厚に流れていた事実や、この印判の創始者義弘の初名が義舜であり、父が義堯と名乗り、その二人で行った治世が中国古代の聖天子「堯《ぎょう》・舜《しゅん》」の世にもたとえられている事実がある〈九六二〉。さらに、その古代中国において、舜帝が即位した際には、瑞鳥（めでたい鳥）である「鳳凰《ほうおう》」が出現したという伝説が存在する（「書経《しょきょう》」）ことをみれば、この鳥は中国で古来より四瑞の一つとして尊ばれた想像上の鳥「鳳凰」とみて間違いないだろう（滝川「房総里見氏の印判について」）。

堯・舜の治世を目指した義堯・義弘父子

ということは、義弘は父義堯と同じく、中国古代政治史上理想の聖天子とされた「堯・舜」の治世を強く意識していたことになる。その「堯・舜」の治世は、仁・礼・徳を政治理念とした善政が広く行われた世であった。つまりこの鳳凰の印判は、そのような治世を目指した義堯・義弘父子二代の政治意志をまさに象徴するものだったに違いないのである。

また戦国時代の領主は領民の生命や財産を守る責任があり、また領民にしても、このような領主の職責に強く期待し、徳のある政治を求めていた。ところが、義弘治世下の永禄末から天正初頭（一五七〇〜七三）にかけて、房総では戦乱のみならず慢性的な飢饉が続き、民衆の切なる声や要求は世に満ち満ちていた。為政者である義弘としても、これらの声を無視することはできなかった。むしろ常に民衆に寄り添い善政を敷くことを心懸けなければならなかったのである。その意志を端的に象徴するのが、この鳳凰印判だったのだろう。

二重捺印の謎

ただここで不思議な文書がある。次は写真をみてもわかるように、二つの印を捺した二重捺印（重判）の文書〈一二五九〉で、里見氏の印判使用例としては今のところ唯一の事例である。

兵粮五十俵かのへ午の年預け候、能々走り廻り備うべく候俵物・器物の数は廿

五に候、其のために印判を出し候なり、

永禄十三年

三月六日□□

横田郷代官

久郎丞かたへ

（「葛田家文書」）

ここに記された「兵糧」は、この場合米そのものを意味しよう。ただ米はそのまま放置しておいては劣化する。そこで余剰米は、預け（貸し付け）て、その利益を得るようなこともあった。これは里見氏が、そのような米の運用を横田郷の代官九郎丞に命じている文書である。米の運用という内容が注目されるが、文書そのものに特に疑問はない。

しかしここで不思議なのは、日付の下に縦に二つの印が捺されていることである。下にあるのは先に触れた里見義堯の個人印と考えられる印文「五公」の印判。また上部にある印も、天文十三年（一五四四）十月の安房神社文書にみられるものと、朱と黒（墨）や形状の若干の違いはあるが、共通の印判とみていい。となると、永禄十三年という年代と併せれば両方とも義堯の印判となるから、単純にみればこの文書は義堯が発給したもの

手がかりを探る

（印判部分拡大）

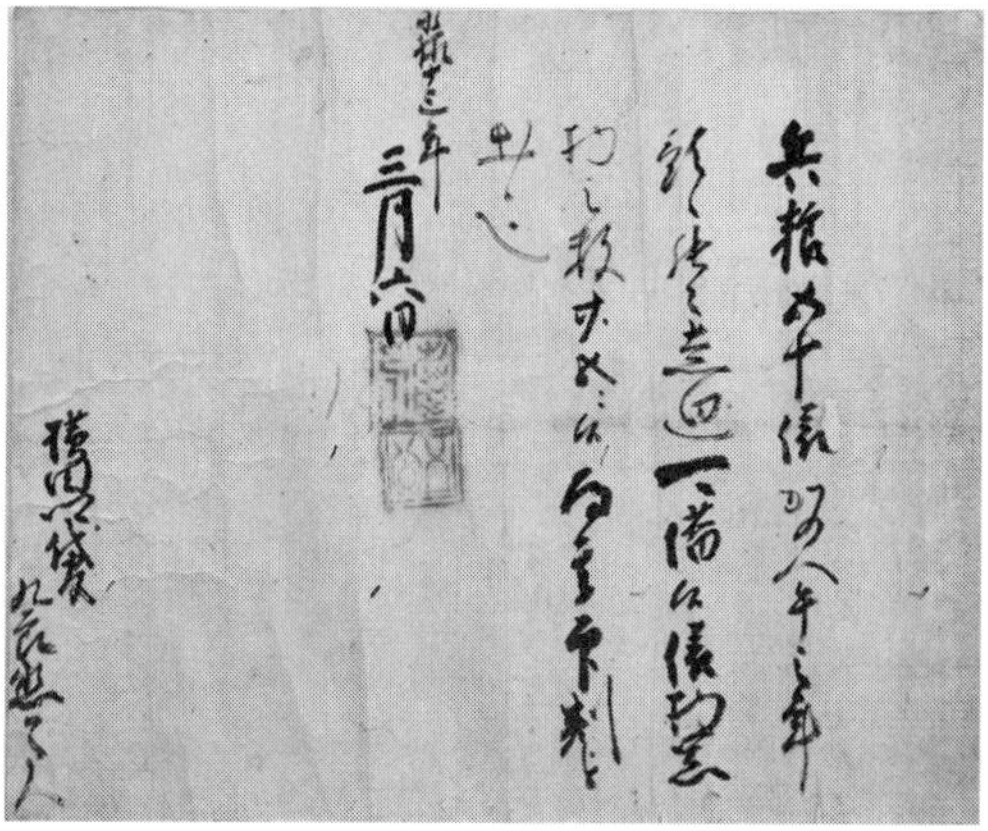

里見義堯印判状（葛田家文書，個人蔵，袖ケ浦市郷土博物館提供）

ということになる。それでは、なぜわざわざ二つの印を捺さなければならなかったのであろうか。

　そこで印判の捺されている部分をよく観察すると、どうやら下にある「五公」印が先に捺され、そのあとから上にある印が捺されていたようである。下の「五公」印が日付の中心線をずれてやや左に傾いて捺されているのは、あとで上に印を捺すための余白を作ろうとして見当がはずれたためであろう。またここから、二つ印を捺すことが最初から予定されていたことがわかる。

　では、このことをどう考えたらいいのだろう。下の「五公」印は、繰り返すが義堯のいわば個人印（私印）とみていいだろう。それに対して上の印は、安房神社の場合をみても、いわゆる家印として使用したものとしてもおかしくない。そして、この時期の里見氏ではすでに義堯が隠居し、当主が義弘だったことをふまえれば、上に位置する印は義弘があとから捺したもの、つまり義堯の決定を後から義弘が追認したもの、という可能性が一つ考えられる。とはいえこの義堯・義弘親子の間でそのようなことがあったのだろうか。また追認したとすれば、手順からいっても下の方の印が後から捺されるのが普通であろう。あるいは私《わたくし》（個人）の印だけでは効力が弱い、と考えた義堯（あるいは受給者）が、さらに義堯の公印ともいえる印を捺した（求めた）のであろうか。とにかく不思議なことである。

ただ、このような二重捺印の例は今のところこの一点だけというところからみれば、里見家においてごく一時期に採られた形式か、あるいはまたこれは受け取る側の要求、いわば特例だったのかもしれないが、現時点では義弘が創始した鳳凰の印が登場し一般化する前の過渡的な一例とみるべきであろう（滝川「里見氏の西上総支配と民衆」）。

久栄大黒印に籠められた意味

またこの時期、義堯・義弘のものとは明らかに性格が異なる別の印判が、里見領国において登場している。印文を「久栄」とし、上部に大黒の姿をかたどったものである。使用初見はいまのところ元亀《げんき》四年（一五七三）二月一日付「おち（乳人）」宛ての文書で、その多くがかな交じりの文に使用されていることから、女性が使用したものと考えられている。さらにその印が持つ性格だが、その使用例からみても、里見領国内で関東足利氏が本来支配関係を有した人・土地・寺院に対して使用されたものだったとも考えられている。ここから、最初の使用者（創始者）は義弘の継室（御台《みだい》）、すなわち足利晴氏の娘とも考えられている。つまり義弘は夫婦で別々の印を創始し、使用していたことになる。

さらに、この印判が形の多少の変化はあるものの、里見領国において戦国時代最終段階から江戸時代初期まで使用され続けていることは、里見領国内には里見氏の権力に内包されない関東足利氏独自の権力基盤があり続けたとも考えられる。ただこれらを検討するにはまだ史料が足りないところから、この印判が里見氏権力の実態を解明する上で重要な意味を持つことをここで確認し、その究明は今後の課題とすべきであろう（滝川「房総里見氏の印判について」、佐藤博信「関東足利氏と房総里見氏」『中世東国政治史論』）。

久栄大黒印（妙本寺文書）

四　主な家臣たち

義堯はどのような家臣に支えられて、またそれぞれの家臣の果たした役割りや構成はどうだったのであろうか。里見氏の家臣団構成について示す史料には、安房一国の近世大名となった江戸時代初頭（慶《けい》長《ちょう》十年代）に作成された「分限帳」が数種類ある（川名登編『里見家分限帳集成【増補版】』）。

参考までにそこにみえる家臣団構成をみてみると、まず「御一門衆」と直属家臣団とに大別され、御一門衆の大半は正木《まさき》氏で占められていることがわかる。直属家臣団のなかで武力組織の中心は、百人衆・廿人衆・足軽・徒衆《かち》・船手で、百人衆は、二人の頭《かしら》のもとに五〇人が付いて二隊編成だが、これらの構成メンバーは、ほとんどが地方《じかた》で知行を受けていることから、戦国期の土豪・地侍層が中心であったと考えられている。

廿人衆は、頭一人に廿人衆五人、それに馬乗衆四〇数人が付いて、総勢五〇人ほどで一隊が編成され四隊。足軽隊は、大頭《おおがしら》四人のもと、小頭《こがしら》七〜八人、足軽七〇〜八〇人で一隊となり合わせて四隊。徒衆《かち》は徒頭・徒目付・徒衆二五人で二隊。船手は頭一人に小頭が五人、それぞれの下に船手一〇人が五隊に編成されている（川名登『戦国近世変革期の研究』）。

しかしここから、これより五〇年以上前の戦国時代の、しかも主に上総国を基盤としていた義堯期の家臣団の姿を読み取ることは難しい

また義堯は、天文三年（一五三四）の内乱を収束させてから、四〇年近くの長きにわたって里見家の中心にあり、その間に領国も安房一国から上総国を併せた地域に拡大させていくなかで、家臣の構成や人数も時期によって変化したはずである。さらにその後半は

子息義弘に家督を譲って居城も別々にしながら、自らは最高権力者として存在するような支配体制をとっていたので、厳密にいえばその時期は義堯・義弘それぞれで家臣団が構成されていたのであろうが、その姿を復元することも史料的に困難である。そのためここでは、義堯が内乱を経て家督を継ぎ、国主の座に就いた頃から、義堯が義弘とともに活躍した時期までの史料のなかから家臣と思われる者を検出し、それぞれの姿に迫ってみることにしたい。

初期の義堯の家臣たち

初期の義堯の家臣の中核となったのは、天文の内乱時にいち早く義堯を支持し、共に前政権を倒した正木・上野・丸・安西といった安房国内の伝統的諸氏と思われる。ただそれら一族の内部でも分裂や抗争があったことは、先に見た通りである。一方、それまでの前期里見政権を支えていた中里・木曽・堀内・師《もろ》(茂呂)・竹田といった諸氏は、内乱以降ほぼ史料上の所見がなくなるところから、内乱を機にほぼ没落していったらしい。

ところで、戦国大名の家臣というと、大名の直臣《じきしん》団と、独自の領国を持ち、独自の支配を行うものの政治的には近隣の大名に従い、その軍事的保護のもと存立を果たしていた、すなわち国衆《くにしゅう》とされる存在からなるとされている(黒田基樹『戦国大名』)。

そのような存在として義堯の時期でまず挙げられるのは、前期里見氏の段階を経て天文の内乱以降も一貫して義堯を支え続けた時茂《ときしげ》に代表される正木氏である。ただ正木氏といってもいくつもの系統があり、またそれぞれで政治路線が異なっていた時もあり、その実力とともに独立性が極めて強い一族であることは、これまで本書でもみてきた通りである。

国衆正木氏

正木氏の存在が確認できる初見史料は、先にも触れた永正《えいしょう》五年（一五〇八）の鶴谷八幡宮《つるがや》棟札《むなふだ》である。そこに里見家の実質上のナンバー2として平（正木）通綱《みちつな》の名がみられるのである。

正木氏は「三浦系図伝」をはじめ、江戸時代前期頃に成立した系図などでは、相模三浦氏の血を引く人物が、落ち武者として房総に逃れてきて、のちに房総正木氏を名乗ったとするが、このようなストーリー自体は再検討すべきであろう。ただその一方、三浦氏自体は、平安末期の段階から房総に基盤を持ち、鎌倉期以降も角田氏・安西氏や佐久間氏・多々良氏・石田氏といった三浦系の一族が、房総各地に深く根を下ろし活躍していたのは事実である。また実際、正木氏が三浦氏系の一族だったということは同時代においてほぼ承認されていたようなことから、どうやら正木氏は、早くから房総各地に浸透していた三浦系の諸氏を束ねることによって、戦国期において大きな存在へと発展していったらしいのである。そのようなことから里見・正木両者の関係をみれば、一足早く安房における鎌倉府や足利氏系の人々を結集した里見氏と、それに従属しながら、三

正木家略系図（諸史料をもとに滝川作成）

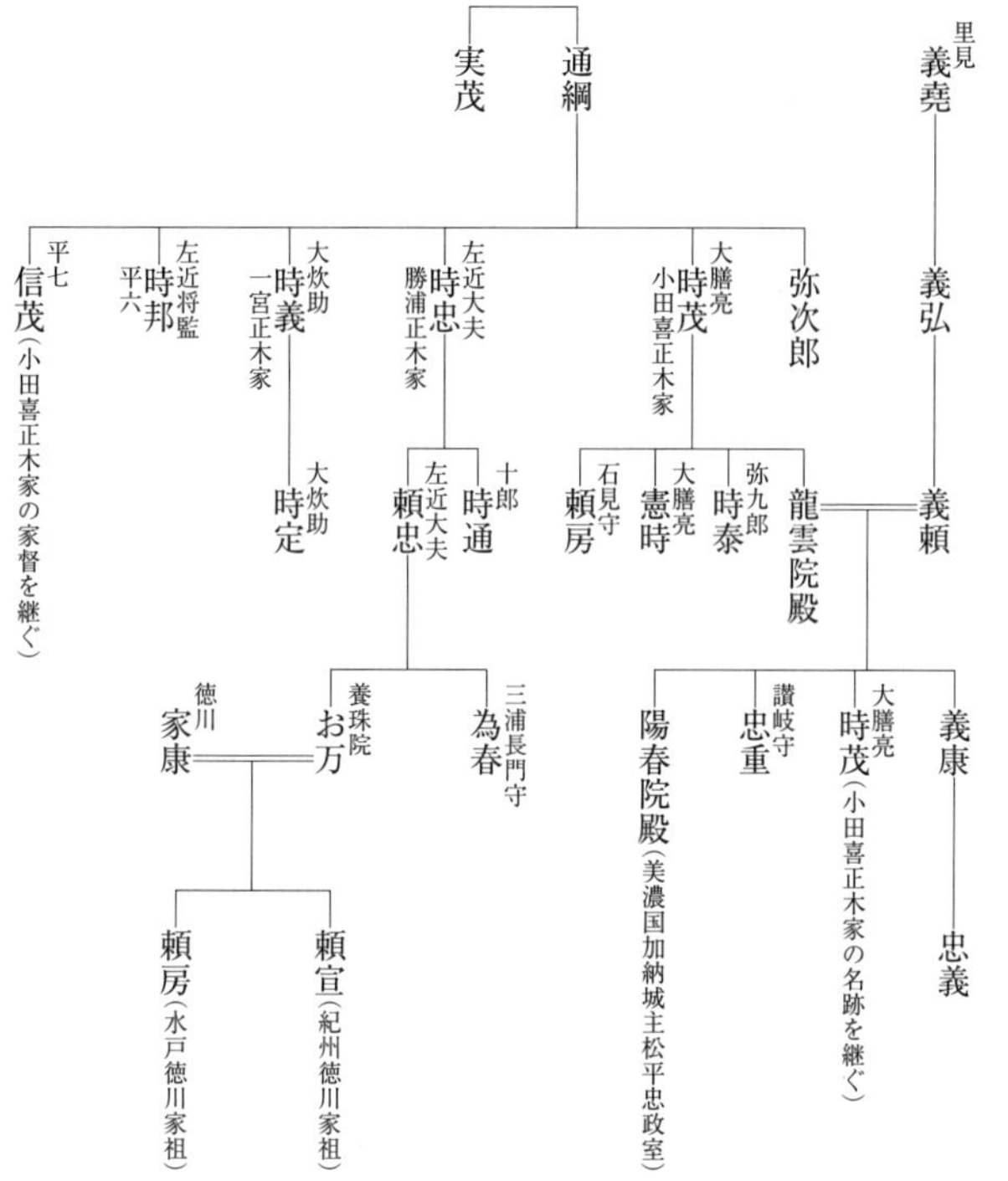

家宰正木時茂

浦氏系の人々を結集した正木氏ということになろう（滝川「三浦氏と房総正木氏」）。

その正木氏で義堯期における中心人物は、すでに本書でもたびたび登場している正木時茂である。彼は上総国小田喜《おだき》城を拠点にしながら、安房東部から東上総一帯に勢力を有した里見領国内最大の国衆であり、また配下の国衆に対して独自に官途を与えうる存在でもあった〈一〇四三〉。彼と義堯との関係を示す次のような文書がある。

金巻田地の事、屋形様へ申し上げ候のところ、相違無く御納得に候、前々のごとく何事も走り回られるべく候、其のために一筆まいらせ候、恐々謹言。

時茂（花押）

真田隼人佑　殿

〈一〇四五〉

ここで時茂は、給地「金巻田地」のことで時茂のところに何らかの申し出をしてきた真田《さなだ》隼人佑《はやとのすけ》に対し、それを「屋形様（義堯）」に申し上げ、義堯より承認した旨の返事があったことを隼人佑に伝えているのである。ここから彼は、真田氏など中小国衆のなかで起こった問題を義堯に取り次ぎ、義堯の裁可をあおぐ役割を担っていたことがわかる。

また、彼は里見家の対外政策・交渉も所管し〈一〇一六・一〇一八〉、外部から「彼の家（里見家）の一老」〈一〇五一〉、つまり最高の重臣と評価されていることからみても、家臣団統制・外交・領国支配といったあらゆる権限を管掌していた、いわゆる家宰（筆頭家老）と評価できる存在であった。そして彼は、終生この立場を自ら変えることはなかったのである。

時茂の子孫

前述のごとく、その時茂が永禄《えいろく》四年（一五六一）四月に死亡すると、時茂の弟の平七信茂《へいしちのぶしげ》が養子となって小田喜正木家の家督を継承した。だがその信茂も永禄七年一月のいわゆる第二次国府台《こうのだい》合戦で戦死したので、房王丸が永禄九年十一月以前には元服し、父の仮名弥九郎と諱憲時《のりとき》を名乗って小田喜正木家を継承した〈一二一六〉。その後憲時は、元亀《げんき》年間には家の指標ともいえる官途大膳亮を称するとともに、父時茂の正当な後継者を表明する印文「時茂」の獅子印判を創始し〈一四一六・一四二四・一四六〇・一四六六〉、やがて里見氏から自立化の道を歩むのである。

正木時忠とその子孫

時茂以外の正木氏としては、彼の弟で上総勝浦城主の時忠《ときただ》がいる。彼は兄同様、義堯期の里見家の軍事力や対外面において中核を担い〈九六五他〉、先にも述べたように永禄三年（一五六〇）末から始まった香取《かとり》侵攻の際にはその主力となり、里見軍が香取を撤退した後にもそのまま居続けた。そして永禄七年の第二次国府台合戦後には里見家を離反して北条家に与し、三船山《みふねやま》合戦後には再び里見家に帰参したが、その後も独自な行動を展開した、常に独立性の強い人物であった。

正木憲時獅子印（宍倉家文書）

なお、時忠のあとは、後継者の十郎時通《ときみち》が父の死（天正四年〈一五七六〉八月一日）に先立って天正三年十一月八日に没していたので〈一七七三〉、その弟で、一時期は小田原北条氏のもとへ人質として送られていたこともあった〈一二一五～一六〉頼忠《よりただ》が継承した。そしてその頼忠の娘のうちの一人（養珠院《ようじゅいん》お万《まん》の方）が、のちに徳川家康の側室となって二人の男子（紀州徳川家の藩祖頼宣《よりのぶ》、水戸徳川家の藩祖頼房《よりふさ》）を産んだことで、江戸時代にはこの女性の兄（為春《ためはる》）が三浦氏を名乗って紀州徳川家の重臣となった。その家で編纂された系図が、本書でもしばしば引用する「三浦系図伝」であり、また水戸徳川家に仕官した子孫の系統に伝えられた文書が、「水戸正木家伝来文書」（「正木武膳家譜所収文書」）である。

その他の正木氏

その他、やはり時茂の兄弟と思われる上総一宮城主大炊助《おおいのすけ》（時義《ときよし》カ）、さらにいま内房正木氏と呼ぶうちの一人正木兵部大輔《ひょうぶのたいふ》といった人々が、時に離反しながらも里見氏の軍事力の中核を担っていたことは、上杉謙信《うえすぎけんしん》が初めて本格的に越山した永禄三年～四年（一五六〇～六一）の参陣に応じた際の史料「関東幕注文」〈一〇六八〉からもうかがえる。なおこの史料には、正木氏一族や正木氏の家臣（家風）と並んで、上野弥次郎の姿が確認できるが、彼も前に触れたように正木氏に従う国衆の一人だった。また上野氏は天正十年（一五八二）の本能寺の変後、織田家の管轄からはなれた甲斐・信濃・上野国の旧武田領をめぐって、北条・徳川・上杉氏らの勢力が対峙した際、里見家を代表して北条氏へ援軍として派遣されている〈一八八〇・一八八三〜八四〉。

真里谷・小田喜武田氏の旧臣

次に天文《てんぶん》十年（一五四一）前後から里見氏が安房から上総へ領域を拡大していく過程で、真里谷《まりやつ》武田氏や小田喜武田氏に従属する中小国衆たちを切り崩していったのであろうが、天文十年代に小田喜武田氏、さらに天文二十年代には真里谷武田氏が事実上滅亡すると、北条氏と里見氏との間で、彼らを家臣化する動きが展開された。そのなかで最終的に義堯・義弘に従属した人たちには、勝《すぐろ》氏・多賀氏・秋元氏・国吉《くによし》氏・逸見《へんみ》氏・大竹氏等がいるが、なかでもその代表的存在が佐貫周辺を拠点とした加藤太郎左衛門信景《のぶかげ》である。

彼はもともと真里谷武田氏に従属する存在だったと思われるが、永禄三年（一五六〇）の北条家「（小田原衆）所領役帳」によると、その時点では北条氏に従属していたことがわかる。そして、佐貫城が里見氏の本城化する過程で里見氏に属し、特に佐貫城を拠点とした義弘に近い存在となった。その後、子息弘景《ひろかげ》（義弘からの偏諱であろう）とともに義弘を支える中心的な存在となったが（滝川「戦国期の上総国佐貫に関する基礎的考察」）、義弘死後の天正の内乱においては、後述するように乱の収束にあたった中心人物となったのである。

また、里見氏が関東足利氏の庇護者になった関係から、岡本氏や龍崎氏といった、本来は小弓公方や古河公方の家臣でありながら（〈七〇二・一四八三〉・『戦国遺文 古河公方編』五五九号）、里見氏の家臣化を遂げたものもいた。彼らは特に関東足利氏とのつながりを強く意識した義弘のもとで活躍したらしい（〈一四八三〉・『戦国遺文 古河公方編』一三〇一号）。

実名に「弘」の一字が所見される者

家臣名	出典『戦国遺文房総編』
宇部弘茂	1906
宇部弘政	1903
忍足弘連	1803
小谷弘秀	2342
加藤弘景	1993
賀藤弘秀	2001
黒川弘重	1993
須田弘重	1793
田代弘長	1578
藤平弘昌	1448
鴇田弘忠	1683
御子神弘幸	2578
本名弘永	1448
安田広（弘）秀	1249
山城守源弘重	1952

義弘の家臣

なお、義弘の家臣のなかでは、義堯における正木時茂のような存在は見あたらない。ただ前出の、蔫野（多々良）時盛は、鎌倉期より安房国内の御家人としてみえる多々良氏の系譜を引く人物かと思われ（「六条八幡宮造営注文写」『千葉県の歴史 資料編』中世5）、さらに「義弘股肱」の臣で〈九六三・九六四〉、義弘側室の父とも伝えられるので（「系図纂要所収里見系図」）、早くから義弘を補佐するような立場にあった人物らしい。

また、家臣のなかに「弘」の一字を義弘から受けた（偏諱《へんき》を受けた）と思われる直臣層クラスの者が史料中から多く見いだすことができる。また、義弘ほどではないが、義堯の「堯」の一字を受けたらしい人々も何人かいる。これらの多くは、その名字からみても安房北西部から西上総出身の中小国衆・地侍クラスの人々と思われ、里見氏が領国を安房から上総へ拡大していくなかで、里見氏の家臣化した人々と思われる。それらの者たちが、特に義弘の近臣となって、その時期の里見氏を支え活躍したと考えられるのである。

五　房甲盟約のゆくえ

小弓城攻略

ここで話しを戻そう。義弘が主導した親武田路線はしばらく順調に進んでいた。元亀元年（一五七〇）五月、信玄《しんげん》が駿河から伊豆に侵攻すると、北条氏政《うじまさ》も伊豆に出陣したが、それを知った義弘は西上総の窪田山《くぼたやま》（袖ケ浦市）に城郭を築き、さらに小弓《おゆみ》（生実）城近辺に小弓城攻略のための陣城《じんじろ》を作ろうとした。その事態に千葉胤富《たねとみ》は、「一ケ所でさえ当国手詰まり」なのに、「両城成就となれば西上総一帯はもちろん、下総の過半も里見氏の手に入ってしまうことは明らか（眼前）である」と、氏政に緊急事態を告げて援軍を要請し、配下の国衆にも出陣を要請したが〈一三六四〉、信玄への対応で手一杯の氏政にはそれに応える余裕はなかった。まもなくして小弓城は義弘の手に落ちたらしく、翌元亀二年（一五七一）十一月には義弘が小弓城を拠点に千葉氏と戦っていたため、千葉邦胤《くにたね》の元服式は千葉妙見社《みょうけんしゃ》で行うことができず、佐倉妙見宮で行うほかなかった（「千学集抜粋」）。

一方、この年の四月頃、里見軍は江戸湾を押し渡り三崎《みさき》沖で北条軍と交戦したことが伝えられるが（「管窺武鑑」）、実際その頃武蔵国金沢《かねさわ》周辺に侵攻している〈一三八七〉。そして九月には、千葉氏の要請にようやく応えて下総浜野に侵攻してきた北条軍を撃退し、逆にそれを追って下総筋を市川まで侵攻した〈一四〇一・一四〇七〉。

いま、安房延命寺《えんめいじ》に「敵退散」を太郎（のちの里見義頼《よしより》）に告げた義堯・義弘の書状が残されているが、このような状況や義弘の花押型からみても、この頃のものと考えられる〈一四〇三〜〇四〉。

東上総では、小田喜の正木憲時が元亀二年（一五七一）から翌三年にかけて、義弘の意を受けて山武《さんむ》方面に進出し、千葉方にあった山室・井田・牛尾《うしのお》氏らの国衆達を圧迫していた〈一四一六・一四四九〉。このとき里見氏の勢いは、西上総をほぼ手中にしたうえ下総まで及び、かつてないほどの領国の拡大を果たしたのである（遠山成一「元亀年間における千葉氏と里見氏の抗争に関する一考察」）。

しかも義弘は、古河公方家の一員に加わったことで、この時期里見氏のもとにあった足利藤政《ふじまさ》らの復権運動の主導的役割を果たすとともに〈一三三四・一三九二・一四〇八〉、先に述べたように仁政を強く意識した鳳凰印を創出し、さらに里見家当主にとって本来その治世一度きりの大事業である安房鶴谷《つるがや》八幡宮の二回目の修造事業を主催したりと、領国の拡大だけでなく、意識の上でも絶頂期を迎えたのである。したがってこの時期が里見氏の歴史上の一大画期だったことは間違いない。

里見氏歴史上の一大画期

ただ現実的には、この時期の里見氏の領国拡大の背景には武田氏の対外政策が大きく影響しており、里見氏優勢にみえる状況は、実のところは武田氏の北条氏への軍事的圧力によるもので、しかも武田氏との盟約は、しばらくの間、里見氏自身の政治行動を規定していたと評価すべきである、という重要な指摘もある（細田大樹「越相同盟崩壊後の房総里見氏」）。越相《えつそう》同盟への対抗手段という程度にしか見られていなかった武田氏との盟約が、この時期の里見氏にとって大きな意味をもち、またその活動を制約していた面もあることを明らかにしたのである。

ただその一方で、この時代いわば敵の敵がもたらす政治的動きによる一時的優勢を勝ち取る、といったような現象は、普遍的なものだった。永禄三年から四年にかけての上杉謙信の最初の越山に際し、里見氏は下総各所へ侵攻し、それまで北条方が握っていた拠点や諸権益を奪いさらに拡大しようとしているのがいい例であろう。

だからこそ、大勢力の境界にあった国衆や、その下層にあった土豪や野中氏・吉原氏などの流通商人、また太田三楽斎・梶原政景父子や太田康資、さらには信濃守護家の一員ながら、武田信玄によって信濃を追われたのちは上洛して足利義昭や織田信長に近侍し、織田氏の東国政策の際には東国諸氏との取次役として活躍した小笠原貞慶《さだよし》など、いわゆる情報・事情通が大いに活躍する余地があったのであろう。盟約が成ったかと思うと、すぐに破綻し、次はその逆の盟約が成立する、といった現象も、それぞれが連動しているからこそ起こる現象で、何かがあればオセロゲームのようにすべてがひっくり返る、というようなこともしばしばあった。

「甲相房」同盟構想

元亀二年（一五七一）末、事態は水面下で大きく動いていた。甲斐の武田氏は一転して北条氏と再び結んだのである。すでに同年十月の北条氏康の死をもって、越相同盟が事実上破綻していたことを受けてのことだった。

ここで信玄は、これまでの里見氏との関係を維持したまま、自らが仲介して、北条氏と里見氏の対立をおさめようとした。いわゆる「甲・相・房」同盟構想である。そのため信玄は同族の誼《よしみ》から、長南武田氏を介して「房・相和親」〈一四二五〜二六〉のことで義弘との交渉をはじめたのである。ただ義弘としても、ここは慎重な判断が求められた。信玄の提示する北条氏との「和親」は、これまでの経緯や今後のことを考えても受け入れ難いことである。ただ現状においてそれを拒絶することは、武田氏との盟約関係を破綻に追い込む恐れもある。上杉氏の関東における影響力が著しく低下していることからみれば、ここで再び上杉氏を頼るわけにもいかない。信玄の面子をつぶさない一方で、有利にすすめている対北条戦略を維持する、という難題を解決する方策を義弘は必死に模索したに違いない。ただ結局義弘がとった判断は、北条氏との対立を一時休戦状態にして、事態の先延ばしを図ることであった。

第十　義堯の死とその影響

一　義堯の死と日我

家中にくすぶる対立

武田信玄《たけだしんげん》の提示した「甲・相・房」同盟構想に対する義弘の煮え切らない態度は、武田氏との盟約にもともと批判的だった家中の一部勢力からの反発を招いたらしい。

天正《てんしょう》元年（一五七三）末のころ、今は里見氏のもとに復帰しているものの、常に独立意識の強い勝浦城主正木時忠《まさきときただ》は、このとき再び原氏のものとなっていた小弓《おゆみ》（生実）城奪取を念頭に、独自に上総大坪の地（市原市）を攻略したのである。事実上、休戦状態にあった時期の、時忠独断によるこの軍事行動は、北条氏に従う千葉氏や原氏から直ちに北条氏のもとに伝えられ、北条氏からは厳重な抗議が義弘のもとにもたらされた〈一四六五〉。このことについて義弘がどのように対応したかわからないが、里見家中でさらに混乱が起こったことは想像に難くない。

また、義弘と小田喜《おだき》の正木憲時《のりとき》との間にも、微妙なずれが生じ始めていたらしい。このようなことは正木氏のもとにあった太田康資《おおたやすすけ》を介し上杉謙信《うえすぎけんしん》のもとへ逐一伝えられたようだが、事情がのみこめない謙信は、その対応を康資に委ねるしかなかった〈一三六三〉。その康資は元亀《げんき》三年（一五七二）頃までは義堯の久留里《くるり》城に在所しており、その後正木憲時の望みによって小田喜に移ったというように〈一四七三〉、もともとは義堯に近い存在であったが、佐貫《さぬき》城にあった義弘が里見家全体の方針を主導する立場となると、それには与せず、憲時のもとに身を寄せた可能性がある。そしてその後は、憲時の外交顧問のような役割を果たしていたのである〈一五六一〉。このように、里見氏内部の亀裂は次第に目立つようになり、それが数年後の領国を分断する大きな対立の火種の一つになったのであろう。

さらにこの時期、里見領国において深刻な問題が持ち上がっていた。元亀末から天正初期にかけて、里見領国、特に義弘のお膝元ともいえる西上総では、深刻な不作・凶作が数年来続いていた。この時期、義弘は内外に起こる難題に直面していたのである。

そしてさらに追い打ちをかけるように、義弘のみならず里見家全体にとって最大の試練が訪れた。義堯の死である。

久留里城において死す

天正二年（一五七四）六月一日暁《あかつき》、一番鳥が鳴く頃、里見義堯が久留里城でその生涯を閉じた。享年六十八。院号東陽院《とうよういん》、法号「東陽院殿岱叟正五《たいそうしょうご》居士」が菩提寺延命寺《えんめいじ》よりおくられた（「唯我尊霊百日記」）。葬儀も延命寺で行われたと思われるが、残念ながらその記録は残されておらず、墓所も今は明確ではない。

天文《てんぶん》の内乱に勝利して、里見家の家督と安房国主の座を得て以来約四〇年、この間、里見氏をして名だたる東国の諸大名と肩を並べる地位まで押し上げた、まさに一代の英雄の死であった。

その報せを聞いた妙本寺日我《みょうほんじにちが》は悲嘆にくれたが、「四十余年之御懇切」に報いるため、また先に没した義堯正妻「正蓮」と同様に自身で法要を行うためにも、独自に義堯の法名を「唯我《ゆいが》」と名づけ、手厚くその菩提を弔うことにした。もちろんこのことは、生前の義堯から了解を得ていたことであったという。

二　義堯の人間的魅力

日我による百日間の法要

それから日我は義堯のために百日間の法要を営んだが、その間に行った事細かな法要の記録をまとめたものが、本書でもしばしば引用してきた「唯我尊霊百日記」である。日我自筆本は、その一部分が妙本寺に伝存しているが、自筆本を天正四年（一五七六）十二月三日に妙本寺末寺本乗寺の日膳《にちぜん》が書写した完全なものも同寺に伝存している。

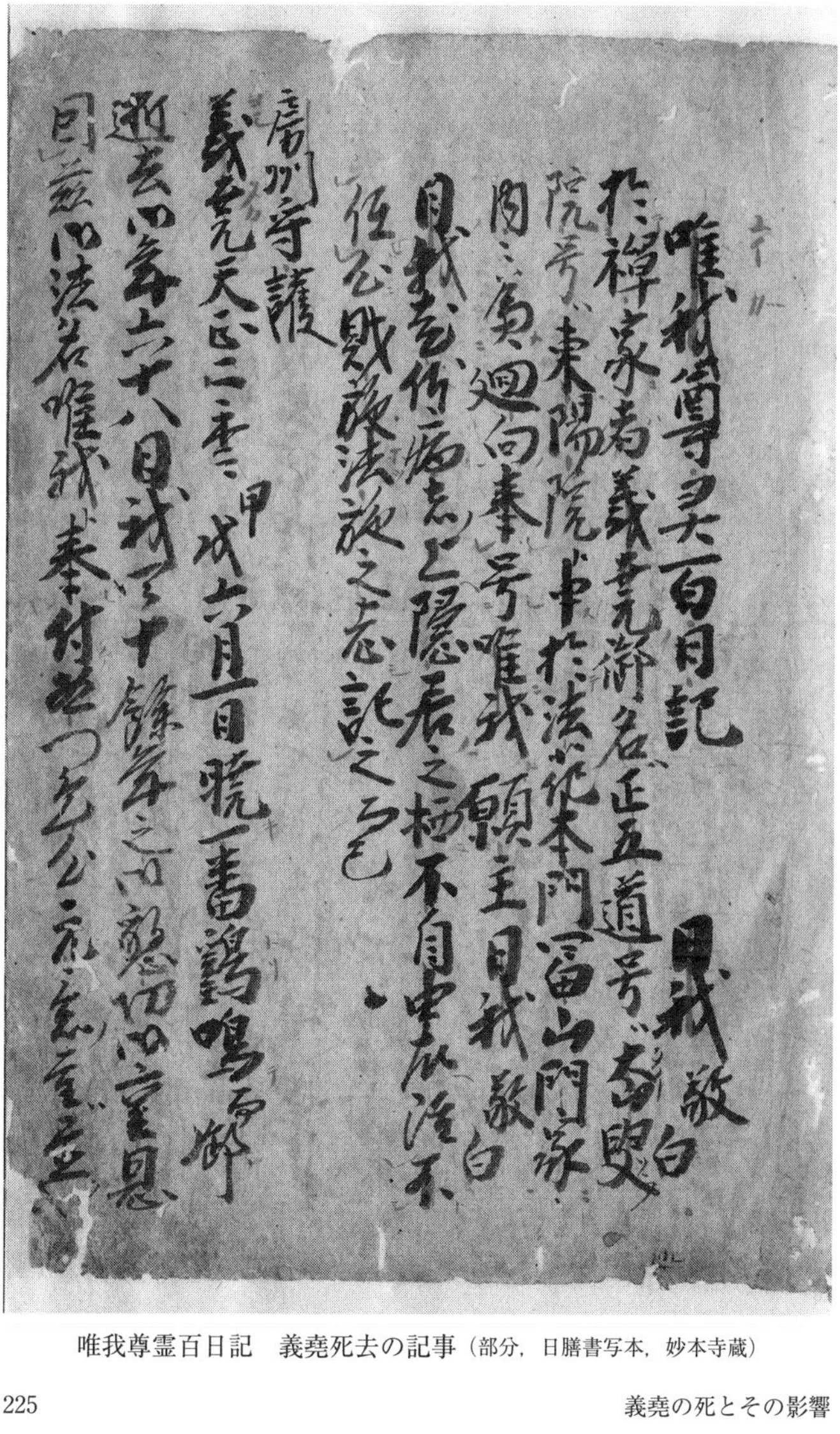

唯我尊霊百日記　義堯死去の記事（部分，日膳書写本，妙本寺蔵）

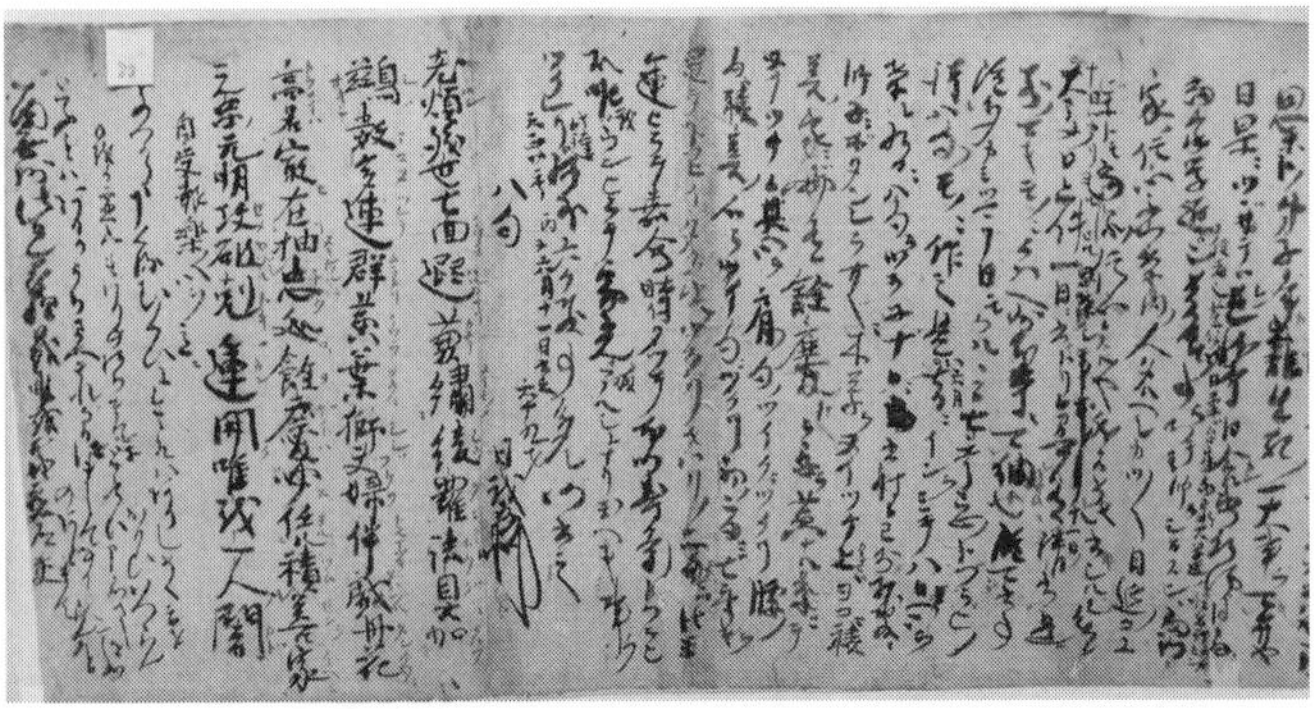

唯我尊霊百日記（部分，日我自筆本，妙本寺蔵）

伝 里見実堯・義堯・義弘塋域（延命寺内）

日我の百日間に及ぶ法要は、実にさまざまな形で念入りに行われた。没した翌月の七月には、正蓮のときと同様に石塔を作らせ、そこに題目を墨書して寺内に建立したほか、それとは別に墓碑を作らせ、やはり正蓮のそれと同様に妙本寺裏の御石山《ごいしやま》に立てた。四十九日にあたる七月や翌八月にも綿密な供養が行われたが、九月四日の彼岸の中日の夜、日我は唯我・正蓮夫妻が夢に現れたことを受けて翌日漢詩を詠んだ。

関東無双の大将

そこで日我は義堯を「房陽ノ大守」としたうえで、

二三ケ国ヲ領シ、四五ケ国ニ手ヲカケ、万民ヲ哀ミ諸志ニ情有テ、国ヲオサメ世ヲタモチ、一代二代ナラス、曾孫迄クニヲユツリ、無欲右道ニシテ慈悲深重也、値大敵マケヲトラス、カツコトヲ千里ニエ、逆臣ヲシタカヘ、讒臣ヲチカツケス、賄賂不耽、非道ヲ不行、六十八ニテ逝去恐クハ関東無双ノ大将ナルヲヤ」（「唯我尊霊百日記」）

と最高の表現で、「仁・徳」からなる義堯の政治姿勢・生き方を称えたのであった。それはただ美辞麗句を並べたものではなく、真に日我が感じていた義堯像であったに違いない。そして九月十二日、百ケ日に渡った追善供養は終わった（佐藤博信『安房妙本寺日我一代記』『中世東国日蓮宗寺院の研究』）。

日我の死

しかしそれからも日我の義堯に対する追慕の念は強まるばかりで、一周忌、三回忌、七回忌と途切れることなく追善供養は継続され、天正十四年（一五八六）六月一日に十三回

義尭の十三回忌に日我が妙本寺に寄進した
唐錦の打敷裏裂残闕（妙本寺蔵）

忌として唐錦の打敷一枚（一部現存）を妙本寺に奉納するまで続けられた。そしてその年十一月十一日、日我は死去したのである。享年七十九だった。

日我は、初めて出会ったその日から自身の死の直前まで、義尭を慕い敬い称え続けた。それは当然、義尭の為政者として優れた点に惹かれたこともあるだろうが、現実的な打算など一切ない、真にその人間的魅力に惹かれた一人の姿をそこにみるべきだろう。宗門の世界から「東の日我」と称えられた傑僧日我をして、そこまで心酔させた人こそ里見義尭だったのである。

房・総両国の太守

ただこれは、一人日我だけの想いではなかったらしい。これよりかなり前のことになるが、義尭が父実尭《さねたか》のために招聘して建立したという延命寺の開山で、のちには義尭の師僧ともなった吉州梵貞《きっしゅうぼんてい》は、すでに触れたように、弘治三年（一五五七）に新たに鋳造がなった那古寺《なごじ》の梵鐘に記した撰文に、義堯を「房・総両国の太守」としたうえで、「堯・舜に斉《ひと》しい人物にして人民を兄弟として遇している」とその政治姿勢と人徳を絶賛しているのである。

また義堯のことを、「仁を第一とすることで、その配下の者達も皆仁の道を行う」と、敵側の史料である「北条五代記」が称えていることもよく知られている。その作者三浦《みうら》浄心《じょうしん》は、里見氏のことをよく知る連歌師昨夢斎紹之《さくむさいしょうし》（旨）とも交流があったようなので、この記事も里見氏に関係した同時代の証言や評価としてある程度信用できるものであろう。

義堯は自分自身を高い倫理観で律するとともに、為政者としてのあり方を常に模索し、その範を古典のみならず内外の現実の世界に求め、それゆえに領内の状況を自分のその目で確かめて、民の日常にまで気を配っていたのである。おそらくそのような政治姿勢や行動が、長く房総各地で語り伝えられ、またそこから、義堯は民衆から君徳に優れ慈悲深い君主を意味する「万年君様《まんねんきみさま》」と仰ぎ讃えられた（「里見代々記」「房総里見誌」他）という一種の伝説が生まれたのであろう。ただ、これらのことも義堯に関する真実の一端を投影したものに違いない（佐藤博信『中世東国日蓮宗寺院の研究』）。

義堯は戦国の世において、仁と徳を備えた為政者として、古代中国史上の理想の聖天子とされる堯《ぎょう》・舜《しゅん》の世を体現しようとした、まさにその名乗りにふさわしい人物だったのであろう。

三　義堯没後の領国の動揺と混乱

義弘の起請文

すでに表向きの政治の世界からは引退していたとはいえ、里見氏の象徴的存在であり、全体の重しであった義堯の死は里見領国に深く暗い影を落とした。そしてそれはすぐに家中の動揺にもつながった。義堯が六月に没してまだ半年もたたない天正二年（一五七四）閏十一月、あとを継いだ義弘は有力家臣の岡本兵部少輔氏元《うじもと》に対し、次のような文書を認めた〈一五一〇〉。

拙夫に無沙汰なく入魂《じっこん》あるべきの段、御誓詞の儀申し候ところ、速《すみやか》になされ候、祝着に候、よって其の方にたいし候て、別心これある間敷候、殊《こと》にねい《（佞）》人など申す儀これある共、其へあい尋ねもうすべく候、その方疎儀これなきにつきては、別心なく懇《ねんごろ》に申し合わすべく候、この儀偽《いつわり》に候わば
那古観世音菩薩・清澄虚空蔵菩薩、別しては八幡大菩薩の御罰《ばち》をこうむるべきもの

なり、よって件の如し

閏霜月廿七日　　　義弘（花押影）

岡本兵部少輔殿

ここで義弘は、岡本氏元に対し「拙夫に無沙汰なく（当方に対しおろそかにせず）」、「入魂あるべき（親密にすること）」ことを求める一方、「其の方にたいし候て（あなたに対し）、別心これある間敷候（ふたごころは懐かない）」旨を起請文《きしょうもん》に記して互いに交換し誓約したのである。義堯の死を受けて、政治路線や後継者をめぐる家中の対立と混乱が表面化しはじめたことを示す象徴的出来事であった。

出挙・逐電

それとは別に、領国内でもさまざまな動きがあった。ほぼ現在の君津・木更津・袖ケ浦市一帯を指す西上総地域は当時、里見氏と北条氏（またその傘下にある領主）の勢力が交差する境目にあったため境目特有の大小さまざまな紛争が頻発していた地域でもあった。そのなかで、やはり天正二年末になって横田郷（現袖ケ浦市内）の百姓たちの多くが、「出挙《すいこ》」の負担に耐えかねて「逐電《ちくでん》」するという事態が表面化したのである〈一五一九〉。

「出挙」とは、領主が百姓に対して種籾を貸し、収穫時に利子分を加えて返却させる制度で、もともとは百姓たちを助けるものであったが、そのうち半強制的に貸し付けられたうえに利息まで徴収されることで、多くの場合、百姓たちが負債を抱える大きな原因となっていた。また「逐電」は、土地を放棄して逃亡してしまうことで、百姓たちの領主に対する抵抗の一つの形態であった。そして同じようなことは横田郷に隣接する下郡《しもごおり》一帯（木更津市）でも起こっていた。ただ下郡では百姓たちは、地域の小領主と一緒になって「逐電」をちらつかせ、大名里見氏に対し、これまでの負債を帳消しにしてほしいことを要求したのである。

代替わりの徳政

この時は義堯の死によって義弘が名実ともに里見家を継承したときである。そのことからみると、どうやらこのような動きがあった背景には、長引く不作・凶作はもちろんであるが、当時領主の代初め（代替わり）の際に、徳政が行われることが、社会慣行として広く定着していた事実があったとみていいだろう。

徳政とは、それまでの負債を帳消しにするという中世社会特有の政策であるが、社会・経済の混乱を引き起こすこともあり、頻繁に出されるものではない。ただ義弘としても、これをそのまま放置しこのような状況がさらに広まれば、領国の根幹を揺るがす大事にもなりかねない。しかも義弘の父義堯は、民を慈しむ仁政で知られた為政者で、義弘自身も、古代中国の聖天子「堯・舜」を強く意識した領主だった。それらのことをすべて合わせて義弘が下した決断は、徳政の発令であった。

古負の事、侘び言申し候間、手前を捨て候らいて、徳政入り候、そのため印判これ

を下すなり、件の如し、

拾月二十六日　□（鳳凰黒印）

横田の郷□（擦り消し）

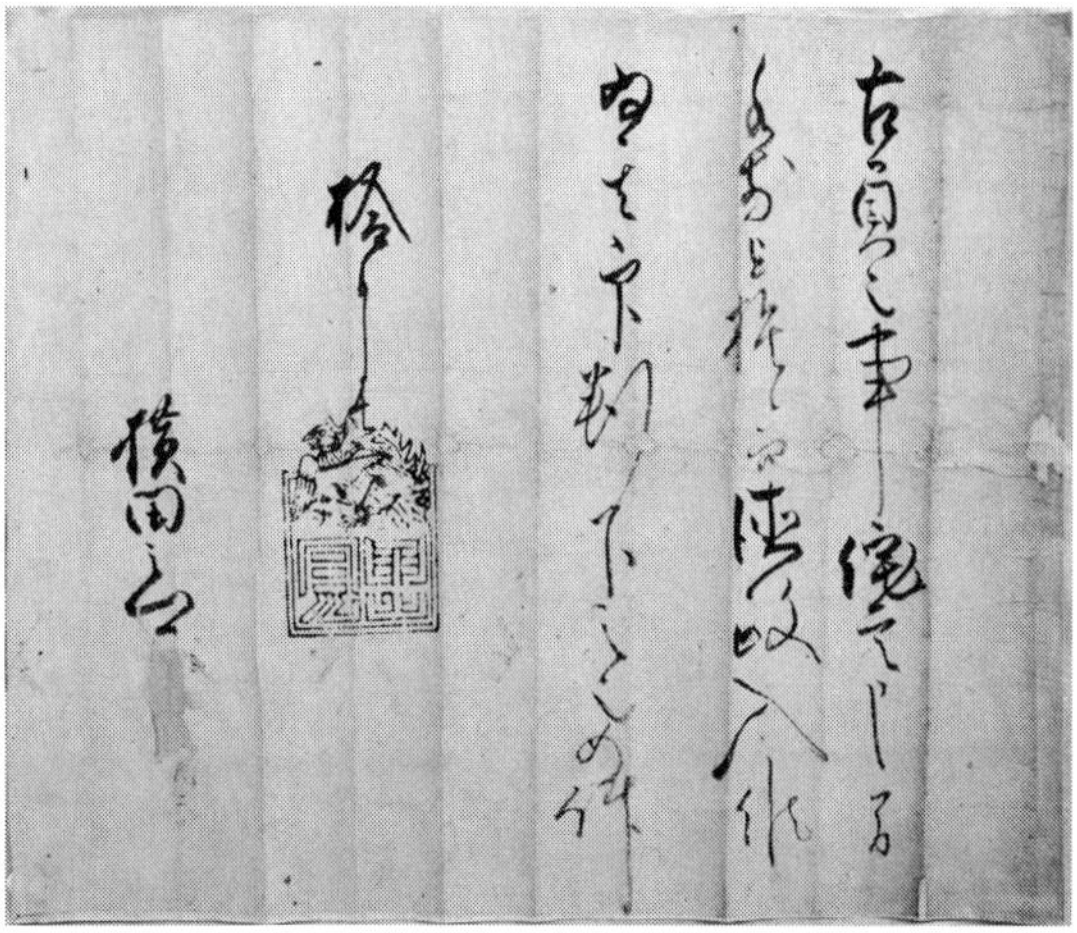

里見家（義弘）印判状
（葛田家文書，個人蔵，袖ケ浦市郷土博物館提供）

天正三年（一五七五）十月、義弘は下郡の奉公中（小領主・百姓たちヵ）や横田郷の百姓たちに対し、それまでの負債（「古負」）について徳政を適用することを表明したのである。いま横田郷や下郡に残されたこれらの徳政文書（一五五〇～五一）は、このとき大名里見氏から勝ち取った権利を物語る証拠として、百姓たちによって代々守り継がれてきたのであった。

四　北条氏の房総侵攻

関宿城が北条氏の手に落ちる

義堯がその生涯を終えた頃、関東の政治情勢も大きく動いていた。天正二年（一五七四）の閏十一月、南関東の要衝関宿城《せきやど》が、ついに北条氏の手に落ちたのである〈一五〇九〉。これによって関東における北条氏の圧倒的優位は動かぬものとなった。

このとき義弘は、関宿城に拠る簗田《やなだ》氏からの再三の救援要請に対しても積極的な動きはしなかった。武田氏との盟約がまだ途切れておらず、北条氏との事実上の休戦状態も続いているいま、表立った行動はとれなかったのであろう。

長篠の合戦

翌天正三年五月、このような状況をさらに大きく変える出来事があった。三河国長篠《ながしの》（愛知県新城市）において、武田勝頼《かつより》率いる武田軍が、織田・徳川連合軍によって壊滅的な打撃を被ったのである。この敗戦によって勝頼は信玄以来の多くの有力家臣を失い、勢力を大幅に後退させることになった。

氏政《うじまさ》は、この情勢を見逃さなかった。すでに関宿城を落としたいま、南関東において障害となっているのは、里見氏と佐竹氏だけである。しかもその里見氏は、義堯の死を受けて家中が動揺している状況がうかがえる。ここから氏政がまず里見氏を叩くのが先決と考えたのは、当然の判断であろう。

北条氏の東上総侵攻

同年八月、北条氏は一気に下総へ侵攻し〈一五三四、一五三七～三九〉、その一隊は江戸湾岸の浜野（千葉市）から太平洋岸の茂原・一宮を結ぶ里見・北条氏間の事実上の休戦ラインを越えて侵攻してきた。このとき里見氏は一宮城の正木藤太郎（実名・系統不明）に対し攻勢に出ていたが、玉縄《たまなわ》城主北条氏繁《うじしげ》は、その救援のため「兵糧百四十俵」を送ることを、氏政より命じられていた〈一五四四〉。

氏繁は八月十六日に三浦口から浜野に上陸、十九日には本納《ほんのう》近辺（茂原市）に着陣した。一方、氏政は十八日に、作倉《さくら》領内の郷村に禁制を下し〈一五四三〉、同月下旬にはそれまで里見側だった土気《とけ》・東金《とうがね》の両酒井氏の本拠地を攻め、ついで茂原まで侵攻し〈一五四七〉、九月には万喜《まんぎ》城（いすみ市）に「兵糧一万俵」を搬入した〈一五四八〉。万喜城は北条氏に与していた上総土岐氏の本城で、正木憲時の拠る小田喜城とは目と鼻の先にあるところから、まさに両勢力がせめぎ合う境界に位置する城であった。「兵糧一万俵」という数字は多分に誇張があろうが、このことで北条氏が万喜城を東上総における対里見氏攻略の最前線の基地とした、という宣伝効果は十分にあった。

謙信への越山要請

これに対し義弘は、武田勝頼がまったく頼りにならなくなったことがはっきりした今、この危機を脱する手だては反北条連合を組む佐竹氏とともに再び上杉謙信の関東侵攻、すなわち越山を要請するしかなかった〈一五六〇・一五六一〉。この点は正木憲時も同様で、義弘とは政治スタンスが微妙に異なってきても、目の前に北条方の最前線基地である土岐氏の万喜城がある事実は、受け容れがたいものだった。そこで憲時は小異を捨て、太田康資を介して、義弘とは別ルートで謙信に房総情勢を伝えるとともに、越山を働きかけたのである〈一五四九〉。

永禄《えいろく》十二年（一五六九）の越相《えつそう》同盟成立以降しばしば疎遠になっていた里見・上杉の両者だが、そもそもその状況を作ったのは謙信側であったためか、この要請を受けた謙信は、ただちに応じて同年十月上旬、越山して上野国の由良《ゆら》領内（群馬県太田市一帯）へ侵攻した。

その事態を受けてこのたびの北条氏の攻勢がひとまず収まった。すると正木憲時はすぐに万喜城に向かって侵攻し、その攻略のための陣城を築き万喜城を包囲した〈一五六〇～六一〉。憲時としても万喜城の存在は、まさに喉元に刃《やいば》を突き付けられたような存在だったのである。しかし万喜城の守りは堅く、攻略することは叶わなかった。

房・相弓矢再来

同年十一月、北条氏政は「既に房・相弓矢再来」と、里見氏との一時的休戦がこれ以前に完全に終わったことをうけて、水軍衆の梶原氏による「帰国」をちらつかせながらの「知行所務不足」の訴え、すなわち賃上げ要求については、それをよく聞いてなだめたうえで、善処するよう配下の者に指示している〈一五五六〉。氏政としても、差し迫る里見氏との決戦を前に、梶原氏の役割が今以上に重要になることが当然予想され、ここで梶原氏を失うようなことは絶対にできなかったのである。

そして翌四年三月、北条氏規《うじのり》は水軍衆の山本氏に、半手《はんて》となる郷村を増やす「半手稼ぎ」を強力に推し進めさせ、里見領にさらなる打撃を与えることを命じた〈一五六八〉。足下を大きく揺るがす北条方のこのような攻勢によって、里見氏は次第に追い詰められていった。

五　房相一和

越山懇願

天正四年（一五七六）五月、謙信の越山があったが、上野国・下野国の周辺を短期間攻撃しただけで引き上げたため、房総情勢はなんら変わることはなかった。そしてその冬に北条氏は再び房総に侵攻してきた。その手ははじめに有木《あり き》城（市原市）を取りたて、足利氏の伝統的な家臣である椎津《しい づ》氏を下総総番手としたうえで、北条氏の軍勢を配置し、本格的に房総攻略に乗り出してきたのである〈一五九六〉。

これらのことによって、これまで里見・北条の両勢力の間をたくみに生き抜いてきた東金・土気両酒井氏も北条氏に完全に屈服し、以後はその従属する国衆として生きていかざるをえなくなった〈一五九六〉。そして結局それは北条氏の滅亡まで継続されることになり、最終的に酒井氏も北条氏とともに滅びるのだが、それはまだ少し先の話である。

翌天正五年二月、義弘は謙信の重臣直江《なおえ》景綱《かげつな》、柿崎景家《かきざきかげいえ》両者にそれぞれ書状を認《したた》め、謙信の火急速やかなる越山を懇願した〈一五九六〜九七〉。いま北条氏の脅威を振り払うことのできる方策は、もはや謙信の越山だけになっていたのである。

また正木憲時もそれに先立つ同年正月、謙信の重臣で上野厩橋《まやばし》（群馬県前橋市）城主の北条高広《きたじょうたかひろ》・景広《かげひろ》父子を介して、謙信の越山を懇願している。だが北条父子からもやはり謙信の越山は難しいとの連絡を受けた。そこで憲時は「せめて謙信の軍が春か夏にはやってくるとの情報を流してほしい、それが噂になって小田原まで届いたら、北条氏は出陣を見合わせるだろう」と重ねて懇願した〈一五九三〉。謙信出馬の噂が広まるだけで北条氏に疑心暗鬼を生じさせる効果があることを、憲時は十分に知っていたのであろう。

吉報は届かず

だが肝心の謙信は、その頃越中から能登方面の作戦で手一杯で、それらの声に応えられる状況にはなかった。いやそれ以上に謙信としては、畿内を制圧しつつある一方、その矛先をさらに全国各地に向けようとする織田信長の存在が、新たな脅威として明確になってきており、彼自身のなかで、もはや関東の政局は最優先すべき課題ではなくなったのであろう。時代は大きく統一に向けて動き始めていたのである。

義弘や憲時の待ち望んだ謙信越山という吉報はないまま、いたずらに時は過ぎていった。そして九月に入ると、北条氏が房総へ再び侵攻してきた。東上総に進軍した北条軍は、同月一日に茂原妙光寺（藻原寺）の求めに応じて禁制を下し〈一六一六〉、同二十二日には、里見方であった長南《ちょうなん》武田氏の勝見《かつみ》城（睦沢町）を攻め、同三十日、長南（長南町）・池和田城の武田豊信《とよのぶ》が北条氏の軍門に下った〈一六一九〉。

佐貫前合戦

同時に北条氏の大攻勢は海上からも行われた。九月下旬には、義弘の居城である佐貫《さぬき》城眼前の江戸湾上で、里見・北条両水軍同士の戦いがあり、里見水軍は山本氏等による北条水軍に打ち負かされた〈一六二〇〉。生命線ともいうべき水軍戦にも敗れた里見氏。しかもこの時期房総では慢性的に飢饉が続いており〈一七七三〉、国力も疲弊しきっていた。義弘にとって、もはや里見家が生き残るためには北条氏と和睦すること、つまり事実上の屈服のほかに選択肢は残されていなかったのである。

天正五年末、かくして義弘は、義堯以来約四〇年にわたった対外戦略の基本方針である北条氏との抗争に終止符を打ち、その軍門に下った〈一六二六～二七〉。この時の義弘の無念の思いは、まさに「遺恨深長」という言葉に象徴されるものだったに違いない〈一六三五〉。それだけにこの決定には不満も多く、家中も大きく揺れたに違いない。そうでなくとも、里見家中はすでに真二つになりかけていたのである。義弘の後継者問題である。

第十一　その後の里見氏

一　義弘の二人の後継者

安房を管轄していた義継

そもそも義弘には、後継ぎを意味する名乗りや、仮名《けみょう》が里見家嫡子を意味する「太郎」を称していた義継《よしつぐ》（のちの義頼《よしより》。以下義頼で統一する）が、はやくから後継者として決まっていた〈一四〇三～〇四・一四四八・一六四五〉。

義頼は、上総佐貫《さぬき》城にあった父に代わって、里見家本国の安房を管轄して岡本城（南房総市）を居城とし、天正《てんしょう》初期には、のちに使用する義頼龍印判の前身ともいえる義継龍印判を創始し、母の縁からいっても旧小弓公方《おゆみくぼう》系の人々からの支持を集めるなど（滝川「房総里見氏の印判について」）、文字通り里見家後継者としての地歩を着々と固めていたのである〈一五六二・一五六五〉。そのことから、「房相一和」の際には、和睦の証として、北条氏政《うじまさ》の娘が義頼のもとに嫁いできていた。正妻としての輿入れだろうが、その名を鶴姫と伝えられる彼女はまだ十二・三歳にすぎない女子だったらしい。

梅王丸の誕生

少し時計の針をもどすが、義頼が安房を管轄していた間、佐貫の義弘身辺でも大きな変化があった。古河《こが》公方家から迎えた継室と義弘との間に男子が生まれたのである。この事実は、彼のかねてからの強い鎌倉志向（滝川「戦国期の上総国佐貫に関する基礎的考察」）や関東足利氏の一員としての立場を誇るその姿勢とを合わせて、義弘をしてさらなる衝動にかりたてたらしい。すなわちそれは、古河公方家の幼名にならった梅王丸《うめおうまる》と名づけたその子を義弘の後継者とし、古河公方家の極めて近い縁者として、里見家の家格をさらに上昇させることだったと思われる。まさしくそれは、里見氏歴代がかねてから自称していた関東の副将軍（帥）という地位を、関東諸氏に公式に認めさせることでもある。

ただそうなると、すでに後継者として位置づけていた義頼との関係が問題となる。おそらくそのことは、生前の義堯も案じていただろうが、義堯の死によって義弘の考えが前面に出てきた結果、義弘・梅王丸を支持する一派と、安房の義頼を支持する一派に、里見家中は完全に分裂してしまった。このことは、捉えようによれば、里見家中における古河公方派と小弓公方派の対立でもあったのである。

義弘の死

このような状況のなか、天正六年（一五七八）五月二十日、義弘は佐貫城で死んだ。享年五十四だった。その報を伝え聞いた日我《にちが》は「大酒ゆえ臓腑が破れた」とするが〈一七七三〉、それ以前義弘は中風《ちゅうぶう》（今でいう脳卒中）を発し、手には後遺症も残っていたようなので〈一三二八〉、その再発による死亡だった可能性も高い。葬儀は佐貫で行われたが、「存命時よりあわ（安房）とあいだあしく候ゆえ、焼香にもあわより参られず候」〈一七七三〉と日我が記したように、安房からは誰一人焼香にも来なかった。ついに梅王丸派と義頼派との対立が決定的となったのである。

二　天正の内乱

義頼と梅王丸の対立

このあたりの顛末を委しく記す「関八州古戦録」では、義弘は死に臨んで、義頼には安房を任せ、上総を梅王丸に譲り、加藤伊賀守信景《のぶかげ》などが佐貫城にあって梅王丸を補佐するように遺言したという。これがどこまで事実かどうかわからないが、家督が鳳凰の印とともに梅王丸に継承されたことと〈一七〇六〉、佐貫城の近辺を拠点とした加藤信景や、関東足利氏の根本被官の系譜を引く岡本但馬守父子あたりが、当初梅王丸の後ろ盾になったことは事実として認めてよさそうである。

そして、すぐにでも武力衝突は起こるかと思われたが、意外にもしばらくは何も起こらなかった。というよりこの時期、義頼・梅王丸双方とも領内の寺社や郷村（商・職人）におきているさまざまな問題の対応に追われ〈〈一六七四～七五・一七〇七〉、佐藤博信「房総里見氏の領国支配の一側面」『中世東国の権力と構造』）、すぐには本格的に動けなかったのである。

ただ、この間、佐竹・上杉・武田といった反北条連合を組む東国諸氏は里見家内の紛争を注視していた。そこでまず義頼は、積極的な対外活動を進めることによって自身を里見家後継者として認知させることに努め〈一六八九～九〇・一七一三～一四・一七一六〉、一方、岡本父子など梅王丸を支える勢力の切り崩しを進めるなど〈一六八八他〉、着々と梅王丸派の外堀を埋めていったのである。

だが、問題をさらに複雑にしていたのが、北条氏との関係だった。前述のごとく房相一和によって義頼と氏政は婿・舅の間柄となり、それを口実に北条氏がこの紛争に介入してくることも十分考えられたが、義頼のもとへ嫁いできたその鶴姫が、この間の天正七年（一五七九）三月二十一日に死去しており（「高野山妙音院里見家過去帳」）、その分北条氏と義頼との関係は薄まっていた。それもあってか、逆に北条氏はどちらかといえば梅王丸寄りの姿勢をみせ始めていたのである〈一六六九〉、『戦房』では本文書を天正七年正月のものとみるが、翌八年正月とみた方がよいヵ）。そこで義頼は、北条氏が上杉謙信の後継者問題に端を発した武田氏との抗争で身動きがとれない（介入されない）状況を見極めたうえで（丸島和洋「里見義頼挙兵の背景」）、天正八年四月、満を持して動いたのである。

上総に侵攻した義頼の軍は瞬く間に久留里《くるり》・千本《せんぼん》（君津市）・百首《ひゃくしゅ》といった梅王丸派

の拠点城郭を攻略し、その月の後半になると梅王丸派は佐貫一城だけを残すばかりとなり、「彼の地の落城もほどなくであろう」という状況になった〈一七七三〉。伝えられるところでは、ここで加藤伊賀守信景が梅王丸を説得し、その生命を保証することを条件に佐貫城を無血開城し、この騒乱を終結させたという。天正八年六月、ここに里見家の後継者争いは義頼によって収束されたのである。

正木憲時の乱

ところがその直後の六月晦日、里見家中に再び激震が走った。上総小田喜《おだき》城主正木憲《まさきのり》時《とき》が、義頼に対し叛旗の狼煙をあげたのである〈一七四六〉。すでに憲時は元亀《げんき》～天正初期頃より義弘との政治路線の違いをことあるごとに示していたが、天正五年の北条氏侵攻の際にみせた上杉氏との交渉をみても〈一五九三〉、その時点までは里見氏との対立が決定的にはなっていなかった。ただ父時茂《ときしげ》の名を印文とした獅子印判を使用し、自らを時茂の後継者としてアピールしていたときから比べると、印文に本拠地「小田喜」を刻んだ獅子印判を創始し使用しはじめた天正七年頃になると、里見氏からの完全自立化への道を急ピッチで歩んでいたのである。

したがって、義弘死亡直後の里見領国は、安房の義頼・上総佐貫の梅王丸・小田喜の憲時という三つの権力によって一時的に均衡が保たれていたとみてよい。ところが義頼と梅王丸との問題が解決すると、そのバランスが崩れ領国の一円化を目指したい義頼と、自立を果たしたい憲時との対決がおそかれはやかれ避けられない状況となる。そのことに憲時が危機感を感じ、また自己の存立をかけたことで起こったのが、この武力蜂起の真相だったのではないだろうか。この点憲時が梅王丸派の擁立主体だったのではないか、という説もあるが、憲時と生前の義弘との関係からみれば、その可能性は低いだろう。

義頼にとって憲時の叛乱は、後継者争いに勝利したばかりだっただけに大きな試練となった。しかも相手が、時茂以来その存在を世に知られていた小田喜正木家である。実際その状況は、北条氏や佐竹氏・武田氏等の間でも注視の的になっていた〈一七四九・一七七七・一七八九他〉。

義頼の危機

なかでも義頼にとって北条氏は、房相一和が表面上は継続しているとはいえ、梅王丸の件もあって常に油断できない相手であり、援軍として武力介入され、最終的には事実上領国を乗っ取られる恐れも十分にあった。案の定、いち早く事態を知った氏政は、直ちに支援の申し出にことよせ探りを入れてきた。それを受けて七月五日に義頼は氏政の重臣松田《まつだ》憲秀《のりひで》に対して、「家中のことなので援軍の必要はなく、また事件もほどなく落着するだろう」とその申し出を断り、逆にそのとき武田氏と抗争中の北条氏に対して「もし人衆御用については援軍の用意がある」と申し出て、平静さを装うことに努めている〈一七四六〉。義頼には一刻の猶予も許されなかったのである。

正木領への侵攻

事実その同じ日、義頼は憲時の拠点である長狭《ながさ》郡に向けて進発し〈一七四九〉、短期間のうちに正木方の長狭支配の拠点金山《かなやま》城（鴨川市）を陥落させ、城将正木宮内大輔《くないのたいふ》頼房《よりふさ》の投降を受け入れた。直後には、長狭郡所在の寺社に対しこれまでの権限や所領を改めて安堵するなどして秩序回復に努め〈一七四七～五三〉、その一方で一気に憲時の本領である小田喜領に攻め入り、七月十九日には興津《おきつ》城（勝浦市）を「巣城（本丸部分）を残すばかり」とした。そして憲時の本城小田喜に今にも攻め入るばかりとしたのである〈一七七三〉。

このとき小田喜領で、義頼勢力との境界領域にもなった板谷《いたや》・紙敷《かみしき》・宇筒原《うとうばら》・伊保田《いほた》の村々（すべて大多喜町）では、その状況を知って義頼に対して年貢を半分納めることで、安全を保障される「半済《はんぜい》」を願い出て、その承認の証である朱印状をもらった。自立する村々の危機管理への素早い対応であった〈一七五六〉。

ところがそれからしばらく戦線は膠着状態に陥った。興津城は年が改まっても落城せず、憲時側抵抗のシンボル的存在となっていたのである〈一七七九〉。またこの頃憲時は、憲時と北条氏が結び北条氏の軍勢が義頼の本拠地内安房一帯を襲う、というような偽情報を飛ばし義頼方を揺さぶるような作戦にも出たらしい〈二〇七九〉。

憲時の滅亡

義頼がようやく憲時を滅ぼしたのは、天正九年九月二十九日、のことだった〈一八二一〉。その混乱のなかで、このとき憲時の外交・軍事顧問のような役割を果たしていた太田《おおた》康《やす》

岡本城跡古写真（明治末〜大正初期の絵葉書，筆者蔵）

資《すけ》も殺害された（「太田家記」『北区史　資料編　古代中世』２）。この結果、長きにわたって里見氏に従う国衆の中心として内外にその名を轟かせてきた小田喜正木家は、ここに滅亡したのである。

ただそれからしばらくして、義頼は初代時茂の外孫にもあたる次男別当丸に正木大膳の名跡を継がせ、時茂の末子であった正木頼房《よりふさ》に補佐させることで小田喜正木家を復活させた〈二〇三五・二二三五〜三六・二三三四〉。義頼としても里見家から正木大膳の名を消滅させるわけにはいかなかったのである。

ここに二つの大乱を乗り切ったことで、安房岡本城主義頼のもと里見氏は新たな歩みを始めようとしていた。ところが、義頼を取り巻く状況はそれを簡単には許してはくれなかった。すでに戦国の世は終りをむかえ、統一の時代に入っていたのである。

三　統一政権下の里見氏

天正十年（一五八二）三月、甲斐の武田勝頼《たけだかつより》が織田信長《おだのぶなが》によって滅ぼされた。その直後に義頼は、信長家臣で東国仕置《しおき》を任された滝川一益《たきがわかずます》から今後の入魂《じっこん》を申し入れられている〈一八四八〉。また一益の配下となった上野倉賀野《くらがの》城（群馬県高崎市）の倉賀野家吉は、四月に長南《ちょうなん》武田氏に対して織田方への服属を勧めている〈一八四六〉ように、房総諸氏も織田政権とどう向き合うかが喫緊の課題となっていた。

本能寺の変がもたらした混乱

ところが、それから三ヵ月も経たない六月二日、思いもよらぬことが起こった。織田信長が京都本能寺で家臣の明智光秀《あけちみつひで》によって討たれたのである。世に言う本能寺の変である。徳川家康《とくがわいえやす》からの情報を受けた北条氏を介しこの変事を伝え聞いた義頼は、至急太田三楽斎《おおたさんらくさい》・梶原政景《かじわらまさかげ》父子に連絡し、変事に伴う各地の異変についての情報を収集しようと努めた〈一八七〇〉。義頼としても善後策を講ずるための正しい情報を得ることは、自身の存亡ともかかわるだけに必死だった。そして歴史を大きく揺るがしたこの事件は、このあと東国社会も大混乱に陥れた。旧武田領国をめぐって、いわゆる天正壬午《てんしょうじんご》の乱といわれる北条氏直《うじなお》・徳川家康・上杉景勝《うえすぎかげかつ》による三つ巴の争奪戦が始まったのである。

このとき北条氏直より房相一和に基いて支援要請がきたが、義頼はそれに応えて、上野筑後守以下の一隊を送った〈一八七七・一八八〇〉。結局この争乱は十月末に、北条・徳川の間で和睦が成立したことで一応終了したが、このときの領土裁定において、信濃や上野ではその内容に同意しない領主がその後も抵抗運動を続け、最終的にそれが天正十八年の小田原合戦が起こるきっかけとなったのだが、それはまだ少し先のことである。

また、義頼はこのときは北条氏に協力したが、時代が大きく動いていることを実感し、また太田道誉や高野山西門院を通して情報収集に努め〈一九九三・一九九六・一九九八・二〇〇〇〉、対外関係を見直し、中央の動きにも敏感に反応するようになる。

義康の元服

羽柴秀吉《はしばひでよし》によって中央がまとめられてくると知るや、天正十三年（一五八五）、義頼は「太刀一腰・黄金三十両・縮《ちぢみ》三十端」を贈っている。そしてその十一月には、秀吉から近日中の「富士見物」すなわち関東攻めを通達されるようになっていた〈二〇一七〉。

同年十二月十三日、このようななかで義頼の嫡男義康《よしやす》が十三歳で元服した。鶴谷八幡《つるがや》宮において前例に則って盛大に行われたその儀式は、里見家の一族のみならず家中を挙げての慶事であった。

式が終わった後の十五・十六の両日には能が興行され、元服を終えたばかりの義康は

「鵜羽《うのは》」「松浦」を、弟で正木大膳《まさきだいぜん》の名跡を継いだ小別当は「西王母《せいおうぼ》」を演じ、その時には義頼自ら太鼓を、家中の者が鼓を打つという優美で華麗なものであった。しかしこれが事実上戦国大名里見氏の最後を飾る盛事となったのである（「里見家永正・元亀中書札留抜書」）。

義康の家督継承

天正十五年（一五八七）十月二十三日、義頼が死んで義康が里見家のあとを継いだ。享年はわからない。そのことでまだ十五歳の義康が、戦国時代の終焉から天下一統という激流の時代の舵取りを任せられたのである。その義康が使用した花押（一九九頁）の基本型は、明らかに曽祖父義堯の花押を模倣したものであり、それを終生使い続けた。そのことからいっても、彼は義堯を理想とする為政者を目指したのであろう。

翌天正十六年十一月、義康は「太刀一腰・黄金十両」を秀吉に献上して、領地境目について現状を認めてもらっていた〈二一六四〉。秀吉は、北条氏の討滅に先だって、大名同士による領土紛争を私戦として禁止し、紛争は天下人たる秀吉が裁定するものという「関東惣無事《かんとうそうぶじ》」の論理を関東中の諸氏に示していたのである。当然これは、里見氏のもとにも通達されていたはずで、すでに自力で紛争を解決する戦国の世は終わっていたのである。

小田原合戦後

天正十八年三月、秀吉は北条氏討滅のため京を進発した。その後小田原城を包囲し、七月十一日、小田原城で北条氏政・氏照《うじてる》兄弟がその責を負って自害したことで小田原城は開城した。ここに宗瑞《そうずい》以後五代にわたって関東に君臨した戦国大名北条氏は滅亡したのである。同時に北条氏に従っていた千葉氏や原氏・酒井氏・高城氏など房総の国衆も運命を共にした。関東における戦国時代はここに終わったのである。

また、戦後の処置で里見氏は、上総における正木・秋元・加藤といった従属国衆たちの所領を里見領と認定されないばかりか、里見氏自身の所領も認められず、結局安房一国だけの領有を認められることで終わった。

四　義康から忠義へ

岡本から館山への移転

その後秀吉政権への正式な服属・臣従、上総所領没収による領地の大幅削減と、それに伴う家臣・寺社への所領再配分、徳川家康の江戸入部とその家臣団の房総への配置、秀吉政権による領内の検地等々、目まぐるしいばかりの政策が実施され、岡本城から館山城への本格的移転が行われたのは、おそらく翌天正十九年（一五九一）頃ではなかったかと考えられている。

秀吉政権下の里見氏

秀吉政権下の一大名となった里見氏は、政権内の大きな行事や異変があった際にはもちろんのこと〈二五一八〉、伏見《ふしみ》城の普請や他の大名との交流といった諸事情によっても、しばしば上洛を余儀なくされた。またいわゆる文禄《ぶんろく》の役の際にも、義康は肥前名護屋まで従軍したのである〈二五〇三〉。

慶長《けいちょう》三年（一五九八）七月、義康は再び上洛し伏見（京都府伏見区）に滞在していた。実はこの時秀吉が危篤となっており、不測の事態に備え日本全国から大小名が伏見に集結し、息を殺すようにしてその日を待っていたのである。この間も義康のもとには、国許より義康の裁許を求める家臣からの連絡がきていた〈二五一九〉。またこのとき、朝鮮半島では戦争が泥沼化し、厭戦気分と現政権に対する不満の声が満ち溢れていた。そんななかの八月十八日、一代の英雄秀吉が病没した。

その後政権内部においてすさまじい権力闘争がはじまり、里見義康も当然その渦中に巻き込まれたはずである。ただ義康はそれまでも関東衆の一大名として徳川家康の指揮下に入ることが多かったため、自然の成行きで家康与党の一人として行動した。

慶長五年九月、関ヶ原合戦がおこるが、義康は家康の命にしたがい、上杉氏の押さえとして下野宇都宮（栃木県宇都宮市）に在陣した。そして結果的にそれが幸いし、家康勝利を受けた戦後処置においてその功が認められ、常陸鹿島《かしま》において約三万石の加増を受けたのである。

このような最も困難な時期の里見家の舵取りを行っていた義康だったが、慶長八年

（一六〇三）になると年明け早々からすでに重病だったようで、同年十一月十六日、三十一歳の若さで病死した（「高野山妙音院里見家過去帳」）。

梅鶴丸の家督相続と元服・婚姻

義康の死を受けて、家督を相続したのは嫡男梅鶴丸である。文禄三年（一五九四）生まれの彼はこのとき僅かに十歳であった。幼少の梅鶴丸を、叔父正木時茂をはじめ堀江《ほりえ》能登守頼忠《よりただ》・板倉《いたくら》牛洗斎昌察といった一族・重臣数名がこれを補佐する体制で、しばらく里見家中は運営された。そしてそれから三年後の慶長十一年（一六〇六）十一月十五日、梅鶴丸は江戸の将軍秀忠の面前で元服を済まし、名も秀忠の一字をもらって忠義《ただよし》と名乗った（「当代記」）。

その後、忠義は幕閣の中心人物であった大久保忠隣《ただちか》の孫娘（実名不明、以下桃源院殿）と婚儀が成り、さらに叔母の陽春院殿が家康の長女亀姫の三男で美濃国加納《かのう》城主であった松平忠政《ただまさ》に嫁ぐなど（滝川「里見義頼の娘「陽春院殿」とその周辺」）、この時期の徳川政権のなかでも大きな位置を占めた亀姫や大久保家が形成する閨閥の濃厚な一員となったのである。忠義や里見家の前途はまさに洋々と誰もが思ったに違いない。

五　里見家滅亡

倉吉への転封の命令下る

しかし慶長十九年（一六一四）九月九日、里見家を根底から揺るがすことが起こった。重陽の節句（菊の花を飾り不老長寿を願う行事）の嘉儀のため出府した忠義が、江戸城内において減封のうえ転封（常陸鹿島において三万石、のちに伯耆国倉吉《くらよし》に変更）の命を言い渡されたのである〈二七一一〉。突然の事態に、忠義はじめ家中一同が大混乱に陥ったであろうことは察してあまりある。忠義はときに二十一歳だった。

もちろんその前兆はあった。桃源院殿の祖父大久保忠隣は、長く幕閣の中心人物だった。ところが彼の後継者たる桃源院殿の父大久保忠常《ただつね》が慶長十六年十月に病死してから、その力に陰りがみえてきた。そしてこの慶長十九年の一月、忠義の最大の後ろ盾であったその忠隣が、あろうことか失脚したのである。このことと里見家の突然の転封が、まったく無関係だったとは考えにくい。とすれば、大久保家から里見家に嫁してきた桃源院殿は、里見家に大きな不幸をもたらしてしまったことになる。

転封の真相

ただこの突然の転封については、真相はまったく不明である。この時期、大坂城の秀吉の遺児秀頼《ひでより》を、江戸の目の届く房総へ移す計画があり（「当代記」）、そのあおりを食ったか、あるいは大坂攻略を直前に控え、諸大名引き締めのため、ある種の見せしめ的に利用された、など歴史の大波に翻弄された可能性もある。ただ、いずれも憶測の域にとどまるものである。

その後の里見忠義

それはともかく、忠義や堀江頼忠をはじめとした家臣たちも、幕命に従うしかなく、その年の暮れには倉吉（鳥取県倉吉市）に移ったらしい。

忠義は倉吉移封翌年の元和《げんな》元年（一六一五）十一月、領内の複数寺社に対して、寺社領安堵や寄進行為をしていた事実が近年確認され〈二七一八～一九〉、移封直後、領地は大幅に削減されたものの、まだ大名としてのそれなりの体面は保てていたらしい。

忠義の覚悟

また、このころの忠義は、名門の誇りを胸に安房に復帰する望みを捨てず、それに向けて前向きに生きていく覚悟をしていたようである〈二七二〇〉。

ところが、このような時もほんの束の間だった。それからおよそ一年後の元和三年三月、姫路から池田《いけだ》光政《みつまさ》が鳥取藩主として入ると、倉吉にはその重臣伊木氏が陣屋を置き、忠義もその管轄下におかれた。そしてその年の秋には、残された封地を召し上げられた上、屋敷も倉吉の中心地から郊外の田中へ移され、さらに二年後の元和五年の冬には、追い立てられるように奥地の堀村《ほり》（倉吉市関金町《せきがねちょう》堀）にわずかの食い扶持を与えられただけで移されたという。

堀村では、不自由なうえに寂しい生活を余儀なくされ、失意のうちに元和八年（一六二二）六月十九日この世を去った。享年二十九だった。そしてその三ヵ月後の月命日の九月十九日、残された家臣たちもその墓前において殉死したという。いまも終焉の地堀村の各地に残る「アワノカミサマ」の塚は、忠義（安房守様）主従を哀れんだ村人たちが、その慰霊のために建てたものかもしれない。ここに戦国時代房総で誕生し、義堯・義弘期に最盛期を迎えた大名里見家は滅亡したのである。

ただ、別の地で忠義の菩提を弔い、里見家の復活を目指した人がいた。忠義の夫人だった桃源院殿である。

復権にかけた桃源院殿

彼女は、忠義が伯耆国に移されたあと、実家の大久保家に戻されたが、寛永《かんえい》二年（一六二五）に実家が大名として再興を果たすと、その転封先の美濃国加納（岐阜県岐阜市）、摂津国明石《あかし》（兵庫県明石市）、さらには肥前国唐津《からつ》（長崎県唐津市）といったそれぞれの地において、忠義の菩提を弔うための寺院を建立していた。しかも、忠義との間に生まれた娘（実名不明　圓光院殿寶月貞璃大姉）が豊後国立石《たていし》（大分県速見郡立石町）を領した旗本木下延由《きのしたのぶよし》に嫁いだときには、復権の際の拠り所となる里見家伝来の系図と文書を持たせ、彼女に里見家再興の夢を託した。ただ、その願いも、頼みの娘が慶安《けいあん》五年（一六五二）一月、母より先に没したことで事実上消えた（滝川「里見氏に宛てた家康の起請文」）。

里見忠義一家供養塔（高野山奥の院）

高野山の供養塔

そして、その桃源院殿も、明暦《めいれき》元年（一六五五）八月晦日に亡くなり、弟忠職《ただもと》によって、高野山で桃源院殿が建立した忠義と娘の供養塔の傍らに彼女の供養塔が建立されたのは、その七回忌にあたる万治《まんじ》四年（一六六一）八月晦日だった。

なお、系図などによれば、桃源院殿の子以外にも忠義の子孫とする家系がいくつかはあるが、房総で生まれた大名里見家は、忠義の死、そして復権に執念を燃やした桃源院殿とその娘圓光院殿の死により、ここに完全に終焉を迎えたといっていいだろう。

里見氏の記憶

里見氏が安房を去ったあと、残された一族・旧臣たちのなかには、他家への仕官が叶った者もいたが、大半はそのまま安房の地に留まり帰農した。そして彼らの中でも有力な者たちは、年貢負担者になったとはいえそれまで支配していた土地の一部を保持することで地域の有力百姓となり、やがて村役人など村の指導者として地位を築いていった。また彼らや彼らの家からは、戦国時代を生き抜くために身につけていた医療技術や情報に加え、村の指導者という環境から得た知識を生かして村の医者となった者も生まれた。

さらに、里見氏支配下で牧や山林の管理にあたっていた立場や経験を生かし、幕府直轄領の経営の一端を担う立場へ転身を遂げた者や、その学問的知識をもとに神官・僧侶などになった者もいたが、これらの人々もやがて地域の指導者・知識層としての地位を築いていった。

やがて里見氏の時代を実際に経験したことのない第二・三世代以降が占める世となると、これらの人々は、村内における特権的な有力層としての地位を維持していくために、かつて里見氏の一族や旧臣だったというそれぞれの家の由緒を強調するとともに、婚姻関係などによって、互いの連携を強めることに努めた。また知識層・文化の担い手という立場を生かして、由緒書や系図・軍記物などを繰り返し作成し、さらに自分たちの由緒を飾るもとになるべき里見氏の歴史を新たに創り、再生産していったのである。

そしてこの動きのなかで、里見氏に関する記念碑・供養塔・位牌・肖像など、目に見

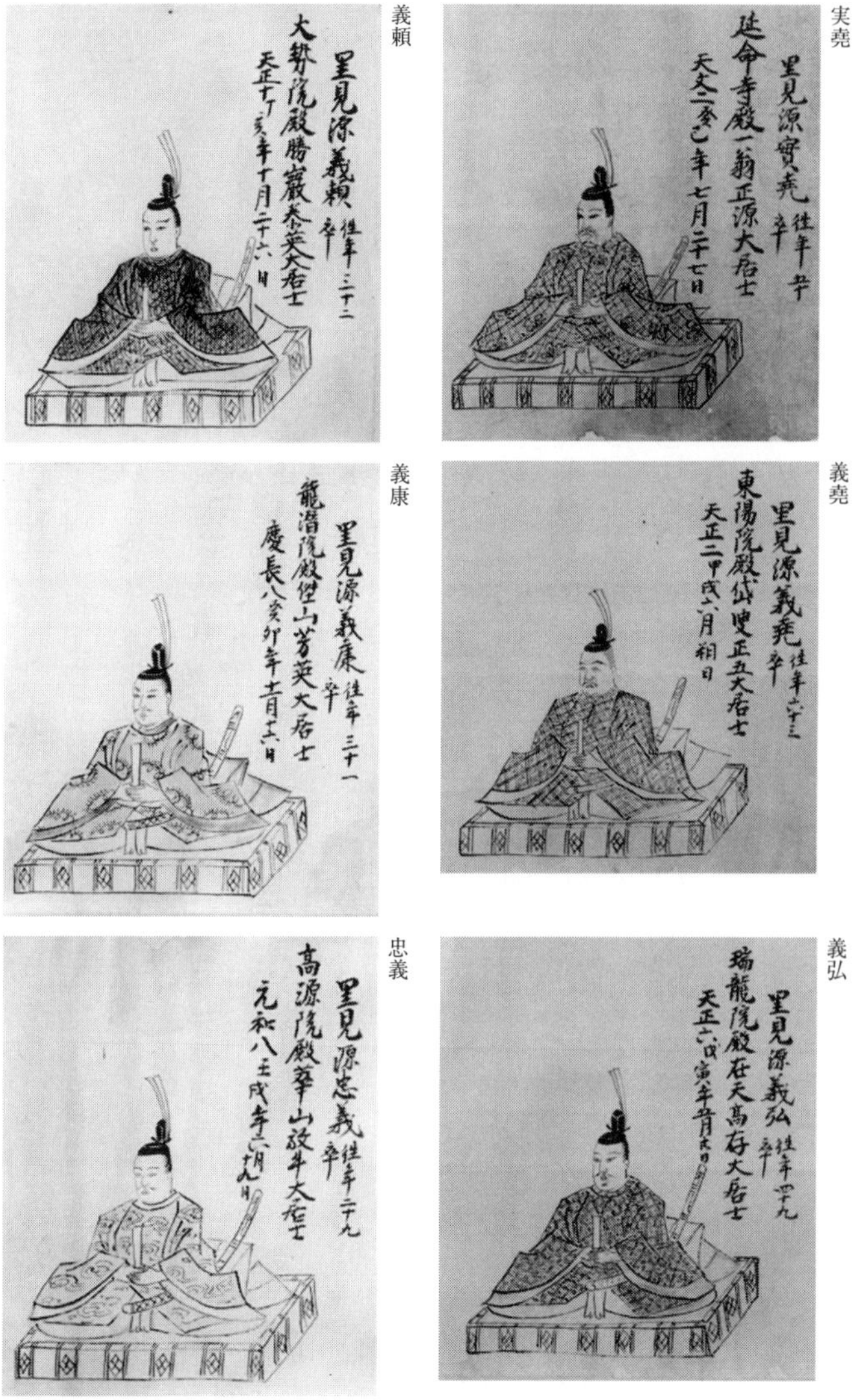

里見六代像（東京国立博物館蔵）

える崇拝対象が作られ、それらをもとに顕彰活動がたびたび行われた。したがって今見ることのできる由緒書・系図・軍記物を含めこれらのものは、里見氏が活躍した同時代の史料ではないが、江戸時代の人々にとって、里見氏の存在がどのように位置づけられ、またその歴史が人々の記憶としていかに刻まれ、活用されていたのかを知ることができる貴重な史料ともいえる。

その際、里見氏の歴史がことさら脚色・美化されたことは当然だが、その歴史において最も華々しい時期の義堯期は、江戸時代風の理想像である名君の治世の時代と位置づけられたのであろう。

いまその頃に作られたと考えられる後期里見氏歴代が描かれた肖像（前頁）をみると、想像で作られているだけに全員が没個性の簡略な面影ではあるが、義堯像だけは人々から「万年君様」と讃えられたという名君にふさわしい温顔そのものの老翁として描かれているようにもみえる。その意味で里見氏がいなくなっても安房の地では、里見氏の存在と、仁・徳の治世を目指した義堯の思いは確かに生き続けたのであろう。

あとがき

平成二十四年（二〇一二）一月十八日、この日、国の文化審議会は、房総半島南端の千葉県館山市に所在する稲村城跡を、隣接する南房総市岡本城跡とともに、里見氏城跡として国指定史跡に指定するよう文部科学大臣に答申した。このことは翌日の各新聞で一斉に大きく報じられ、同二十四日『官報』でその旨が告示され、稲村城跡は正式に国指定史跡となった。千葉県内の城郭跡としては、県北部の酒々井町《しすいまち》・佐倉市にまたがって所在する戦国最末期の千葉氏本城本佐倉《もとさくら》城跡に次ぐ二例目の国指定史跡となり、ここに保存会を結成した愛沢伸雄氏を中心に、平成八年（一九九六）から足かけ一七年の長きにわたって粘り強く続けられてきた稲村城跡保存運動は、当初目標とした遺跡の破壊を防ぐことだけに留まらず、永久に保存と活用の道がひらかれた国指定史跡となって結実したのであった。

今見る稲村城跡は、山頂部に単郭の曲輪が一つと削り残しの土塁があり、またそこに至る尾根を遮断したいくつかの堀切《ほりきり》と山裾をめぐる腰曲輪《こしくるわ》が確認できる程度の、なんの変哲もない小山程度の城跡である。

ただ実は稲村城こそ、立地からみても里見氏が安房国の実質的支配権を握ったことを意味する象徴的な城郭であり、天文《てんぶん》二年（一五三三）七月から翌三年四月にかけて起こった、房総里見氏歴史上の大きな転換点といえる天文の内乱の端緒となった場と考えられる。そして約九ヵ月にもわたった内乱の最終的な勝者として歴史の表舞台にはじめて登場したのが、本書の主人公里見義堯《さとみよしたか》だったのである。そこからいえば稲村城は、まさに戦国大名里見義堯を世に送り出した城と言ってもいいだろう。

その里見義堯は嫡流家を倒して家督・国主の座に就き、やがて戦国大名里見氏の最盛期を築いた武将である。したがって、「下剋上によって主家を滅ぼし、数々の合戦によって領国の拡大と発展を遂げた乱世の英雄・豪傑」といった、まさに一昔前に多くの人が抱いていた戦国大名のイメージにピッタリの人物ということもできる。それだけに、いまある里見義堯の唯一の伝記のメインタイトルが、出版社サイドの意向もあってか、『南総の豪雄』（一九六八年刊行）とされていることは、全国的知名度の低さという点をも合わせれば蓋し当然といえよう。

かくいう私自身、里見氏歴代のなかでも、やはり「豪雄」（すぐれて強いこと。また、その人。

豪傑。『広辞苑』）とか、「為人《ひととなり》勇猛にして好で兵術を学び、奇正応変の識量があった」（大野太平『房総里見氏の研究』）と評価されていた義堯に惹かれ、彼が上杉謙信・武田信玄・北条氏康といった名だたる戦国大名と伍して活躍する姿を勝手に思い描いたものだった。

ところが、義堯が世に出た天文の内乱や、義堯・義弘期に登場した鳥の形像《けいぞう》を冠した印判に関する論考を書いた際、どうもそれまで義堯について描いていたイメージに違和感を覚えるようになった。それはさらに、妙本寺日我《みょうほんじにちが》の記録の多くが公開され研究が深まるにつれ、実際の義堯はそのようなイメージとはまったく違う人物、すなわち、「為政者としてあるべき理想の姿をつねに追い求め、また高い倫理性と道徳観を備えた人物」であったことがはっきりしてきたのである。彼を一言で評するに的確な語はみつからないが、あえて言えば「仁徳の武将」ともいうべきであろうか。

ただ、それだけでは戦国大名として生き抜いていくことは不可能であったろう。しかし彼には家臣団統制・対外政策・軍事などすべてを任せられる家宰正木時茂《まさきときしげ》がおり、また家督を譲り、早くから軍事・政策面での中心的役割を果たした子息義弘《よしひろ》がいた。そのような人々を心服させ、統率する能力を持った人こそ義堯という存在だったのではないだろうか。

そんな思いが確信となって記述したのが本書である。したがって本書を、従来の英雄・

豪傑伝といった戦国大名のイメージで読まれた読者の方には、いささか拍子抜けするようなところもあったかに思うが、その点どうかご理解いただきたい。

里見義堯を軸に里見氏の歴史を描いた川名登氏の『南総の豪雄』が刊行されてから五〇年以上の歳月が経過した。果たして本書がそれとどのような違いを出せたのか、川名氏がその時点で課題としたものにどれだけ迫れたのかははなはだ心もとないが、読み比べていただいたうえで多くの御批判をいただければ幸いである。

本書執筆の依頼を受けてから随分年月が経つ。この間、冒頭でも記したように里見氏研究については、近年、史料面での環境整備が急速に進み、さらに佐藤博信氏の妙本寺や里見氏をはじめとする中世房総史・関東足利氏に関する研究、黒田基樹氏の関東戦国史に関する一連の研究をはじめ、多くの方々の研究成果が生まれている。本書はそれらから多くを学ぶことで何とか一書にまとめることができた。人物叢書の性格上、直接関わるものを除いて、そのつど典拠を示すことができなかったが、その点を明記することで感謝の意を表し、ここに擱筆することとする。

二〇二二年三月

滝　川　恒　昭

里見家略系図（諸史料をもとに滝川作成）

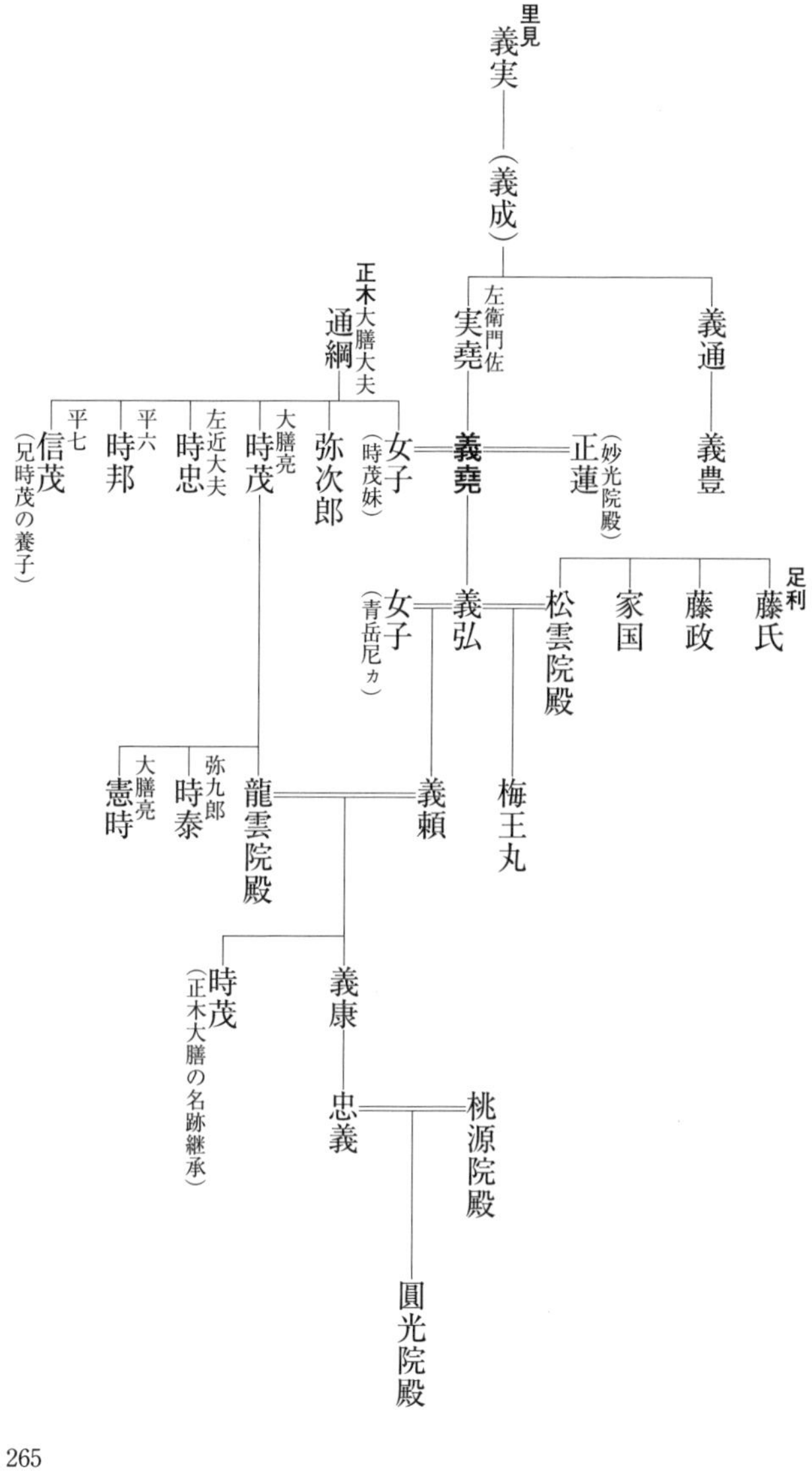

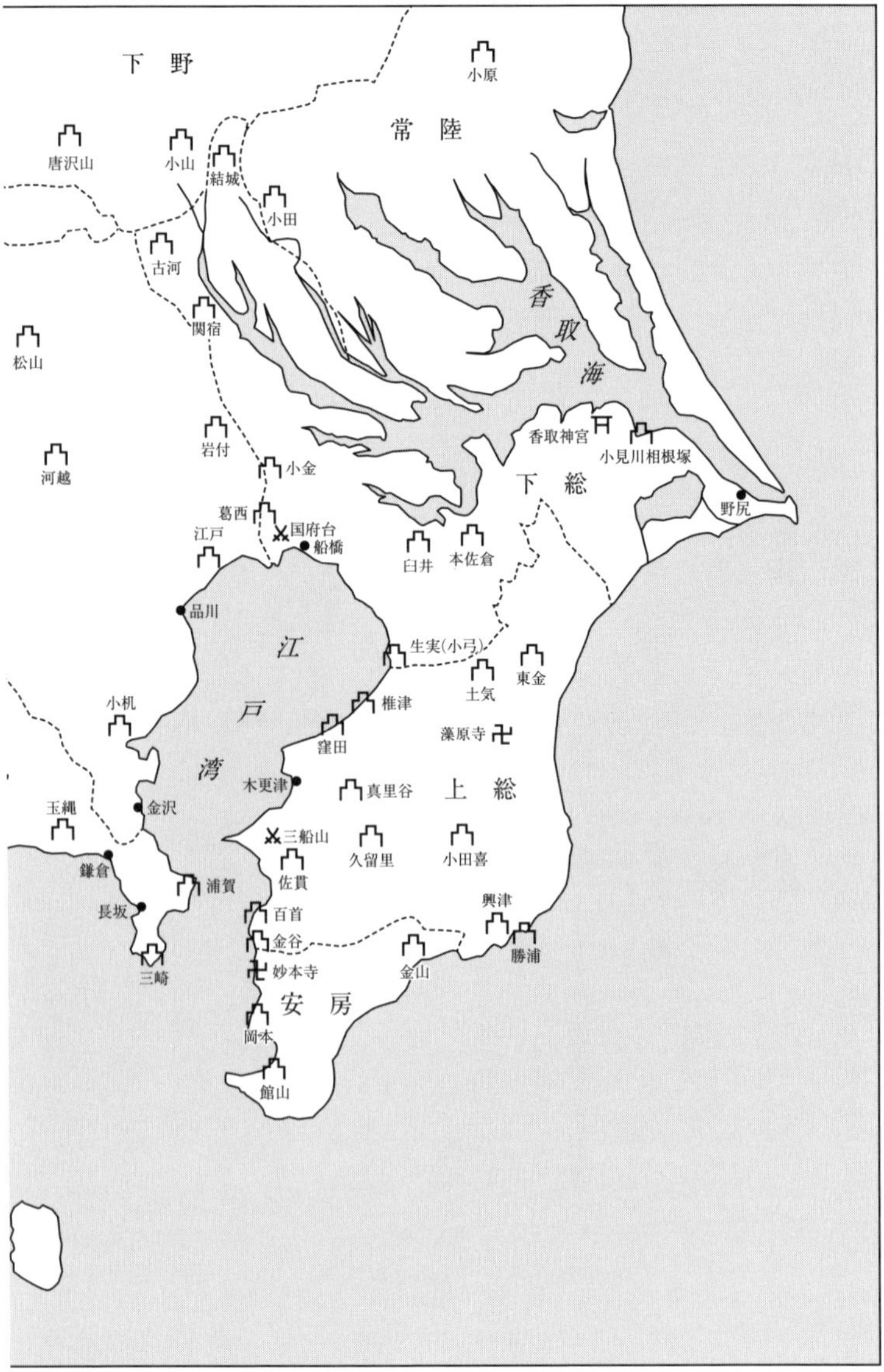

下野
常陸
小原
唐沢山
小山
結城
小田
古河
関宿
松山
香取海
岩付
河越
小金
香取神宮
小見川相根塚
下総
野尻
葛西
国府台
江戸
船橋
臼井
本佐倉
品川
江戸湾
生実(小弓)
東金
土気
小机
椎津
藻原寺
窪田
木更津
真里谷
上総
玉縄
金沢
三船山
久留里
小田喜
鎌倉
佐貫
浦賀
興津
長坂
百首
金谷
勝浦
三崎
妙本寺
金山
安房
岡本
館山

戦国時代後期の南関東

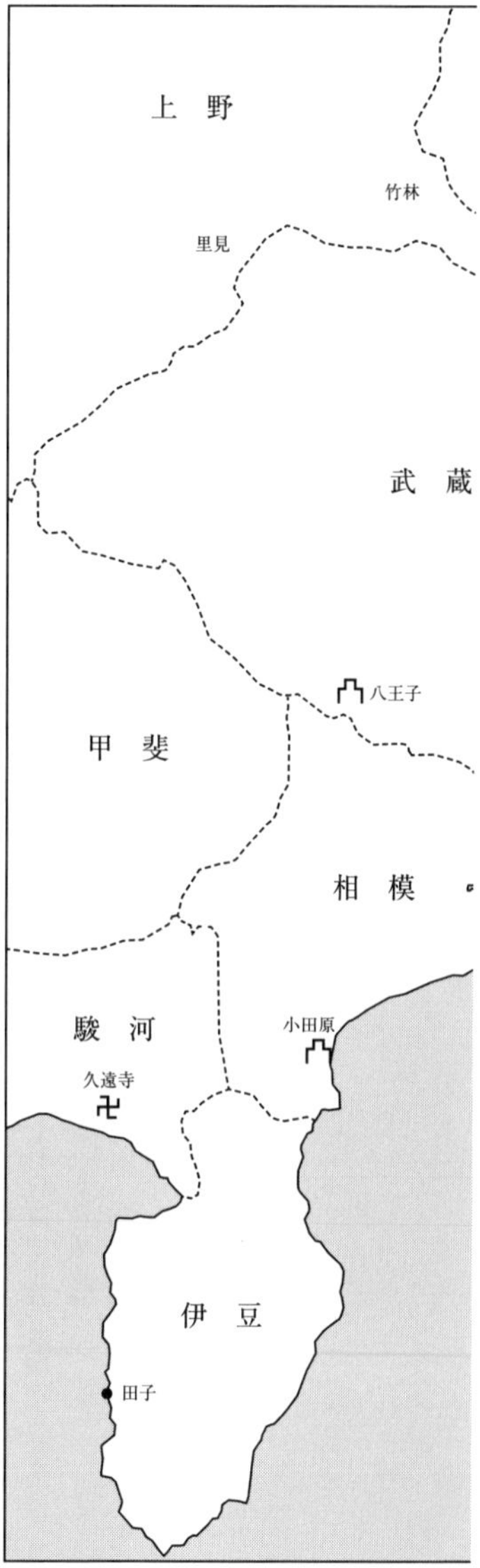
上野
竹林
里見
武蔵
八王子
甲斐
相模
駿河
小田原
久遠寺
伊豆
田子

略年譜

年次	西暦	年齢	事蹟	参考事項
永正 元	一五〇四		一二月六日、里見刑部大輔、古河公方足利政氏より家中の内紛を早く治めるよう叱責される	
四	一五〇七	一	この年、里見実堯の嫡男として生まれる	一一月二八日、真里谷武田信嗣ら、鶴峯八幡宮再興
一一	一五一四	八	六月九日、里見家当主義通と父実堯兄弟安房北郡を攻略し、以後実堯、北郡の眼代となる○一一月、義通、那古寺の梵鐘を再鋳	
一三	一五一六	一〇		七月、伊勢宗瑞、三浦道寸を滅ぼす○一一月、真里谷武田信清の要請により、伊勢宗瑞上総茂原に侵攻
一五	一五一八	一二		七月以降、足利義明が房総入部（小弓公方の成立）
一六	一五一九	一三		七月、伊勢氏綱、上総侵攻○八月一九日、古河公方足利高基が真里谷武田氏の拠点椎津城攻略
大永 元	一五二一	一五	この頃、元服して仮名権七郎・実名義堯を名乗る	一二月二五日、足利義晴に将軍宣下
五	一五二五	一九	この年、長男義弘が誕生	
六	一五二六	二〇	五月二六日、里見義豊（義通嫡子）の命で正木氏・	

七	一五二七	二一	真里谷武田氏が江戸湾岸を攻略、また義豊軍が鎌倉侵攻、鶴岡八幡宮の社殿炎上する この年、正妻正蓮（妙光院殿）と婚姻	
享禄二	一五二九	二三	六月、里見義豊・正木通綱により鶴谷八幡宮の修造が成就する	
天文二	一五三三	二七	三月一二日・一四日、北条氏綱、里見義豊に鶴岡八幡宮修造への奉加を要請○七月二七日、父実堯が稲村城で義豊に殺害される、また某所において正木通綱も殺害される○義堯は金谷城を出て上総国百首城の武田道存を頼り、北条氏に支援を要請する、まもなくして金谷城復帰○八月二一日、北条勢の支援を受けて、妙本寺において義豊軍を破る（妙本寺合戦）○八月、正木時茂、上野弥次郎の嫡家相続を承認○この頃、正木時茂も、正木家家督を継ぐ○九月二四日、義堯、義豊方の安房諸城攻略○九月二六日、義豊義兄弟の一色九郎を滝田城に滅ぼす○これ以後、義豊、武田恕鑑を頼り真里谷に逐電	四月一一日、真里谷武田恕鑑ら、北条氏綱の鶴岡八幡宮造営奉加の要請を拒否○八月七日～一七日、北条氏綱、江戸に侵攻した扇谷上杉朝興を破る○一一月一二日、上杉朝興、相模侵攻
三	一五三四	二八	四月、義豊の安房侵攻に対し、北条氏の援軍を受ける○四月六日、義堯、犬掛に義豊を討つ	
四	一五三五	二九	一〇月、北条氏綱の要請で河越城攻撃に軍勢を送る○一〇月一四日、妙本寺で日我に出会い法華問	一〇月、足利晴氏、古河公方を継ぐ

天文六	一五三七	三一	答を行なう（「堯我問答」）五月一八日、足利義明の意を受け百首城主武田道存を攻撃○六月以前、北条氏と断交し自立○六月二日、義明の宿老逸見祥仙より鶴岡八幡宮の社殿造営のための材木供出の要請を受けるが、二六日に改めて拒絶（北条氏と断交）	五月一四日、再び真里谷武田家内紛（武田信隆・道存蜂起）○六月一一日、足利義明、武田信隆を撃破○七月一五日、北条氏綱、河越城攻略
七	一五三八	三二	一〇月七日、足利義明に従い下総国府台に出陣（第一次国府台合戦）、北条氏綱によって義明敗死、義堯、安房へ退却○これ以後、義明の遺児を庇護	二月二日、北条氏綱、葛西城攻略○一〇月七日、古河公方足利晴氏の命により北条氏綱第一次国府台合戦で勝利する
八	一五三九	三三	一一月九日、義舜（義弘）鶴谷八幡宮社前で元服	この年、日我が妙本寺住職就任
九	一五四〇	三四	四月、江戸湾に面する安房沿岸（内安房）北条氏綱に侵攻される	一一月二一日、鶴岡八幡宮再建、正遷宮○二八日頃、足利晴氏、氏綱女を娶る
一〇	一五四一	三五	一二月以前、義堯が配下の正木実次を真里谷武田氏の拠点だった百首城に置く	
一一	一五四二	三六	この年までに、正木時忠、勝浦を攻略	
一三	一五四四	三八	九月二四日頃、再び内安房を北条氏に侵攻される○この年前後、正木時茂が武田朝信を刈谷原に破り小田喜城入部、夷隅郡が里見勢力下となる	一〇月五日、北条氏康、内安房一戦で活躍した萩野九郎三郎を賞す
一四	一五四五	三九	八月一〇日、義堯と正木時茂、鶴谷八幡宮・那古寺修造を成就○一一月二八日、安房石堂寺多宝塔	この年、伊丹康信、嶺上城将となり武田全芳、佐貫へ撤退○九月以降、

			益形供養○秋～翌年、真里谷武田全芳を攻め、久留里・佐貫城を奪取	今川義元が北条氏康を攻撃
一五	一五四六	四〇	九月、義堯居城の上総国佐貫城が真里谷武田義信・北条氏に攻められるが撃退	四月、北条氏康、河越城で足利晴氏・上杉軍を破る
一八	一五四九	四三		一一月五日、北条氏康、上総二宮荘を酒井胤治に給知
二二	一五五三	四七	四月三日、北条綱茂に妙本寺周辺を侵攻される○六月二三日、天神山の正木兵部大輔や上総嶺上城尾崎曲輪に拠った吉原玄蕃ら、北条氏の動きに呼応し里見氏に対し一斉蜂起	七月一三日、北条氏が金谷城を夜襲、日我が避難させていた妙本寺重宝など焼失
弘治元	一五五五	四九	一〇月以前、上総・安房国境の要衝金谷城が北条綱茂に奪われる○一〇月一〇日、正木時茂、北条方の千葉へ侵攻○弘治年間、佐貫城、北条方に奪われる	この頃（～弘治三）、北条氏が傭兵水軍紀州梶原氏を迎える
三	一五五七	五一	一一月以前、義弘に家督を譲る○一一月、正木時茂の願意により那古寺梵鐘が再鋳され、吉州梵貞、義堯の治世を称える鐘銘を撰す、また義弘の臣鷹野時盛の依頼によって、吉州梵貞、義弘を称揚する銘文も撰す○これ以後、将軍側近の大館晴光が正木時忠に、義弘の官途斡旋の仲介を申し入れてくる	五月二日、北条氏康、里見方の小糸城主秋元氏調略を謀る
永禄元	一五五八	五二	一一月、義弘・正木時茂により、鶴谷八幡宮の修	

年号	西暦	年齢	事項	一般事項
永禄二	一五五九	五三	造成就	三月一二日、正木兵部大輔（時治カ）、房総での北条勢指揮を任される○五月一日、長尾景虎上洛
三	一五六〇	五四	五月九日、義堯の居城久留里城が北条勢に包囲される○八月末、上杉憲政・長尾景虎、義堯の要請を容れ越山○義堯、越後勢の越山による北条氏の撤退に伴い反転攻勢、真里谷武田氏旧領を奪取○一〇月二四日、正木時茂・時忠、香取郡・海上郡に進出○この間、景虎、太田資正を介し時茂参陣を要求○一二月頃、時茂、香取を攻略する○この頃、里見勢によって下総葛西城も攻略	五月一九日、桶狭間の戦い○九月、長尾景虎、上野国侵攻○一〇月上旬、景虎、上野・下野の国衆・上杉重臣を従える○一二月、北条氏康、松山城から小田原城に撤退
四	一五六一	五五	三月九日、義弘、長尾景虎の参陣要請に応じ相模国腰越に上陸、鎌倉侵攻○三月下旬、景虎、小田原城攻め○閏三月三日、義弘、鎌倉で景虎と対顔○この頃、正木兵部大輔・吉原玄蕃、里見方に転じて嶺上城を攻略○四月六日、正木時茂が没する、子息房王丸（後の憲時）が幼少のため弟の信茂が跡を継ぐ○四月二四日、葛西城が北条氏に奪回される	閏三月、景虎（政虎）、関東管領上杉氏を継ぐ○六月、政虎帰国、関東諸将北条方に帰参○一一月、政虎、将軍の偏諱を受け輝虎と改名○一一月、輝虎、関東出馬
五	一五六二	五六	三月一五日、同一八日、義堯・正木信茂、上総における高野山西門院・万智院の檀那所争論につい	一二月、北条氏康・武田信玄勢、太田資正の松山城を包囲○この年、紀

			ての衆議結果を承認○三月一九日、正木時忠（信茂兄）の小見川城が千葉胤富より攻撃されるが撃退○この年三月以降翌年二月までの間に、義堯出家して岱叟院正五を称する○この頃、足利藤氏・藤政・家国、古河城を出て里見氏を頼る	州梶原氏、北条氏より知行を充行われる
六	一五六三	五七	正月、武蔵松山城救援のために出陣した上杉謙信、義堯・義弘父子に対し再三参陣を要請、それに応えて義堯・義弘出陣○二月一日、この日までに出家した義堯（正五、但し便宜上以後も義堯とする）、関東管領上杉輝虎に遅参の理由を述べ、自身は下総市川周辺に着陣したことを伝える○二月四日、北条・甲斐武田氏により松山城陥落、義堯・義弘撤退○一二月一一日、輝虎から里見氏へ岩付救援要請○一二月一二日、佐竹義昭からも岩付救援要請○閏一二月二七日、輝虎から岩付救援再要請○閏一二月末、義弘、市川国府台に着陣し、兵糧調達に苦戦○この頃、太田康資、里見方につく	
七	一五六四	五八	正月七～八日、義弘、国府台で北条氏康に敗れ、正木信茂ら討死（第二次国府台合戦）○五月以前、土気城主酒井胤治、里見方につく○六月以前、勝浦城主正木時忠、北条方に寝返り一宮城を攻略○	正月末、上杉輝虎・佐竹義昭、小田城攻略○二月、北条氏康、江戸帰還○七月二三日、太田資正（三楽斎）、嫡子氏資に追放される○七月、古河

永禄 八	一五六五	五九	七月二七日頃、西上総が北条氏政に侵攻される○この間、館山に上陸した北条氏繁により那古寺・延命寺の一部が兵火にかかる○この頃、足利藤氏兄弟、里見氏の庇護のもと那古寺に移住 二月一二日、里見方となった酒井胤治の土気城、北条氏政軍によって攻められる○一一月、義弘、上杉輝虎の越山に呼応して出陣するため、国内に臨時税たる棟別銭をかける○一二月、義堯父子や足利藤氏の要請によって、上杉輝虎が越山	公方足利義氏、上総国佐貫城から鎌倉へ移る 四月、上杉家中河田長親、里見方救援に関東へ出陣
九	一五六六	六〇	二月、義弘、上杉輝虎による北条方高城氏の小金城攻撃に動員される○三月二三日、輝虎・義弘・酒井胤治等、原氏（千葉氏配下）の拠る臼井城を攻め大敗を喫する○七月七日、正木時忠香取郡より撤退○この頃、義弘が佐貫城奪還○一一月以前、小田喜正木の家督を憲時が継ぐ○永禄七年後半～この年頃までの間、義堯が隠居する	三月、北条氏政、上杉輝虎敗北を喧伝し、結城氏ら北条方へ寝返る○四月、輝虎、越後帰国○六月、太田三楽斎、佐竹義重から小田領片野城を預かる
一〇	一五六七	六一	八月二三日、義弘、勝浦城の正木時忠らの救援要請を受けた北条氏政を破り、殿となった武蔵岩付城主太田氏資軍を全滅させる（上総三船山合戦）	八月、北条氏政、佐貫城（義弘本拠地）と久留里城（義堯居城）攻略を図り房総へ出陣○北条方敗北により原・村上氏ら西上総撤退
一一	一五六八	六二	八月一日、義堯正妻の正蓮（妙光院殿）が没し、日我、「里見義堯室追善記」を著す○八月五日以	一二月、武田信玄、今川氏真の駿河に侵攻（甲相駿三国同盟決裂）

			前、土気・東金の両酒井氏が里見に降る○一二月以降、義弘が船橋・市川・葛西に侵攻	
一二	一五六九	六三	二月二六日～二八日、義弘、市川・松戸に侵攻し、さらに臼井城近辺を攻略し、二八日、上総椎津に引き上げる○三月一七日以後、勝浦城主だった正木時忠が里見氏のもとに帰参○この頃、義弘、古河公方晴氏の娘を継室として迎える○八月一九日、武田信玄、越相同盟の成立を受け里見義弘と連絡を取る	六月、上杉輝虎と北条氏康が越相同盟を結ぶ
元亀元	一五七〇	六四	三月六日、義堯、上総国横田郷代官に兵糧貸しを命じる○六月二日以前、義弘、窪田山に城郭を築き、さらに生実城近辺に陣城を築き生実城を攻略しようとするが、千葉胤富、この窮状を北条氏政に訴え、配下の国衆井田氏にも参陣を要請する	五月、武田信玄、伊豆侵攻○一二月、上杉輝虎出家、謙信と名乗る
二	一五七一	六五	四月二日前後、義弘、江戸湾を渡り三崎沖で北条勢と交戦、金沢辺にまで侵攻○九月、義弘、渡海してきた北条勢を破り、追撃して市川に侵攻○この年～翌年、正木憲時、山武に進出し千葉方の国衆を圧迫	一〇月、北条氏康が没し越相同盟破綻○一二月末、武田信玄、北条氏政と和約
三	一五七二	六六	閏一月一六日、義弘、船橋方面に軍を進める○一二月二〇日、義弘、大檀那副将軍として鶴谷八幡宮修造、庇護する足利藤政の武運長久祈願○一二	

天正 元	一五七三	六七	月二一日、正木憲時、義弘の意を受けて香取郡に侵攻○義弘、甲斐武田氏に下総の状況を伝える○この年以後、義堯の久留里城から、太田康資が正木憲時に請われ小田喜城に移る 一二月頃、里見方に復帰していた勝浦城主正木時忠が、原氏の小弓城を臨む上総大坪を独断で攻略	七月、織田信長、将軍足利義昭を京都より追放
二	一五七四	六八	六月一日、義堯、久留里城で没す（法号「東陽院殿岱叟正五居士」）、日我、独自に義堯の法名を「唯我」と名づけ、自身で法要を行う○九月一二日、日我、百日間に渡る法要の次第をまとめた「唯我尊霊百日記」を著す○閏一一月二七日、義弘、有力家臣の岡本氏元と起請文を取り交わす○上総横田郷の百姓たちが、出挙の負担に耐えかねて逐電した事態が表面化	閏一一月一九日、北条氏政、関宿城を攻略
三	一五七五		八月一九日、下総浜野から本納辺までが北条氏繁に侵攻される○八月下旬、北条氏の房総侵攻により、里見方の士気・東金酒井氏が攻撃を受ける○九月、義弘・正木憲時、上杉謙信に越山要請○一〇月、憲時、上総国万喜城を包囲するも攻略できず○一〇月二一日〜二六日、義弘、西上総一帯に代替わりの徳政実施を表明○一二月二四日、正木憲時、万喜城攻略のため向城を築く	五月二一日、長篠・設楽原の戦で武田勝頼大敗○九月、北条氏政、上総土岐氏本城の万喜城に兵糧搬入○一〇月上旬、上杉謙信の越山、上野国侵攻により北条氏政が房総より撤退

四	一五七六	八月一日、上総勝浦城主正木時忠が没す○八月、上総の東金・土気の両酒井氏が里見方から北条方に寝返る○冬、房総に北条勢が侵攻	三月、北条氏規、山本氏に半手稼ぎを命ず○五月、上杉謙信越山
五	一五七七	正月、正木憲時、謙信越山を懇望○二月二六日、義弘、謙信越山を懇望○九月二二日、里見方の長南武田氏の勝見城が北条氏に攻略される○九月三〇日、長南・池和田城の武田豊信が北条氏の軍門に下る○九月下旬、里見水軍、義弘居城の佐貫城眼前で山本氏ら北条水軍に敗北○一一月、北条氏直、上総に侵攻○一二月、義弘、北条氏に屈す○この後、義継（義弘の子、のち義頼）が北条氏政女の鶴姫と婚姻	九月二三日、上杉謙信、手取川で柴田勝家を破る
六	一五七八	五月二〇日、義弘、上総国佐貫城で没す（後継をめぐり義頼と梅王丸とが対立）	三月一三日、上杉謙信没
七	一五七九	三月二一日、義継正妻の北条氏政女が没す○六月九日以前、義継、義頼に改名	三月、上杉景勝、上杉景虎を滅ぼす
八	一五八〇	四月、義頼、上総に侵攻し梅王丸派の久留里・千本・百首ら諸城攻略○六月、梅王丸の居城佐貫城が無血開城○六月晦日、小田喜城主正木憲時が義頼に離反○七月五日、義頼、正木憲時の拠点長狭郡に進発、金山城を陥落させ長狭郡制圧○七月一九日、興津城包囲	正月一七日、織田氏と別所氏の三木合戦（兵糧攻め）が終結○四月九日、顕如、本願寺を退去

天正 九	一五八一	九月二九日、義頼、正木憲時を滅ぼす（小田喜正木家滅亡）、このとき太田康資も殺害される	一〇月二五日、羽柴秀吉、鳥取城攻略
一〇	一五八二	三月以後、義頼へ、織田信長家臣の滝川一益より入魂の申し入れ○六月、義頼、太田三楽斎より本能寺の変後の各地の情勢収集に務める○八月、義頼が北条氏直からの支援要請に応じ甲斐に援軍を送る	三月一一日、武田勝頼が織田信長により滅ぶ○六月二日、本能寺の変○六月～一〇月、旧武田領をめぐり北条氏直・徳川家康・上杉景勝が対立（天正壬午の乱）
一三	一五八五	この年義頼、羽柴秀吉に「太刀一腰・黄金三十両・縮三十端」を献上○一一月、秀吉から関東出陣を通達される○一二月一三日、義頼の嫡男義康、鶴谷八幡宮で元服○一五～一六日、元服式に伴う能が興業される	七月一一日、羽柴秀吉、任関白○七月二五日、秀吉、長宗我部元親を下す
一四	一五八六	六月一日、義堯十三回忌に日我が妙本寺に唐錦の打敷を奉納○八月一〇日、義頼、鶴谷八幡宮修造を成就	一〇月二七日、徳川家康、豊臣秀吉に臣従○一一月一一日、日我没
一五	一五八七	一〇月二六日、義頼没し、嫡男義康が家督を継ぐ	五月八日、豊臣秀吉、島津義久を降す
一六	一五八八	一一月一日、義康、豊臣秀吉に「太刀一腰・黄金十両」を献上して領地境目の現状承認を得る○この年、里見氏本城の岡本城で火災	八月二二日、北条氏規、秀吉に謁見
一八	一五九〇	四月、義康、小田原合戦に参陣○八月、義康、豊臣秀吉より安房一国のみを安堵される（上総里見	三月、豊臣秀吉、小田原北条氏討滅のため京を進発○七月一一日、小田

		領と里見従属国衆領〈正木・秋元・加藤氏ら〉没収）	原城開城
一九	一五九一	三月一日、義康、従五位下侍従となる○この年前後、岡本城から館山城へ本格的移転	一二月二八日、豊臣秀次、任関白
文禄 二	一五九三	この年、前年に始まった文禄の役に、義康が肥前国名護屋へ出陣	
慶長 三	一五九八	七月、義康が上洛、伏見に滞在	八月一八日、豊臣秀吉没
五	一六〇〇	九月、義康、関ヶ原合戦に際し徳川家康に従い下野国宇都宮に在陣	九月一五日、美濃国関ヶ原の合戦にて徳川家康が勝利
八	一六〇三	一一月一六日、義康が病没、嫡男梅鶴丸が家督を継ぐ	二月一二日、徳川家康、将軍宣下
一一	一六〇六	一一月一五日、梅鶴丸、将軍徳川秀忠の面前で元服、一字をもらい忠義と名乗る○数年後、大久保忠常女子（桃源院殿）と婚姻	三月〜九月、江戸城天下普請
一九	一六一四	一月一九日、忠義の義祖父大久保忠隣、失脚○九月、忠義、常陸国鹿島へ、のち伯耆倉吉に減転封	一〇月、大坂冬の陣
元和 元	一六一五	一一月、忠義、伯耆国倉吉領内にて寺社領安堵・寄進	四〜五月、大坂夏の陣
二	一六一六	秋、忠義、所領を没収され、倉吉郊外下田中に屋敷を移される	三月、池田光政、鳥取入部
五	一六一九	冬、忠義、堀村へ移される	六月、福島正則改易
八	一六二二	六月一九日、忠義、堀村で没し、男子なく里見家	一〇月一日、本多正純改易

			断絶
慶安 五	一六五二		一月、忠義女子（圓光院殿）没
明暦 元	一六五五		八月晦日、忠義の正妻（桃源院殿）没

主要参考文献

一　史　料

『勝浦市史　資料編　中世』　勝浦市　二〇〇三年
『里見家分限帳集成【増補版】』（川名登編）　岩田書院　二〇一〇年
『戦国遺文　古河公方編』（佐藤博信編）　東京堂出版　二〇〇六年
『戦国遺文　後北条氏編』一～六（杉山博・下山治久編）・補遺編（下山治久編）・別冊（佐脇栄智校注）　東京堂出版　一九八九～二〇〇〇年
『戦国遺文　房総編』一～四・補遺（黒田基樹・佐藤博信・滝川恒昭・盛本昌広編）　東京堂出版　二〇一〇～二〇一六年
『千葉県の歴史　資料編　中世』三～五　千　葉　県　二〇〇一～二〇〇五年
「房総里見氏文書集」（『千葉大学人文研究』三七、佐藤博信・滝川恒昭編）　二〇〇八年
『房総里見・正木氏文書の研究　史料編』一（日本古文書学研究所編）　崙書房出版　一九九一年

二　編著書・論文

池享・矢田俊文編　『増補改訂版　上杉氏年表』　高志書院　二〇〇七年
池上裕子　『北条早雲　新しい時代の扉を押し開けた人』　山川出版社　二〇一七年
石井進　「海から見た安房」（『里見氏稲村城跡をみつめて』四）　二〇〇〇年
市村高男　「越相同盟の成立とその歴史的意義」（戦国史研究会編『戦国期東国社会論』）　吉川弘文館　一九九〇年
市村高男　「越相同盟と書札礼」（『中央学院大学教養論叢』四巻一号）　二〇〇一年
市村高男　『東国の戦国合戦』　吉川弘文館　二〇〇九年
大野太平　『房総里見氏の研究』　私家版　一九三三年
岡田晃司　「天文二・三年の安房里見家内訌について―研究史の整理と問題点―」（『史翰』二〇）　一九八八年（のち滝川編『房総里見氏』に再録）
小笠原長和　『中世房総の政治と文化』　吉川弘文館　一九八五年
小高春雄　『房総里見氏の城郭と合戦』　戎光祥出版　二〇一八年
葛飾区郷土と天文の博物館編　『東京低地の中世を考える』　名著出版　一九九五年
川名登　『南総の豪雄　里見義堯』　人物往来社　一九六八年（増補改訂版『房総里見一族』新人物往来社、二〇〇八年）

川名　登編『すべてわかる戦国大名里見氏の歴史』国書刊行会　二〇〇〇年
川名　登『戦国近世変革期の研究』岩田書院　二〇一〇年
木下　聡『中世武家官位の研究』吉川弘文館　二〇一一年
黒田基樹『戦国大名北条氏の領国支配』岩田書院　一九九五年
黒田基樹『戦国期東国の大名と国衆』岩田書院　二〇〇一年
黒田基樹『百姓から見た戦国大名』筑摩書房　二〇〇六年
黒田基樹『戦国の房総と北条氏』岩田書院　二〇〇八年
黒田基樹『戦国関東の覇権戦争』洋泉社　二〇一一年
黒田基樹「里見義豊の政治的位置」（『里見氏稲村城跡をみつめて』五）二〇一二年
（のち滝川編『房総里見氏』に再録）
黒田基樹『古河公方と北条氏』岩田書院　二〇一二年
黒田基樹編『北条氏年表』高志書院　二〇一三年
黒田基樹『戦国大名』平凡社　二〇一四年
黒田基樹『北条氏政』ミネルヴァ書房　二〇一八年
黒田基樹『北条氏康の家臣団』洋泉社　二〇一八年
黒田基樹『北条氏綱』ミネルヴァ書房　二〇二〇年
黒田基樹「上杉謙信と関東足利家」（米沢市上杉博物館『特別展　関東管領上杉謙信』）

黒田基樹『戦国期関東動乱と大名・国衆』戎光祥出版 二〇二〇年
坂井昭編著『房総里見氏と久留里の時代』房総歴史・文化カレッジ 二〇二〇年
佐藤博信『古河公方足利氏の研究』校倉書房 一九八九年
佐藤博信『江戸湾をめぐる中世』思文閣出版 二〇〇〇年
佐藤博信『中世東国日蓮宗寺院の研究』東京大学出版会 二〇〇三年
佐藤博信・滝川恒昭「安房石堂寺の中世資料について―多宝塔銘文を中心として―」（『千葉大学人文研究』三四） 二〇〇五年
佐藤博信『中世東国政治史論』塙書房 二〇〇六年
佐藤博信『安房妙本寺日我一代記』思文閣出版 二〇〇七年
佐藤博信『中世東国の権力と構造』校倉書房 二〇一三年
里見氏稲村城跡を保存する会編『里見氏稲村城跡をみつめて』一～五 一九九六～二〇一二年
里見氏調査会『伯耆倉吉里見忠義関係資料調査報告書』安房文化遺産フォーラム 二〇〇八年
須藤聡「宮田の不動と里見氏」（『武尊通信』八七） 二〇〇一年
須藤聡「鎌倉府重臣里見刑部少輔の動向」（『武尊通信』一一一） 二〇〇七年
（のち滝川編『房総里見氏』に再録）
竹井英文『織豊政権と東国社会』吉川弘文館 二〇一二年

滝川恒昭「房総里見氏の印判について―鳥の形像を有する印判をめぐって―」（中世房総史研究会編『中世房総の権力と社会』）　高科書店　一九九一年

滝川恒昭「房総里見氏の歴史過程における『天文の内訌』の位置付け―関係史料の紹介をかねて―」（『千葉城郭研究』二）　一九九二年（のち滝川編『房総里見氏』に再録）

滝川恒昭「里見氏の西上総支配と民衆―葛田家文書の紹介―」（『袖ケ浦市史研究』二）　一九九四年

滝川恒昭「房総里見氏と江戸湾の水上交通」（『千葉史学』二四）　一九九四年

滝川恒昭「正木時茂に関する一考察」（『勝浦市史研究』二）　一九九六年

滝川恒昭「戦国期房総における流通商人の存在形態」（千葉歴史学会編『中世東国の地域権力と社会』）　岩田書院　一九九六年

滝川恒昭「戦国期の房総太平洋岸における湊・都市の研究―房総沖太平洋海運検討の前提として―」（『千葉史学』三一）　一九九七年

滝川恒昭「上総天神山湊と野中氏」（『千葉県の文書館』四）　一九九九年

滝川恒昭「正木時茂の没年について」（『戦国史研究』三七）　一九九九年

滝川恒昭「里見氏に宛てた家康の起請文」（『季刊ぐんしょ』五二号）　二〇〇二年（のち滝川編『房総里見氏』に再録）

滝川恒昭「里見義頼と青岳尼」（『鎌倉』九七）　二〇〇三年
滝川恒昭「海の境界を生きる商人・職人」（藤木久志・黒田基樹編『定本・北条氏康』）　高志書院　二〇〇四年
滝川恒昭「北条氏の房総侵攻と三船山合戦」（千葉城郭研究会編『城郭と中世の東国』）　高志書院　二〇〇五年
滝川恒昭「美濃里見氏小考」（『千葉史学』五〇）　二〇〇七年
（のち滝川編『房総里見氏』に再録）
滝川恒昭「交流を仲介する海『江戸湾』と海晏寺の雲版」（『品川歴史館紀要』二四）　二〇〇九年
滝川恒昭「三浦氏と房総正木氏」（『三浦一族研究』一六）　二〇一二年
滝川恒昭編著『房総里見氏』　戎光祥出版　二〇一四年
滝川恒昭「戦国前期の房総里見氏に関する考察―新出足利政氏書状の紹介と検討を通じて―」（『鎌倉』一一九）　二〇一五年
滝川恒昭「戦国期の上総国佐貫に関する基礎的考察―加藤氏・佐貫城の検討を中心に―」（佐藤博信編『中世東国の社会と文化』）　岩田書院　二〇一六年
滝川恒昭「里見義頼の娘「陽春院殿」とその周辺」（『館山と文化財』五一）　二〇一八年
滝川恒昭「第一次国府台合戦再考」（『千葉史学』七五）　二〇一九年

滝川恒昭「常陸国の里見氏に関する覚書―朝香神社棟札発見に寄せて―」（『常総中世史研究』七）　二〇一九年
館山市立博物館編『さとみ物語：戦国房総に君臨した里見氏の歴史』　二〇〇〇年
館山市立博物館『観音巡礼と那古寺：那古寺観音堂平成の大修理記念企画展』　二〇〇六年
『千葉県の歴史　通史編　中世』　千葉県　二〇〇七年
遠山成一「元亀年間における千葉氏と里見氏の抗争に関する一考察―「長崎」地名をめぐって―」（『千葉史学』七三）　二〇一八年
外山信司「上杉謙信の臼井城攻めについて」（『千葉城郭研究』九）　二〇〇八年
長塚孝「中世後期の葛西城・葛西地域をめぐる政治状況」（『葛西城XIII』第三分冊）　一九八九年
長塚孝「葛西公方府の政治構想」（葛飾区郷土と天文の博物館編『葛西城と古河公方足利義氏』）　雄山閣　二〇一〇年
長塚孝「里見義実の安房入部」（『里見氏稲村城跡をみつめて』五）　二〇一二年
（のち滝川編『房総里見氏』に再録）
藤木久志『雑兵たちの戦場』　朝日新聞社　一九九五年
藤木久志編『日本中世気象災害史年表稿』　高志書院　二〇〇七年
船橋市郷土資料館編『中世の船橋：掘る・読む・たずねる』　二〇〇二年

細田大樹「越相同盟崩壊後の房総里見氏―対甲斐武田氏「外交」の検討を通じて―」
(佐藤博信編『中世東国の政治と経済』) 岩田書院 二〇一六年
細田大樹「天正三年の房越同盟復活―里見氏の「遠交近攻」戦略と誤算―」
(『千葉史学』七〇) 二〇一七年
丸島和洋「里見義頼挙兵の背景」(『房総及房総人』七〇巻六号) 二〇〇三年
丸島和洋「甲越和与の発掘と越相同盟」(『戦国遺文武田氏編 六』月報) 二〇〇六年
丸島和洋『戦国大名の「外交」』(講談社選書メチエ) 講談社 二〇一三年
丸島和洋「諏訪勝頼・望月信頼の岩櫃在番を示す一史料」(『武田氏研究』五七) 二〇一七年
丸島和洋『東日本の動乱と戦国大名の発展』(『列島の戦国史』五) 二〇二一年
峰岸純夫「中世城館跡の調査と保存・活用―里見氏稲村城跡を中心に―」
(『里見氏稲村城跡をみつめて』二) 一九九七年
(のち滝川編『房総里見氏』に再録)
峰岸純夫「享徳の乱と里見義実(二)」(『里見氏稲村城跡をみつめて』五) 二〇一二年
盛本昌広『軍需物資から見た戦国合戦』 洋泉社 二〇〇八年
(吉川弘文館から再版、二〇二〇年)
盛本昌広『中近世の山野河海と資源管理』 岩田書院 二〇〇九年
盛本昌広『草と木が語る日本の中世』 岩波書店 二〇一二年

盛本昌広『境界争いと戦国諜報戦』 洋泉社 二〇一四年
（吉川弘文館から再版、二〇二〇年）
盛本昌広『戦国合戦の舞台裏』 洋泉社 二〇一六年
簗瀬裕一「小弓公方足利義明の御座所と生実・浜野の中世城郭」
（『千葉城郭研究』六） 二〇〇〇年
山田邦明『戦国のコミュニケーション―情報と通信―』 吉川弘文館 二〇一〇年
山田邦明「本朝通鑑の編纂手法―上杉禅秀の乱の記事をめぐって―」
（『愛大史学』二六） 二〇一七年
山田邦明『上杉謙信』（人物叢書） 吉川弘文館 二〇二〇年

著者略歴

一九五六年　千葉県生まれ
一九九九年　國學院大學大学院博士課程前期修了
千葉県公立高等学校教員を経て
現在　千葉経済大学非常勤講師

〔主要編著書〕
『房総里見氏』（編著、戎光祥出版、二〇一四年）
『旧国中世重要論文集成　安房国・上総国』（編著、戎光祥出版、二〇二二年）

人物叢書　新装版

里見義堯

二〇二二年（令和四）八月一日　第一版第一刷発行

著者　滝《たき》川《がわ》恒《つね》昭《あき》
編集者　日本歴史学会
代表者　藤田　覚
発行者　吉川道郎
発行所　株式会社吉川弘文館
東京都文京区本郷七丁目二番八号
郵便番号一一三―〇〇三三
電話〇三―三八一三―九一五一〈代表〉
振替口座〇〇一〇〇―五―二四四
http://www.yoshikawa-k.co.jp/
印刷＝株式会社 平文社
製本＝ナショナル製本協同組合

ISBN978-4-642-05307-5

『人物叢書』（新装版）刊行のことば

人物叢書は、個人が埋没された歴史書が盛行した時代に、「歴史を動かすものは人間である。個人の伝記が明らかにされないで、歴史の叙述は完全であり得ない」という信念のもとに、専門学者に執筆を依頼し、日本歴史学会が編集し、吉川弘文館が刊行した一大伝記集である。

幸いに読書界の支持を得て、百冊刊行の折には菊池寛賞を授けられる栄誉に浴した。

しかし発行以来すでに四半世紀を経過し、長期品切れ本が増加し、読書界の要望にそい得ない状態にもなったので、この際既刊本の体裁を一新して再編成し、定期的に配本できるような方策をとることにした。既刊本は一八四冊であるが、まだ未刊である重要人物の伝記についても鋭意刊行を進める方針であり、その体裁も新形式をとることとした。

こうして刊行当初の精神に思いを致し、人物叢書を蘇らせようとするのが、今回の企図である。大方のご支援を得ることができれば幸せである。

昭和六十年五月

日本歴史学会

代表者　坂本太郎

日本歴史学会編集

人物叢書〈新装版〉

▽没年順に配列　▽一、四〇〇円～三、五〇〇円（税別）
▽品切書目の一部について、オンデマンド版の販売を開始しました。
詳しくは出版図書目録、または小社ホームページをご覧ください。

日本武尊　上田正昭著
継体天皇　篠川　賢著
聖徳太子　坂本太郎著
秦　河勝　井上満郎著
蘇我蝦夷・入鹿　門脇禎二著
天智天皇　森　公章著
額田王　直木孝次郎著
持統天皇　直木孝次郎著
柿本人麻呂　多田一臣著
藤原不比等　高島正人著
長屋王　寺崎保広著
大伴旅人　鉄野昌弘著
県犬養橘三千代　義江明子著
山上憶良　稲岡耕二著
道　慈　曾根正人著
行　基　井上　薫著
橘　諸兄　中村順昭著
光明皇后　林　陸朗著
鑑　真　安藤更生著

藤原仲麻呂　岸　俊男著
阿倍仲麻呂　森　公章著
道　鏡　横田健一著
吉備真備　宮田俊彦著
早良親王　西本昌弘著
佐伯今毛人　角田文衛著
和気清麻呂　平野邦雄著
桓武天皇　村尾次郎著
坂上田村麻呂　高橋　崇著
最　澄　田村晃祐著
平城天皇　春名宏昭著
藤原冬嗣　虎尾達哉著
円　仁　佐伯有清著
伴　善男　佐伯有清著
清和天皇　神谷正昌著
円　珍　佐伯有清著
菅原道真　坂本太郎著
聖　宝　佐伯有清著
三善清行　所　功著

藤原純友　松原弘宣著
紀　貫之　目崎徳衛著
小野道風　山本信吉著
良　源　平林盛得著
藤原佐理　春名好重著
紫式部　今井源衛著
慶滋保胤　小原　仁著
一条天皇　倉本一宏著
大江匡衡　後藤昭雄著
源　信　速水　侑著
源　頼光　朧谷　寿著
藤原道長　山中　裕著
藤原行成　黒板伸夫著
藤原彰子　服藤早苗著
源　頼義　元木泰雄著
清少納言　岸上慎二著
和泉式部　山中　裕著
源　義家　安田元久著
大江匡房　川口久雄著

奥州藤原氏四代　高橋富雄著
藤原頼長　橋本義彦著
藤原忠実　元木泰雄著
源頼政　多賀宗隼著
平清盛　五味文彦著
源義経　渡辺保著
西行　目崎徳衛著
後白河上皇　安田元久著
千葉常胤　福田豊彦著
源通親　橋本義彦著
文覚　山田昭全著
畠山重忠　貫達人著
法然　田村圓澄著
栄西　多賀宗隼著
北条義時　安田元久著
大江広元　上杉和彦著
北条政子　渡辺保著
慈円　多賀宗隼著
明恵　田中久夫著
藤原定家　村山修一著
北条泰時　上横手雅敬著

道元　竹内道雄著
北条重時　森幸夫著
親鸞　赤松俊秀著
北条時頼　高橋慎一朗著
日蓮　大野達之助著
阿仏尼　田渕句美子著
北条時宗　川添昭二著
一遍　大橋俊雄著
叡尊・忍性　和島芳男著
京極為兼　井上宗雄著
金沢貞顕　永井晋著
菊池氏三代　杉本尚雄著
新田義貞　峰岸純夫著
花園天皇　岩橋小弥太著
赤松円心・満祐　高坂好著
卜部兼好　冨倉徳次郎著
覚如　重松明久著
足利直冬　瀬野精一郎著
佐々木導誉　森茂暁著
二条良基　小川剛生著
細川頼之　小川信著

足利義満　臼井信義著
今川了俊　川添昭二著
足利義持　伊藤喜良著
世阿弥　今泉淑夫著
上杉憲実　田辺久子著
山名宗全　川岡勉著
経覚　酒井紀美著
一条兼良　永島福太郎著
亀泉集証　今泉淑夫著
蓮如　笠原一男著
宗祇　奥田勲著
尋尊　安田次郎著
万里集九　中川徳之助著
三条西実隆　芳賀幸四郎著
大内義隆　福尾猛市郎著
ザヴィエル　吉田小五郎著
三好長慶　長江正一著
今川義元　有光友學著
武田信玄　奥野高広著
朝倉義景　水藤真著
浅井氏三代　宮島敬一著

里見義堯　滝川恒昭著
上杉謙信　山田邦明著
織田信長　池上裕子著
明智光秀　高柳光寿著
大友宗麟　外山幹夫著
千利休　芳賀幸四郎著
松井友閑　竹本千鶴著
豊臣秀次　藤田恒春著
ルイス・フロイス　五野井隆史著
足利義昭　奥野高広著
前田利家　岩沢愿彦著
長宗我部元親　山本大著
安国寺恵瓊　河合正治著
石田三成　今井林太郎著
真田昌幸　柴辻俊六著
最上義光　伊藤清郎著
前田利長　見瀬和雄著
高山右近　海老沢有道著
島井宗室　田中健夫著
淀君　桑田忠親著
片桐且元　曽根勇二著

徳川家康　藤井讓治著
藤原惺窩　太田青丘著
支倉常長　五野井隆史著
徳川秀忠　山本博文著
伊達政宗　小林清治著
天草時貞　岡田章雄著
立花宗茂　中野等著
宮本武蔵　大倉隆二著
小堀遠州　森蘊著
徳川家光　藤井讓治著
由比正雪　進士慶幹著
佐倉惣五郎　児玉幸多著
林羅山　堀勇雄著
松平信綱　大野瑞男著
国姓爺　石原道博著
野中兼山　横川末吉著
保科正之　小池進著
隠元　平久保章著
徳川和子　久保貴子著
酒井忠清　福田千鶴著
朱舜水　石原道博著

池田光政　谷口澄夫著
山鹿素行　堀勇雄著
井原西鶴　森銑三著
松尾芭蕉　阿部喜三男著
三井高利　中田易直著
河村瑞賢　古田良一著
徳川光圀　鈴木暎一著
契沖　久松潜一著
市川団十郎　西山松之助著
伊藤仁斎　石田一良著
徳川綱吉　塚本学著
貝原益軒　井上忠著
前田綱紀　若林喜三郎著
近松門左衛門　河竹繁俊著
新井白石　宮崎道生著
鴻池善右衛門　宮本又次著
石田梅岩　柴田実著
太宰春台　武部善人著
徳川吉宗　辻達也著
大岡忠相　大石学著
賀茂真淵　三枝康高著

平賀源内　城福　勇著
与謝蕪村　田中善信著
三浦梅園　田口正治著
毛利重就　小川國治著
本居宣長　城福　勇著
山村才助　鮎沢信太郎著
木内石亭　斎藤　忠著
小石元俊　山本四郎著
山東京伝　小池藤五郎著
杉田玄白　片桐一男著
塙保己一　太田善麿著
上杉鷹山　横山昭男著
大田南畝　浜田義一郎著
只野真葛　関　民子著
小林一茶　小林計一郎著
大黒屋光太夫　亀井高孝著
松平定信　高澤憲治著
菅江真澄　菊池勇夫著
鶴屋南北　古井戸秀夫著
島津重豪　芳　即正著
狩谷棭斎　梅谷文夫著

最上徳内　島谷良吉著
遠山景晋　藤田　覚著
渡辺崋山　佐藤昌介著
柳亭種彦　伊狩　章著
香川景樹　兼清正徳著
平田篤胤　田原嗣郎著
間宮林蔵　洞　富雄著
滝沢馬琴　麻生磯次著
調所広郷　芳　即正著
橘　守部　鈴木暎一著
黒住宗忠　原　敬吾著
水野忠邦　北島正元著
帆足万里　帆足図南次著
江川坦庵　仲田正之著
藤田東湖　鈴木暎一著
二宮尊徳　大藤　修著
広瀬淡窓　井上義巳著
大原幽学　中井信彦著
島津斉彬　芳　即正著
月　照　友松圓諦著
橋本左内　山口宗之著

井伊直弼　吉田常吉著
吉田東洋　平尾道雄著
緒方洪庵　梅溪　昇著
佐久間象山　大平喜間多著
真木和泉　山口宗之著
高島秋帆　有馬成甫著
シーボルト　板沢武雄著
高杉晋作　梅溪　昇著
川路聖謨　川田貞夫著
横井小楠　圭室諦成著
小松帯刀　高村直助著
山内容堂　平尾道雄著
江藤新平　杉谷　昭著
和　宮　武部敏夫著
西郷隆盛　田中惣五郎著
ハリス　坂田精一著
森　有礼　犬塚孝明著
松平春嶽　川端太平著
中村敬宇　高橋昌郎著
河竹黙阿弥　河竹繁俊著
寺島宗則　犬塚孝明著

樋口一葉　塩田良平著
ジョセフ＝ヒコ　近盛晴嘉著
勝海舟　石井孝著
臥雲辰致　村瀬正章著
黒田清隆　井黒弥太郎著
伊藤圭介　杉本勲著
福沢諭吉　会田倉吉著
星亨　中村菊男著
中江兆民　飛鳥井雅道著
西村茂樹　高橋昌郎著
正岡子規　久保田正文著
清沢満之　吉田久一著
滝廉太郎　小長久子著
副島種臣　安岡昭男著
田口卯吉　田口親著
福地桜痴　柳田泉著
陸羯南　有山輝雄著
児島惟謙　田畑忍著
荒井郁之助　原田朗著
幸徳秋水　西尾陽太郎著
ヘボン　高谷道男著
石川啄木　岩城之徳著
乃木希典　松下芳男著
岡倉天心　斎藤隆三著
桂太郎　宇野俊一著
徳川慶喜　家近良樹著
加藤弘之　田畑忍著
山路愛山　坂本多加雄著
伊沢修二　上沼八郎著
秋山真之　田中宏巳著
前島密　山口修著
成瀬仁蔵　中嶌邦著
前田正名　祖田修著
大隈重信　中村尚美著
山県有朋　藤村道生著
大井憲太郎　平野義太郎著
河野広中　長井純市著
富岡鉄斎　小高根太郎著
大正天皇　古川隆久著
津田梅子　山崎孝子著
豊田佐吉　楫西光速著
渋沢栄一　土屋喬雄著
有馬四郎助　三吉明著
武藤山治　入交好脩著
坪内逍遙　大村弘毅著
山室軍平　三吉明著
阪谷芳郎　西尾林太郎著
南方熊楠　笠井清著
山本五十六　田中宏巳著
中野正剛　猪俣敬太郎著
三宅雪嶺　中野目徹著
近衛文麿　古川隆久著
河上肇　住谷悦治著
牧野伸顕　茶谷誠一著
幣原喜重郎　種稲秀司著
御木本幸吉　大林日出雄著
尾崎行雄　伊佐秀雄著
緒方竹虎　栗田直樹著
石橋湛山　姜克實著
八木秀次　沢井実著
森戸辰男　小池聖一著
▽以下続刊